总体国家安全观下
国家安全保障国际法研究系列

张晓君 总主编

西南政法大学科研项目“中国推进人类核安全命运共同体构建研究”（2021XZNDJDQN-05）

国际法
核安全研究

丁丽柏 主编
陈喆 陈建 副主编

法律出版社 LAW PRESS·CHINA
——北京——

图书在版编目(CIP)数据

国际法核安全研究 / 丁丽柏主编. -- 北京 : 法律出版社, 2023
(总体国家安全观下国家安全保障国际法研究系列 / 张晓君总主编)
ISBN 978-7-5197-6714-3

Ⅰ. ①国… Ⅱ. ①丁… Ⅲ. ①核安全－国际法－研究 Ⅳ. ①D996.9

中国版本图书馆 CIP 数据核字(2022)第 074366 号

国际法核安全研究
GUOJIFA HEANQUAN YANJIU

丁丽柏 主编

策划编辑 陈 妮
责任编辑 陈 妮 王 鸿
装帧设计 鲍龙卉

出版发行 法律出版社
编辑统筹 法治与经济出版分社
责任校对 王 丰 郭艳萍
责任印制 吕亚莉
经 销 新华书店

开本 710 毫米×1000 毫米 1/16
印张 12.75 **字数** 227 千
版本 2023 年 10 月第 1 版
印次 2023 年 10 月第 1 次印刷
印刷 北京虎彩文化传播有限公司

地址:北京市丰台区莲花池西里 7 号(100073)
网址:www.lawpress.com.cn
投稿邮箱:info@lawpress.com.cn
举报盗版邮箱:jbwq@lawpress.com.cn
销售电话:010-83938349
客服电话:010-83938350
咨询电话:010-63939796

书号:ISBN 978-7-5197-6714-3
定价:86.00 元
凡购买本社图书,如有印装错误,我社负责退换。电话:010-83938349

总主编简介

张晓君

教授、国际法与国家安全学双博士研究生导师。西南政法大学国际法学院院长、区域国别学院院长、国家级涉外法治研究基地东盟法治研究院执行院长、中国-东盟法律研究中心秘书长、海外利益保护研究中心主任。司法部国际法咨询委员会专家，入选司法部全国千名涉外律师领军人才库、中国国际经济贸易仲裁委员会仲裁员、中国海事仲裁委员会仲裁员。教育部哲学社会科学重大攻关课题“对‘一带一路’沿线国家投资风险监测预警体系研究”首席专家。

主编简介

丁丽柏

法学博士，西南政法大学教授、博士生导师。中国法学会国际法学研究会理事、中国海洋法学会理事、西南政法大学国际法学院军事法研究所研究员、中国法学会中国-东盟法律研究中心咨询委员。

在《现代法学》《政法论坛》等期刊发表论文10余篇；出版专著2部；主持中国法学会、最高人民法院、重庆市社科规划项目等课题近10项。

陈　喆

西南政法大学国际法学院硕士生导师、讲师，博士后。

在《学海》《厦门大学学报（哲学社会科学版）》《学术论坛》等核心期刊发表多篇论文，撰写决策咨询决议多篇并获《人民日报内参》、中央统战部《零讯》、中央国安办采纳；出版专著2部；主持教育部人文社会科学研究青年基金1项、司法部国家法治与法学理论研究课题1项、重庆市社会科学规划重点智库委托项目1项。

陈　建

扬州大学法学院讲师，法学博士。

在《大连理工大学学报（社会科学版）》《江苏大学学报（社会科学版）》等核心期刊发表论文多篇，其中一篇被中国人民大学书报资料中心《复印报刊资料》全文转载；出版专著1部；主持教育部课题1项。

总　序

党的二十大报告首次以专章对新时代新征程国家安全工作作出战略部署，明确指出“国家安全是民族复兴的根基，社会稳定是国家强盛的前提”，强调“必须坚定不移贯彻总体国家安全观，把维护国家安全贯穿党和国家工作各方面全过程，确保国家安全和社会稳定”，这充分彰显国家安全在党和国家工作全局中的重要性。党的二十大报告指出：“我们要坚持以人民安全为宗旨、以政治安全为根本、以经济安全为基础、以军事科技文化社会安全为保障、以促进国际安全为依托，统筹外部安全和内部安全、国土安全和国民安全、传统安全和非传统安全、自身安全和共同安全，统筹维护和塑造国家安全，夯实国家安全和社会稳定基层基础，完善参与全球安全治理机制，建设更高水平的平安中国，以新安全格局保障新发展格局。”这一系列关于总体国家安全观核心要义的新表述，体现了中国特色国家安全的理论创新，是习近平新时代中国特色社会主义思想的新发展，为总体国家安全观理论研究进一步指明方向。

当前，世界之变、时代之变、历史之变正以前所未有的方式展开，百年变局加速演进，大国博弈日趋激烈，地缘冲突不断加剧，国际局势不稳定性、不确定性增加，传统安全与非传统安全交织，新型安全挑战层出不穷。坚持统筹中华民族伟大复兴战略全局与世界百年未有之大变局、从战略层面维护国家安全，需要充分发挥国际法的保障作用。

宏观来看，首先，推动树立共同、综合、合作、可持续的新安全观，应当提倡国家主权平等原则，强调世界各国既有平等参与全球安全治理的权利，也有共同维护国际安全的责任；其次，维护世界和平和地区稳定，应当重申禁止使用武力或以武力相威胁原则、和平解决国际争端原则，支持联合国安理会集体安全机制的核心作用，推动安全危机政治解决；再次，统筹传统安全和非传统安全，应当坚持可持续发展原则，以发展促安全，消除危机的根源，筑牢安全的基础；最后，加强全球安全治理，应当坚持国际合作原则，秉持安全不可分割，重视彼此合理安全关切，构建均衡、有效、可持续的安全架构。

本丛书以总体国家安全观为指导，锚定国家安全主要领域，追根溯源、统分结合，全面系统梳理相关国际法规制体系，从而推动建立系统完备、科学规范、运行有效的国家安全制度体系，具体包括国家海洋安全、国家生态安全、国家核安全、国家贸易安全、国家数据安全、国家金融安全、国家海外投资利益、中国公民海外利益和国家军事安全的国际法研究。

西南政法大学国际法学院院长、中国－东盟法律研究中心秘书长张晓君教授作为总主编，负责统筹丛书，丛书各系列专题分册由各领域专家学者撰写。作者长期从事国家安全领域各相关国际法问题研究，积累了一定的研究成果，并承担与国家安全法律制度相关的国家级及省部级课题，有较好的学术功底及研究能力。

“总体国家安全观下国家安全保障国际法研究系列”丛书有望通过系统性、基础性及前瞻性研究，弥补当前研究碎片化的不足。丛书的编写与出版有助于完善与时代相适应的国家安全法律体系，并对我国充分发挥国际法治功能以服务于贯彻落实总体国家安全观具有重要意义。本丛书既可作为政府机关立法及制定政策的参考资料，也可作为高等教育研究机构的法学及国家安全学的教材与理论研究素材。

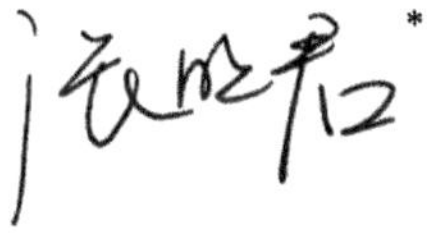*

2021 年 1 月

2023 年 5 月修订

---

* 张晓君，西南政法大学国际法学院院长、区域国别学院院长，教授、博士生导师，中国－东盟法律研究中心秘书长。

目　录

第一章　核安全概述

自从爱因斯坦提出狭义相对论，为物质与能量转换现象提供了理论依据，直至1938年德国化学家哈恩与斯特拉斯曼发现铀核裂变，并由德国科学家迈特钠和弗利胥实验预测铀核裂变可以释放巨大的能量，人们逐渐从理论和实践中认识到了原子能的巨大能量。核技术在丰富了人类的能源选择，为人类带来解决能源问题希望的同时，也带来了风险。这种风险既包括核武器带来的风险大规模无差别杀伤风险，也包括和平利用核能中的安全风险。不管怎样，核技术的不安全使用带来的风险和影响不会受限于国界，因此，如何确保核能的和平以及安全利用就成了国际社会共同关心的问题，核安全这一概念在国际法上应运而生。

第一节　“核安全”在一般语境下的含义

“核安全”概念在目前的中文学术界并没有一个统一的定义，中文学术文章中所涉及的“核安全”内涵也各不相同。一般而言，中文语境下的核安全的可以分为广义核安全和狭义核安全两种。

广义核安全，是指客观上免于遭受核威胁、主观上消除核恐惧的状态以及为实现这一目的而采取的措施。① 据此，核安全涉及一切与核有关的安全问题，包括防止核武器扩散、核军控与核裁军、防范核恐怖主义、较小核能利用风险等。广义上的核安全，从其本质上来说，就是在开发利用核能这一能量巨大的能源时，防范核能这把"双刃剑"指向自己，以及为避免核武器和核材料给人类带来负面作用所作的一切安全努力。

狭义核安全，是指核设施与核材料的安全，特别是民用核设施允许中固有的核与辐射的安全。一些学者认为，核安全主要是指最大限度地减少涉及放射源事故的可能性并在发生事故时减轻其后果的措施。② 还有学者认为，核安全是指对涉及核材料、其他放射性物质及其附属设施的盗窃、蓄意破坏、非授权进入、非法转移和其他恶意行为的防范、探测和响应。③ 由此可见，狭义核安全主要关注核能利用过程中的技术和安保风险。

英文中，与中文中的"安全"对应的单词有"safety"和"security"。"safety"主要含义为受保护或不处于受伤害、损害的危险情况之下，或者不能引起或造成伤害、损害或破坏；处于伤害、破坏或损失不可能发生的地方或情形；处于或仍然处于不受伤害、不受损害或不受破坏的事实状态之下。"Security"则主要表示保证事物的价值不被破坏或免受损失、袭击或损害，不受犯罪、袭击或危险的威胁。从词源的角度看，"security"来自拉丁词"*secura*"，意思是"free of concern"，而"safety"来源于拉丁词"*salvus*"，意为"healthy"。可以看出，"safety"更具有个人色彩，针对内部缺陷或者意外伤害，而"security"则更多针对蓄意的人为事件。

具体到核领域，国际上关于核安全的定义在各个重大历史事件的影响下呈现不断扩大的趋势。由于核能首先被运用在军事领域，因此国际上对核安全的关注首先在于对核武器数量、使用和扩散的控制，这种关注因 20 世纪"美苏争霸"让全世界处于核大战的阴云下而达到高峰。因此，国际上达成了最早的一批涉及核武

---

① 冯涛、何星：《综合核安全：冷战后国际核安全威胁及其应对》，载《社科纵横》2012 年第 3 期。

② 夏立平：《论国际核安全体系的构建与巩固》，载《现代国际关系》2012 年第 10 期。

③ 樊吉社：《核安全与防扩散：挑战与应对》，载《美国问题研究》2010 年第 1 期。

器的公约和双边条约，在广义上是核安全国际法的最初形式。到了 20 世纪 80 年代，三里岛核电站事故和切尔诺贝利核事故让全世界看到了民用核能利用中的重大跨国风险，因此，国际核安全的关注点主要是预防和处理核事故的相关国际法律。苏联解体后，特别是"9 · 11"恐怖袭击以后，人们发现核电站将会成为日益猖獗的恐怖主义的重要目标，使核安全的内涵逐渐扩大到了保护核电站免受诸如恐怖主义组织等的蓄意攻击这一方面。2003 年，应各国请求，国际原子能机构（International Atomic Energy Agency，IAEA）出版了指导各国核安全法律立法的《核法律手册》（*Handbook on Nuclear*），2011 年又出版了更为详细的《核法律手册：立法实施》（*Handbook on Nuclear：Implementing Legislation*）。《核法律手册：立法实施》提出了"核 3S"原则，[1]即核安全（nuclear safety）、核安保（nuclear security）和核保障（nuclear safeguard）。其中，核安全，系指意在最大限度地减少涉及放射源事故的可能性并在发生事故时减轻其后果的措施（Safety means the protection of people and the environment against radiation risks，and the safety of facilities and activities that give rise to radiation risks），[2]包括核设施、放射源、放射性材料的运输以及放射性废料的安全处理。这需要建立一个比较统一的国际核安全标准，并对涉核活动进行严格的监管和规制。核安保，是指对涉及核材料或其他放射性材料及其相关设施的盗窃、破坏、非法访问、非法转移或其他恶意行为的预防、检测和应对（Security means the prevention and detection of，and response to，theft，sabotage，unauthorized access，illegal transfer or other malicious acts involving nuclear or other radioactive material，or their associated facilities.）。[3] 其中涵盖了核材料、放射性材料、核设施的各项问题，保护核设施不受恐怖主义和其他恶意行为的破坏，确保核材料在运输过程中的外部安全。对于核保障，由于《核法律手册：立法实施》旨在指导各国对于上述狭义核安全的国内立法保护，所以未对其作具体定义。根据一

---

① See IAEA，*Handbook on Nucear Law：Implementing Legislation*，IAEA（2010），https://www-pub.iaea.org/MTCD/Publications/PDF/Pub1456_web.pdf.

② See IAEA，*Handbook on Nucear Law：Implementing Legislation*，IAEA（2010），https://www-pub.iaea.org/MTCD/Publications/PDF/Pub1456_web.pdf.

③ See IAEA，*Code of Conduct on the Safety and Security of Radioactive Sources*，IAEA（Dec. 2000），www.iaea.org/PublicationsBooklets/RadioactiveSources/radioactivesource.pdf.

般理论,核保障,是指“国际原子能机构与一个或多个成员国缔结的载有该国或多个成员国承诺不利用某些物项推进任何军事目的和授权原子能机构监督履行这种承诺的协定”。① 总之,“核3S”原则在最终目的上具有一致性,即保护人类和环境免受核能产生的能量和核辐射的危害,但侧重点不一。核安全主要涉及核能安全利用方面的问题,以确保合法的核能利用行为的生产安全,防止核事故,其重点在于避免由于核材料和核技术的固有危险性而带来的内部风险以及事故发生后的安全处理;核安保主要涉及防止核材料扩散的问题,主要是防止由于非法行为给核材料和核设施带来外部风险,尤其是恐怖主义行为;核保障则涉及国际层面的核武器控制的问题,重点在于防止国家的非和平利用核能行为。因此,“核3S”原则的具体制度在功能和目的上具有协同性,但也存在较大的差异性甚至冲突,即核安全和核安保既需要国内立法确保,也需要核安全标准、核事故通知和应急处置之类的国际合作,而由于核保障针对的主体是主权国家,因此只有在国际层面上合作和立法才能实现。

由上可见,中文中的狭义的“核安全”大部分情况下指的是“nuclear safety”,主要指民用核能利用中的内部安全问题,部分情况下也指“nuclear security”。而广义的“核安全”则包括“核3S”中的3个概念,甚至还包括核武器战略和核伦理的问题。核安全在不同的情况下又有不同的含义,既有可能对应一个英语词组,又可能对应数个英语词组,需要在不同的场合中具体把握。例如,“Nuclear Security Summit”对应的中文翻译是“核安全峰会”,而1994年通过的*Convention on Nuclear Safety*,也被翻译为《核安全公约》。这在一定程度上造成了概念的模糊与混淆。《中华人民共和国核安全法》(以下简称《核安全法》)采用了狭义的方式来界定核安全,其规定的具体内容基本体现的是“核安全”的内容,不过,也包含部分关于核安保的规定。② 由于总体国家安全观下的核安全内涵包括了“核3S”原则的各个方面,为了更加精确,本书将涉及“核3S”原则的规制都称为核安全保障,在核安全保障下采用了IAEA“核安全”“核安保”“核保障”的

---

① James Doyle, *Nuclear Safeguards, Security and Non-proliferation* (2nd Edition), Butterworth-Heinemann, 2019, p. 12.

② 张钰羚:《核安全立法的历史沿革与现实思考》,载《华北电力大学学报(社会科学版)》2017年第6期。

划分方式。

第二节　总体国家安全观及核安全观的提出

一、总体国家安全观的提出背景

随着中国特色社会主义进入新时代，我国的国内国际安全形势出现了新变化，对国家安全提出了新挑战。习近平总书记指出，“当前我国国家安全内涵和外延比历史上任何时候都要丰富”。①

国内方面，进入新时代，我国社会经济面貌发生了巨大变化，同时也增加了较多风险，尤其是难以预料的风险。

国际方面，经过40年的高速发展，中国已经成为世界第二大经济体，成为世界舞台上举足轻重的力量。和平与发展虽然仍是当今世界的主题，但经济全球化、信息化和文化多元化在给人类社会带来大发展与大变革的同时，也会增添一些难以预料的“暗礁”。在经济层面，经济全球化在推动世界经济发展，加速资本、技术、生产资料流通的同时，也造成一些负面影响，如在世界范围内出现经济发展失衡、全球治理困境、公平赤字等问题。具体而言，整个世界经济复苏增长乏力，世界金融危机的阴霾并未散尽，“逆全球化”思潮兴起。由于全球化带来的产业空心化、移民和难民问题、文化冲突问题等，部分国家为了转移国内矛盾，掀起了“逆全球化”的浪潮，表现为放弃以往全球化推动者的角色，重拾孤立主义、贸易保护主义等。世界范围内的保守主义势力有抬头的趋势，其共通点包括反移民、反文化多元、收紧边境政策和实施有逆全球化倾向的贸易政策等。在政治层面，既面临冷战思维和强权政治带来的传统安全威胁，也面临恐怖主义、难民问题等非传统安全问题。传统安全与非传统安全的威胁交织在一起，使世界安全形势空前复杂。

二、核安全观提出的背景

具体到核安全保障上，基于国际形势的变化，我国面临的核安全威胁也相应

---

① 《习近平谈治国理政》（第1卷），外文出版社2014年版，第200页。

地从单一的核战争威胁转变成包括了核战争、核扩散、核恐怖袭击和民用核能事故等多方面、多维度和多纵深的核安全威胁，具体表现在以下几个方面：

1. 国际层面核战争的威胁

冷战期间，美国和苏联进行了旷日持久的军备竞赛。核武器以其巨大的杀伤力和威慑力成为美苏军备竞赛的主要领域，各自保有了数量庞大的核武库，并且不断升级改造核武系统。冷战后，虽然美国和俄罗斯都对各自核战略进行了调整并进行了一定的核裁军，但是双方仍然保有一定数量的核武器，并不断对其进行改进，核战争的阴影并没有完全消除。

美国和俄罗斯目前还分别保有世界前两名的战略核力量，这不仅反映在核武器的数量和质量上，也反映在其核投送能力上。两国近年在调整核战略、提高核武器质量的同时，也在持续强化其"三位一体"、灵活响应的核打击能力，包括发展新的远程导弹、研究部署新型潜艇和战略轰炸机等。在核武器战略上，美俄双方选择了不同的路径，在核裁军上也很难达成一致。

2. 我国周边国家和地区核扩散形势

《不扩散核武器条约》(以下简称《不扩散条约》)虽然于 1968 年开放供签署并于 1970 年生效，但是仍不能阻止主权国家在国际安全与国家安全利益的价值选择中选择维护国家安全利益而谋求发展核武器。在最近几年，朝鲜多次发表措辞严厉的涉及核试验和核打击的声明，甚至于把拥有核武器写入了宪法，显示了其发展和长期保有核武器的愿望和决心。

我国西南邻国印度和巴基斯坦在 1998 年相继进行了核试验并自称"拥核国家"，两国也曾在边界冲突中考虑过使用或威胁使用核武器。①

另外，韩国、日本、澳大利亚等国家有发展核武器的客观技术条件，这些国家的民用核设施较多，核材料也较多。

3. 非国家行为体的核扩散和核恐怖主义威胁

人们开始意识到，以个人、跨国公司和恐怖组织为代表的非国家行为体进行的核材料甚至是核武器的扩散日益演变为安全威胁。随着恐怖活动日益猖獗，恐怖分子一旦获得核材料甚至是核武器，后果不堪设想。当然，由于技术限制，恐怖

① 许娟、陈利君：《安全困境视角下的南亚核安全关系网》，载《南亚研究》2014 年第 1 期。

分子难以制造出核武器，加之核武器一般被置于国家的最高级别安保之下，恐怖分子获得核武器的概率非常小。但是，恐怖主义组织仍有可能会通过非法交易、盗窃、劫持等方式获得核材料，制造简易的核爆炸装置或者“脏弹”。核技术的广泛应用使越来越多的核材料分散在世界各地，而一些国家和地区对这些核材料缺乏有效保护，在国际上，核材料与放射源的失窃与非法交易也屡见不鲜。[①] 中国处于与恐怖主义作斗争的前线，毗邻的中亚和南亚地区核监管水平较弱，有大量核材料走私与非法买卖的案例，也是跨国恐怖势力“东突”的主要活动区域，这使我国面临核材料扩散风险。

4. 民用核能重大事故风险

根据国际原子能机构统计，截至 2019 年 11 月 10 日，世界范围内共有 449 个运行中的核反应堆，总装机容量约为 3.99 亿千瓦，占世界总电量供应的约 11%，另有 53 个核反应堆正在建设中。[②] 核裂变所产生的巨大能量已经成为世界能源供应的一个重要部分，其安全性也越来越被关注。核安全是核能利用所必需的前提，核安全管理又有范围广、过程长、技术要求高、事故后果严重等特点，因此核安全事故所涉及的不仅仅是技术问题，也蕴含着公众心理和社会稳定的社会问题。一旦发生核安全事故，不仅会对当地乃至全球产生物理影响，也会影响全球各地对于核能安全的信心，不利于核能产业的发展。

根据国际原子能机构 1990 年对国际核安全和辐射事件等级（International Nuclear and Radiological Event Scale，INES）的界定，核事件按严重程度，从最低的 1 级到最高的 7 级共分为 7 个等级，每一等级的严重程度相差 10 倍，4 级以上的核事件即可称为核事故。世界上曾发生过数次造成毁灭性后果的核事故，其中 7 级核事故两起，分别为 1986 年苏联切尔诺贝利核事故和 2011 年日本福岛核事故。1986 年，苏联切尔诺贝利核电站 4 号反应堆发生爆炸，导致 8 吨放射性物质泄漏，直接污染核电站周围 6 万多平方千米土地，320 多万人受到辐射并使几乎整个欧洲处于辐射烟云的覆盖之下，造成不可挽回的人类健康影响和生态灾难。2011 年

① See Rensselaer W. Lee, *Smuggling Armageddon—The Nuclear Black Market in the Former Soviet Union and Europe*, St. Marlin's Press, New York, 1998, p. 4.

② 参见国际原子能机构官网：https://pris.iaea.org/pris/，最后访问日期：2019 年 11 月 10 日。

3 月,受日本大地震和随后海啸的影响,位于东京东北部 270 公里处的福岛第一核电站发生爆炸,使大量放射性物质泄漏到空中,造成了大范围的污染。在处理事故的过程中又将大量放射性废水排入海中,造成海水污染,并随着洋流将污染扩散到全球。这是切尔诺贝利核事故后第二起严重的 7 级核事故。此外,比较严重的核事故还有 1957 年苏联克什特姆燃料厂爆燃事故(第 6 级)和 1979 年美国三哩岛核电站堆芯熔毁事故(第 5 级)。

我国的核电事业在最近获得了空前的发展。截至 2019 年 6 月 30 日,我国运行核电机组共 47 台,装机容量为 48,731.16 兆瓦电力(额定装机容量),运行核电机组累计发电量为 1600.14 亿千瓦时,约占全国累计发电量的 4.75%(见图 1)。[①] 同时,截至 2018 年,我国共有 13 条核电机组在建,总装机容量 1403 万千瓦。[②] 而 2013 年 12 月 31 日,我国投入商业运行的核电机组数量才 17 台,总装机容量 14,833.79 兆瓦电力,占全国发电装机总量的 1.19%。[③] 机组数量增加了 3 倍,核电占全国发电量的比重增长了 4 倍多,核电无论是数量还是分布广度都在迅速增长,在满足了我国日益增长的能源需求的同时也带来了核安全风险。

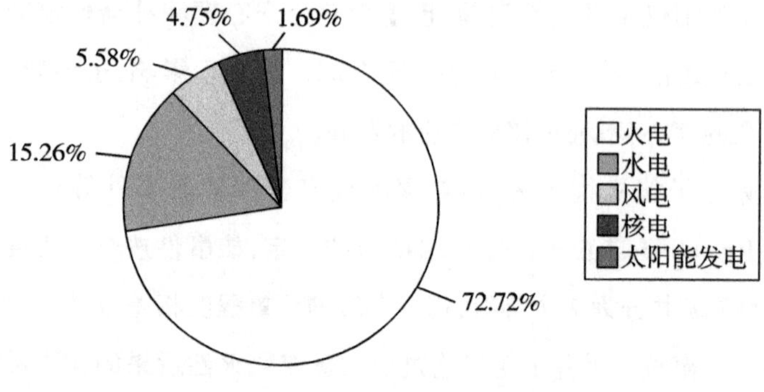

图 1　2019 年 1 ~ 6 月全国发电量统计分布

① 参见《2019 年 1 ~ 6 月全国核电运行情况》,载中国核能行业协会网 2019 年 7 月 29 日,http://www.china-nea.cn/site/content/36269.html。

② 参见《中国核能行业 2018 年度发展与展望》,载中国核能行业协会网 2020 年 1 月 16 日,http://www.china-nea.cn/site/content/36207.html。

③ 参见核电评估部:《2013 年年度全国核电运行情况》,载中国核能行业协会网 2014 年 2 月 11 日,http://www.china-nea.cn/site/content/32092.html。

三、总体国家安全观及核安全观的提出与发展

根据现代国际关系理论，安全是一个国家最重视的价值之一，也是一个国家的根本利益所在。[①] 近年来各国纷纷确立国家安全的优先地位。中国长期以来都把国家安全放在重要位置，并且随着国际国内形势的变化，从传统的国家安全领域不断向非传统国家安全领域拓展，最终形成了传统国家安全与非传统国家安全结合的完整、全面、系统的总体国家安全观。[②]

2014 年 4 月 15 日，习近平总书记主持召开中央国家安全委员会第一次会议并发表了重要讲话，第一次提出了"总体国家安全观"。习近平总书记提出构建集政治安全、国土安全、军事安全、经济安全、文化安全、社会安全、科技安全、信息安全、生态安全、资源安全、核安全等于一体的国家安全体系，要"坚持总体国家安全观，走出一条中国特色国家安全道路"。[③] 2017 年"坚持总体国家安全观"作为新时代中国特色社会主义思想体系的基本内容写入了党的十九大报告，报告明确指出在探索社会治理的新路径中要严格遵循总体国家安全观的指引，总体国家安全观上升至党和国家的宏观发展战略。2022 年，党的二十大报告更是指出，"必须坚定不移贯彻总体国家安全观，把维护国家安全贯穿党和国家工作各方面全过程，确保国家安全和社会稳定"。总体国家安全观强调治国安邦必须建立在国家的安全稳定的大局之下，为了维护国家安全，需要完善国家安全保障体系，重视国家安全的法治保障，提升防范和应对安全风险的能力。在强调严密防范和坚决打击各种渗透颠覆破坏活动、民族分裂活动等典型传统安全的同时，总体国家安全观还要求重视恐怖活动、宗教极端主义以及外交和网络等非传统安全。

中国核安全观是总体国家安全观的有机组成部分，核安全是保证国家安全中的重要一环。党的二十大报告指出，"强化经济、重大基础设施、金融、网络、数据、生物、资源、核、太空、海洋等安全保障体系建设"，"积极安全有序发展核电"，将核安全保障提升到了一个前所未有的高度，为核安全保障工作指明了工作方向。

---

① 参见[美]肯尼思·华尔兹：《国际政治理论》，信强译，上海人民出版社 2017 年版，第 17 页。

② 参见刘跃进：《非传统的总体国家安全观》，载《国际安全研究》2014 年第 6 期。

③ 《中央国家安全委员会第一次会议召开　习近平发表重要讲话》，载新华网，http://www.xinhuanet.com/politics/2014-04/15/c_1110253910.htm?prolongation=1。

党中央一直以来高度重视核安全工作,1984年成立了国家核安全局,在中央层面对核安全进行直接监督管理,并参考国际原子能机构的安全标准建立了我国相关核安全法规体系,按照国际通行模式开展核安全监督管理。目前,我国核安全监管机构由生态环境部(国家核安全局)3个核安全业务司、6个地区监督站和2个技术中心组成,拥有上千的工作人员,独立负责全国民用核设施的安全监管工作。①

中国作为核能发展的世界大国,一直以保证核安全为目的积极地参与有关核安全的国际合作。在2012年3月的首尔核安全峰会上,时任中华人民共和国主席的胡锦涛同志介绍了中国政府在2010年核安全峰会以后在核安全领域所做的努力,全面系统地阐述了中国核安全的发展。胡锦涛同志在会上提到的核安全思想是中国核安全观的起点,让中国核安全观第一次笼统地呈现在世界面前。2014年3月,习近平主席在荷兰海牙第三届核安全峰会较全面地阐述中国的"核安全观",涉及核材料和核设施的潜在安全风险、核材料实物保护、核恐怖主义行为、核安全意识、重大核事故等几个重要的方面,并呼吁国际社会携手合作,实现核能安全持续发展。2014年4月,习近平总书记在中央国家安全委员会第一次会议上首次明确核安全是国家安全体系的一部分。2015年7月1日,我国颁布了《中华人民共和国国家安全法》(以下简称《国家安全法》),从此我国的核安全有了一部高位阶、较全面的法律的保障。2019年9月3日,中国国务院新闻办公室发表了《中国的核安全》白皮书,这是中国政府发表的第一部核安全白皮书。白皮书全面介绍了中国核安全事业发展历程,阐述了中国核安全的基本原则和政策主张,阐述了中国核安全监管的理念和实践,阐明了中国推进全球核安全治理进程的决心和行动。

第三节　总体国家安全观下的核安全观

一、总体国家安全观下核安全观的具体内涵

由于总体安全观下的核安全观包含了传统的核保障和非传统的核安保、核安

---

① 刘华:《核安全在总体国家安全中的地位与作用》,载《紫光阁》2014年第7期。

全等多方面的综合核安全,因此核安全观的内涵应当从“核 3S”的三个方面分别把握。

从传统核安全核保障方面来看,核安全的内涵应当包括确保中国的核威慑能力,防范核武器攻击,防范核武器在周边国家的进一步扩散,推动核裁军并最终达到无核武器世界的目标。可以确定的是,中国在不断努力提升较小规模核力量的生存能力,以确保中国核威慑能力的可信性和可靠性。在防止核武器扩散上,中国一贯反对核武器及其运载工具的扩散,主张全面禁止和彻底销毁核武器。中国为坚决支持国际防止核扩散努力,主张通过和平手段实现防止核扩散目标,从未支持帮助其他国家发展核武器。一方面,中国不断改进国际防扩散体制,主张完善和加强各国的出口控制;另一方面,主张通过对话和国际合作解决扩散问题。中国作为一个合法的拥有核武器国家,①宣示的核政策具有很强的延续性和稳定性。中国在首次核试验后立即发表了政府声明,指出中国发展核武器是为了防御,为了保卫中国人民免受核战争的威胁,中国拥有核武器增加了全面禁止和彻底销毁核武器的可能性。② 因此,中国作出了无条件不首先使用核武器的承诺,即在任何时候、任何情况下,都不会首先使用核武器。中国无条件不首先使用核武器的承诺相当于对所有无核国家提供了消极安全保证,并进行了多次重申。③ 声明还倡议讨论全面禁止和彻底销毁核武器问题,并提出了相应的步骤。由此可见,中国在核武器仍未消灭背景下努力保障核安全,除保持改进小而精的核威慑、核反击力量外,也在一直致力于推进核不扩散,直至全面禁止和彻底销毁核武器。这既是中国的一贯主张,也是核安全观在核保障方面的应有内涵。

从非传统的核安保和核安全方面来看,根据 2019 年发布的《中国的核安全》白皮书,中国核安全观的核心内涵是“四个并重”,即发展和安全并重、权利和义务并重、自主和协作并重、治标和治本并重。

---

① 根据《不扩散条约》第 9 条的定义,有核武器国家系指在 1967 年 1 月 1 日前制造并爆炸核武器或其他核爆炸装置的国家,即美国、苏联(冷战结束后俄罗斯继承了苏联的国际权利和义务)、中国、英国和法国五国。

② 参见《第一颗原子弹爆炸成功(新中国成就档案)》,载《人民日报》2014 年 10 月 8 日,第 6 版。

③ 参见樊吉社:《中国核政策的基本逻辑与前景》,载《外交评论(外交学院学报)》2018 年第 5 期。

一是发展和安全并重。发展是安全的基础，安全是发展的条件。安全是人类基本的价值，必须要以安全为前提利用核能，发展核能事业。只有确保利用核能的过程中免受内部和外部的安全问题影响时，人们才能放心地开发利用核能，促进核能产业的发展，让核技术造福人类。同时，人类的进步也需要发展，获得更高效、更清洁、更安全的能源是所有人的共同愿望。发展和安全是人类和平利用核能的基本诉求，二者缺一不可。只有让核能技术和产业得到更好的发展，才能有更多资源投入安全风险的控制中，只有将核能利用的风险降到最低，才能实现核能的可持续发展。

二是权利和义务并重。在推动国际核安全保障体系的建设中，必须尊重各国的权益。在尊重各国和平利用核能的权利的同时，各国也必须切实履行核安全相关国际法律文书确定的义务，执行联合国安理会的有关决议。同时，必须坚持公平原则，以务实的态度允许各国采取适合该国国情的核安全措施，各国必须尊重他国国情，尊重他国保护核安全敏感信息和涉核知识产权的权利。

三是自主和协作并重，以互利共赢为途径寻求普遍核安全。各国必须承担起对本国核设施和核材料的首要责任，加强自身的平时管理和危机应对能力，这不仅是对本国负责，也是对世界负责。在加强自主管理的同时，也必须加强国际合作，共同建设国际核安全保障体系，互利共赢，为在全球核安全水平的提升中受益作出贡献，在实现核安全进程全球化中共同努力。

四是治标和治本并重，以消除根源为目标，为全面推进核安全而努力。在国内政策层面，要完善核安全举措，引导和鼓励现代化和低风险核能的开发利用，促进核材料的供需平衡，加强核材料和运输和出口的控制，消除核设施和核材料的安全风险。在国际上，各国应当秉持人类命运共同体理念，营造和平与稳定的国际环境，促进国际体系的合理化，让经济全球化普惠各国及其人民，从根本上降低恐怖主义和核扩散的风险。①

总的来说，总体国家安全观下核安全观的内涵是保持我国核武器的威慑力，致力于反核武器扩散和核裁军，缓和我国周边安全形势，最大限度保障我国的国家安全利益，在努力推进无核世界的进程的同时，确保核设施和核材料的安全。

---

① 参见中华人民共和国国务院新闻办公室：《中国的核安全》，人民出版社 2019 年版，第 3 页。

二、总体国家安全观下的核安全观是综合的核安全观

总体国家安全观下的核安全观不仅包括狭义的民用核能的安全，也包括应对核威胁、防范核扩散和核恐怖主义等内涵，既包括军事方面的核安全威胁，也包括非军事的核安全威胁；既包括国家行为主体对我国核安全的威胁，也包括非国家行为主体带来的核安全风险，是基于总体国家安全视野下的综合的核安全观。

1. 总体国家安全观下的核安全观既包括传统核安全也包括非传统核安全

纵观中国国家安全观的历史，我们不难发现，中国经历了由传统的军事安全向政治安全、经济安全以至于生态安全、信息安全等非传统安全领域逐步推进融合，而总体国家安全观不仅重视传统安全而且重视非传统安全，把传统与非传统有机地融合在整体性国家安全问题和论述之中，是一种完整、全面、系统的综合性国家安全观。而在核安全方面，广义概念上核安全也经历了由传统的源自国家行为体的核安全威胁转向源自非国家行为体的核安全威胁，包括恐怖主义袭击和民用核事故对国家的核安全威胁。就国家对核安全关注的危险而言，大部分国家最早关注的是敌对国家的核武器进攻，而后关注的是无核国家的核扩散，最后关注的是恐怖组织利用核武器进行大规模杀伤以及民用核电站的安全风险的方面。核安全观在总体国家安全观下并不是孤立存在的一个子集，而是与军事安全、国土安全、生态安全等国家层面的安全紧密相关，与其他安全观有机结合，构成了总体国家安全观。例如，“核威胁”“核攻击”属于传统安全中的军事安全的范畴，而“防止核事故”和“防止核恐怖袭击”属于非传统安全的范畴，这种综合的核安全观与总体国家安全观的“传统与非传统并重”在逻辑上是一致的，更能反映总体国家安全观之下的各个安全观的有机结合。同时，总体国家安全观“以人民安全为宗旨，以政治安全为根本”，不管是核事故是源自敌对国家，还是恐怖主义组织的核攻击，都将直接危害人民安全。总体国家安全观“坚持国家安全一切为了人民、一切依靠人民，真正夯实国家安全的群众基础”，为总体安全观下的核安全观赋予更全面的内涵是符合总体国家安全观的逻辑和宗旨的。

2. 核安全观包含了“核 3S”各方面的内容

2014 年 3 月，习近平主席在荷兰海牙第三届核安全峰会上阐述的中国的“核

安全观”既涉及核材料和核设施的潜在安全风险、重大核事故等方面，也涉及核材料实物保护、核恐怖主义行为等几个重要的方面。这充分说明我国的核安全不是单纯地只包括“nuclear safety”，也不仅仅是指“nuclear security”，而是全面涵盖了“nuclear safety”与“nuclear security”两个方面的较全面的核安全概念。而 2015 年 7 月 1 日，我国颁布了《国家安全法》，该法第 31 条明确指出，“国家坚持和平利用核能和核技术，加强国际合作，防止核扩散，完善防扩散机制，加强对核设施、核材料、核活动和核废料处置的安全管理、监管和保护，加强核事故应急体系和应急能力建设，防止、控制和消除核事故对公民生命健康和生态环境的危害，不断增强有效应对和防范核威胁、核攻击的能力”。据此，将核保障也纳入了核安全观中。可以看出，我国总体国家安全观下的核安全既包括狭义的核安全和核安保，也包括更为广义的核保障，将“核 3S”紧密结合，赋予核安全丰富的内涵。这是对当前形势的科学研判，体现了我国国家安全战略的与时俱进，体现了我国对核安全的高度重视和坚定的决心。

可见，总体国家安全观中的核安全观是以习近平同志为核心的党中央统筹国内国际两个大局、准确把握国家安全形势变化新趋势提出的总体部署。总体国家安全观确认了核安全在国家安全中的重要性，将核安全提升到了一个前所未有的高度，而核安全观也为落实总体国家安全观的部署提供了一个具体对策，完善了国家安全体系，两者之间关系紧密，核安全观成为总体国家安全观的有机组成部分。

第二章　核安全保障的国际组织及多边机制

国际组织在国际核安全保障问题中发挥着重要作用，现有国际组织和机制为核安全的国际合作提供了坚实平台。联合国作为最具普遍性的国际组织，在推动国际原子能法制定和通过的过程中发挥了积极的推动作用。国际原子能机构就是在管理国际社会核能方面的政府间国际组织，是全球核不扩散机制的重要载体和执行者。经济合作与发展组织（以下简称经合组织）核能署为成员国提高核能利用领域科学、技术和法律水平作出了贡献。桑戈委员会、核供应国集团在推动核不扩散领域发挥了积极的作用。此外，国际辐射防护委员会、多国设计评价计划项目、第四代核能系统国际论坛、世界核营运者组织等组织在核安全保障领域也起到了有益补充作用。

第一节　联合国机构及其专设委员会

一、联合国大会及联合国安全理事会

联合国大会和联合国安全理事会（以下简称安理会）

在解决全球问题过程中扮演着的重要角色。在联合国大会通过的决议中,任何能够解释,宣布或确认现有国际法一般原则的决议在一定程度上具有法律约束力。1946 年 1 月 24 日,在英国伦敦召开的第一次联合国大会上,通过的第一个决议就是成立联合国原子能委员会,尝试以国际组织管理形式解决集中管理核能开发和利用的问题。联合国大会每年关于核武器的有关的决议,都会以多数赞成的形式获得通过。其中最为重要的则是联合国大会于 1961 年 11 月 24 日通过的第 1653(XVI)号决议,即《禁止使用核及热核武器宣言》。该决议表示使用核及热核武器的行为违反了国际人道法和人权法,与联合国的宗旨相冲突,推动国际社会对核武器灾难性后果的关注及对使用核武器行为的谴责此外,该决议推动了禁止使用核武器的国际习惯法原则作为现行法的出现,有力地推动了国际核裁军进程。国际法院在审查国际习惯法后得出结论认为:禁止威胁或使用核武器的有关声明和规定的法律渊源来自禁止使用核武器或防止核扩散的国际条约和公约。因此,这些相关的声明和决议具有法律约束力。国际社会应推动类似联大有关核裁军事项的决议的执行。①

防止核扩散、减少核威胁一直是安理会关注的重要问题。根据《联合国宪章》《国际原子能机构规约》和其他国际原子能法律文件授权,安理会有权调查涉及核军事利用引起国际争端或摩擦的情况,并可提出解决这些争端的方式或办法。会员国或接受《联合国宪章》的非会员国、联合国大会或秘书长,均可就国际上核能利用影响到国际和平与安全问题提请安理会注意。安理会有权判断这些核能利用活动是否有威胁和平、破坏和平或具有侵略等行为的存在,并可提出采取强制措施以维持或恢复国际和平与安全的建议或作出相关的决定,如认为这些措施还不能解决问题,它还可以通过采取关于军事行动的决议去解决这些问题。

基于上述职权,联合国安理会通过大量涉及核领域的决议,安理会对核裁军问题进行多次讨论,通过了大量有关核裁军问题的决议。这些决议为核裁军义务的国际习惯法地位提供了有利依据。安理会针对伊拉克、伊朗、朝鲜等国家的核问题作出的决议也具有代表意义。防止核能用于军事用途,是维持国际和平及安

① 参见朱瑞爽:《核裁军义务的国际法问题研究——以“马绍尔群岛案”为背景》,辽宁大学 2019 年硕士学位论文,第 31~32 页。

全的重要内容,对核保障监督义务的违反,也就意味着对国际和平和安全的威胁。根据《联合国宪章》第七章第39条的规定,这种违反行为属于联合国有权断定并对之采取行动的"情势"。《联合国宪章》第七章第39条赋予安理会维持国际和平与安全的主要责任,安理会在断定存在对和平威胁或破坏行为时,就有权采取一切必要手段,包括制裁和使用武力,以恢复和维持国际和平及安全秩序。朝鲜不顾国际社会的反对从2006年到2017年先后进行了6次核试验,联合国安理会为了限制朝鲜核和弹道导弹发射技术的开发,针对每次核试验以及一次弹道导弹试验先后通过1718号(2006年)、1874号(2009年)、2087号(2013年)、2094号(2013年)、2270号(2016年)、2375号(2017年)制裁决议,联合国安理会对朝鲜制裁委员会专家组每年都会出具制裁决议执行情况报告,着力于监测与评估各国对制裁的执行情况,以便及时发现制裁不力的监管漏洞以及朝鲜绕道制裁的手段,然后提出建议。① 伊朗核危机出现后,2006年至2010年间,联合国安理会先后通过第1737号(2006年)、第1747号(2007年)、第1803号(2008年)和1929号(2010年)4个制裁伊朗的决议。② 2015年7月14日,历经近两年的艰苦谈判后,关于伊朗核问题,美国、英国、法国、俄罗斯、中国和德国6国以及欧盟和伊朗在维也纳达成伊朗核问题的全面协议。同年,7月20日,联合国安理会批准了伊朗核问题全面协议,协议于10月18日正式生效。③

二、国际法院

国际法院在解决核能利用领域的争端中有着最高司法权威。1996年,国际法院应联合国大会请求,就"威胁使用或使用核武器在任何情况下是否为国际法所允许"发表咨询意见,国际法院于1996年7月8日发表了它在这个问题上的基本立场:"习惯国际法和协定国际法中没有任何明确规定允许以核武器进行威胁或使用核武器;习惯国际法和协定国际法中没有任何全面和普遍的禁令禁止以核武器进行威胁或使用核武器;……以核武器进行威胁或使用核武器也应符合武装冲

---

① 参见郝群欢:《联合国对朝制裁的效果及其制约因素》,载《现代国际关系》2017年第5期。

② 参见邹志强:《联合国与对伊朗的经济制裁》,载《国际研究参考》2016年第8期。

③ 参见赵雅婧、王有鑫:《伊朗核问题协议生效的外溢影响及对策》,载《中国国情国力》2016年第2期。

突中适用的国际法的规定，尤其是国际人道法的原则和规则的规定，并且符合具体的条约义务和与核武器明确相关的其他承诺；根据上述规定，以核武器进行威胁或使用核武器一般都是违反武装冲突中适用的国际法规则，特别是人道法的原则和规则；然而，鉴于国际法的现状及本法院所掌握的种种事实，本法院无法确实断定，一个国家在生死存亡关头实行自卫的极端情况下以核武器进行威胁或使用核武器，究竟合法还是非法。"[①]2014 年 4 月 24 日，马绍尔群岛共和国以拥有核武器的 9 个国家违反有关停止核军备竞赛和核裁军义务为由，在国际法院提起诉讼。马绍尔群岛诉称这些拥有核武器的国家没有履行及早停止核军备竞赛和核裁军的义务，其认为停止核军备竞赛和核裁军义务不仅是《不扩散条约》第 6 条所载的条约义务，这些义务还单独存在于习惯国际法中，作为习惯国际法适用于所有国家。马绍尔群岛认为，拥有核武器的国家已经违反并继续违反秉持善意履行习惯国际法所规定义务的法律责任。马绍尔群岛请求国际法院命令 9 个拥有核武器的国家采取一切必要措施履行上述义务，包括必要时寻求真诚地谈判，以期缔结一项关于在严格有效的国际监督下全面实现核裁军的公约。根据《国际法院规约》第 36 条第 2 款有关管辖权的规定，案件所涉及的 9 个拥有核武器的国家中，只有英国、印度和巴基斯坦承认国际法院的管辖权具有强制性。其他 6 个拥有核武器的国家没有接受马绍尔群岛依据《国际法院规约》第 36 条第 5 款所规定的国际法院对本案具有管辖权的主张。最终，国际法院只受理马绍尔群岛诉英国、印度和巴基斯坦这 3 个案件，即"停止核军备竞赛和核裁军的谈判义务案"（以下简称马绍尔群岛案）。2016 年 10 月 5 日，国际法院以双方不存在争端为由，判决其对这 3 个案件没有管辖权。

第二节　国际原子能机构

一、国际原子能机构的建立

IAEA 是原子能（核能）和平利用的全球性国际组织，同时也是涉及核不扩散领域的重要国际组织，是国际原子能领域的政府间科学技术合作组织，同时兼管

---

① 朱江明：《国际法院关于核武器使用合法性研究》，载《理论界》2011 年第 4 期。

地区原子安全及测量检查，并由世界各国政府在原子能领域进行科学技术合作的机构。

1946 年 1 月，根据联合国大会决议，联合国原子能委员会成立。同年 6 月 14 日，美国代表伯纳德·巴鲁克在联合国原子能委员会第一次会议上提出原子能国际控制的“巴鲁克计划”。该计划指出，为确保原子能用于和平目的，应建立一个拥有广泛权力的国际原子能开发机构；该机构将掌控所有的原子能材料，并拥有对所有原子能活动的许可权和核查权。巴鲁克计划称，在美国停止核武器生产和处理库存核武器之前，世界各国必须同意建立有效的原子能国际控制体系。①

对于“巴鲁克计划”，苏联明确表示反对。苏联认为，应将核裁军和核控制联系起来，在建立原子能国际控制体系前，应首先禁止并销毁核武器。在此之后，是先控制、后裁军，还是先裁军、后控制，就成为美苏核能角逐的焦点。美国维护核垄断地位与苏联极力打破核垄断之间的尖锐矛盾，致使联合国原子能委员会的工作无果而终，直至 1949 年联合国原子能委员会宣布结束使命，原子能国际控制问题依然悬而未决。

1953 年年初，艾森豪威尔就任美国总统，并将重启原子能控制的国际谈判纳入新政府的议事日程。在 1953 年 2 月 18 日的国家安全委员会会议上，艾森豪威尔指出，联合国框架内的裁军谈判没有必要继续进行，美国应当另辟蹊径。在 1953 年 2 月 25 日的国家安全委员会会议上，艾森豪威尔强调，美国应适时将原子能政策的重点转向和平利用问题。

1953 年 12 月，美国总统艾森豪威尔在联合国大会上提出了“和平利用原子能”的口号，提出一切有兴趣的国家均可共享核技术，但前提是接受保障监督，不得将裂变材料用于军事用途。该计划建议政府将铀或其他裂变材料交由一家承担类似“银行”职能的机构控制，号召建立“国际原子能机构”，这一设想获得了国际社会的认同，②1957 年成立的国际原子能机构是 1953 年美国总统艾森豪威尔在联合国发表“原子为和平服务”演说的直接产物。此时，由于美国的核垄断已经打

---

① 舒建中：《美国对外政策与国际原子能机构的建立》，载《国际论坛》2015 年第 1 期。

② 古祖雪、丁祥高：《国际原子能机构与核保障制度》，载《厦门大学学报（哲学社会科学版）》2008 年第 4 期。

破，苏联开始执行缓和东西方关系的政策等原因使国际原子能机构的成立成为可能。

国际原子能组织的成立始于《国际原子能机构规约》的生效。1956年10月26日，国际原子能组织规约大会在联合国总部举行，会议就组织的重要机构和事项进行了讨论，如理事会的组成、大会和理事会的职权及相互关系等，经过与会各国的商讨，《国际原子能机构规约》草案获得一致通过。自1956年10月26日起供联合国或任何专门机构各成员国签字，根据《国际原子能机构规约》第21条“签署、接受与生效”的规定，《国际原子能机构规约》自1957年7月29日生效，国际原子能组织也于当日成立。

二、国际原子能机构的宗旨、职能与组织机构

（一）国际原子能机构的宗旨与职能

国际原子能机构的宗旨是加速并扩大和平利用核能对世界和平、健康与繁荣之贡献，并尽其所能确保受援国不致将核能用于推进任何军事目的。

国际原子能机构具有“促进原子能的和平利用”与“防止核能用于军事目的”的双重职责。国际原子能机构自成立起就一直致力于核电发展与维护，将核能应用于粮食与农业、人体健康、保护环境等领域，并与生物学、物理学及化学等相关领域的科学家合作，促进核技术的发展和运用。这是其第一种身份，即促进世界各国和平利用核能的倡导者。[①] 国际原子能机构的另一项重要功能是按照《国际原子能机构规约》第3条A项第5款、《不扩散条约》第3条以及相关无核区条约的规定，核查相关条约缔约国所做出的不扩散以及不拥核承诺的履行情况，确保无核武器国家不将核能从和平用途转用于核武器或其他核爆炸装置的军事用途。这是其第二种身份，即保障无核国家核能不用于军事目的的监督者。

（二）国际原子能机构的组织机构

国际原子能机构对联合国大会而非联合国经济及社会理事会（以下简称经社

① 参见张金勇：《国际原子能机构的困境与未来》，载《当代亚太》2011年第3期。

理事会）负责，因此在形式上，国际原子能机构不是《联合国宪章》第 57 条所指的专门机关，但由于它可以向联合国大会、安全理事会、经社理事会及联合国其他机构提交报告，因而实质上也可以说成是联合国的专门机构。不过它在维护国际和平与安全方面具有独立的重要作用。①

国际原子能机构由大会、理事会和秘书处组成。它的决策机关是大会和理事会，这两个机关共同决定了国际原子能机构的工作方案、执行预算并任命机构的总干事。大会由全体成员国代表组成，每年召开一次会议。

理事会是该机构的决策机构，真正掌握着机构的实权，每年举行 5 次会议。根据《国际原子能机构规约》，理事会每年改选一次，理事由国际原子能机构大会指定或选举产生。其具体组成：一是指定在原子能技术方面，包括原材料的生产在内最先进的 11 个成员国为理事国，二是按照地区平衡的原则选举另外 24 个理事国，这些国家应在原子能技术方面包括原材料的生产在内较先进。理事会内每一理事国有一票表决权。

秘书处是执行机构，负责机构的日常工作，机构工作人员由总干事领导。秘书处下设政策制定办公室、技术援助及合作司、核能和核安全司、行政管理司、研究和同位素司以及保障监督司。② 总干事由理事会任命并经大会批准，作为机构的“首席管理员”，其根据理事会制定的规章履行职责。国际原子能机构规约规定，任何国家只要经理事会推荐和大会批准，并交存对机构规约的接受书，即可成为该机构的成员国。

三、国际原子能机构的主要制度

国际原子能机构的三大工作领域为核保障、核安全、核保安。国际原子能机构的核保障制度是为了监督和阻止核武器扩散，核安全制度是为了保证核能民用的安全化，而核保安制度就是为了防范核恐怖主义。

---

① 参见李进浩：《核不扩散机制中的国际原子能机构功能研究》，青岛大学 2009 年硕士学位论文，第 4 页。

② 参见陈刚：《国际原子能法》，中国原子能出版社 2012 年版，第 100 ~ 120 页。

(一)国际原子能机构的核保障制度

国际原子能机构通过与各国签订核保障协议的方式建立国际核保障体系。核保障制度是用来查明国家是否遵守其核不扩散义务的手段,其本质上是条约履行的监督制度,也是一种透明的工具,渗透到"核不扩散机制"的各个环节,包括出口控制、无核区制度,是"核不扩散体系"的支柱。国际原子能机构为核保障协议提供了不同的范本:最初型保障体系(INFCIRC/26)、项目型保障体系(INFCIRC/66)和全面型保障体系(INFCIRC/153)。[①] 全面型保障体系是目前使用最多的协议范本,旨在通过"核实已申报的核材料和核设施,限于在有核材料的战略点上进行例行视察;采用定量核查方案;采用机械、系统的方式进行核实;在核设施的关键测量点上安装封隔、监视和无人值守的非破坏性分析设备",以达到"及时发现重大数量的核材料被从和平核活动转用于制造核武器或爆炸性装置或其他未知用途,并通过在较早阶段发现以阻止此种转用"的目的。[②] 核查分为三类:其一,定期核查,核实提交给机构的报告是否符合运行记录,核实核材料的地点、数量、特征,输出和输入的核材料之间的差额;其二,临时核查,核实递交给机构的新设备的设计信息,核实缔结保障协定后递交给机构首次报告,核实首次报告与定期核查之前的变化;其三,特别核查,适用于两种情形:核实国家提供的特别报告中的信息,机构认为国家提供的信息不足以实现其协议下的职责。

(二)国际原子能机构的核安全制度

在国际核安全运行机制中,国际原子能机构发挥核心作用。它向成员国提供直接与安全有关的援助、增进有关安全信息的国际交流,促进安全领域里的教育和培训、向申请援助的国家提供广泛的与安全相关的服务(包括辐射评价)、协调与安全有关的研究和开发项目等技术合作活动,包括一个改善辐射和废物安全基础结构的示范项目。国际原子能机构的安全目标包括促进信息和技术的交换、建

① 参见谢青霞、牛一岚:《国际核安全法律规制问题现状、问题与改革》,载《华北电力大学学报(社会科学版)》2016 年第 4 期。

② 参见周凤翱、丛丹:《国际原子能机构核保障制度及其立法对我国的启示》,载《华北电力大学学报(社会科学版)》2015 年第 5 期。

立核安全标准、为成员国提供核安全服务。国际原子能机构的安全服务包括报告制度、现场勘查、安全援助计划。尽管国际原子能机构只能对同意接受援助或者使用机构设备或服务的国家执行安全标准，它依然成为国际安全信息的来源和分享安全原则的论坛。国际原子能机构是国际核安全协调和发展方面最显著集中的机构。它在国际范围运作核安全项目，领导核技术的发展，拥有最广泛的国际成员国。它还在国际核安全法的产生过程中起到重要作用，组织了 5 个核安全相关的多边公约，分别为《及早通报核事故公约》（以下简称《核事故公约》）、《核事故或辐射紧急情况援助公约》（以下简称《援助公约》）、《核安全公约》《关于核损害民事责任的 1997 年维也纳公约》和《核损害补充赔偿公约》。国际原子能机构所制定的标准（包括准则和指导原则）几乎涵盖从核燃料的矿产开采和自备到核废物处置的各类核业务。这些基本安全要素被载入获得国际批准的和具有国际约束力的公约或条约中，并提供给国际社会使用，被各国国内法所参考。

（三）国际原子能机构的核保安制度

国际原子能机构在反核恐怖领域采用了一种一体化多途径的方法，通过一项综合的防止核恐怖主义的活动计划，帮助各国加强它们的核保安计划。该计划涵盖防止和探察涉及核材料及其他放射性材料恶意行动的各种措施和响应措施，包含咨询、评价和培训服务。国际原子能机构拥有唯一的能在核恐怖袭击引起放射应急情况下立即作出反应、援助各个国家的国际响应系统。国际原子能机构还建立了一套法律和条例范本，用于通报、批准、检查和执行以及建立辐射源和辐射装置清单的样本程序。这些范本为各国在建立本国自己的保安目标时提供了必要的基准点，国家可以以此为模板，修订适合本国国情的法律和法规。与此同时，这些范本还有助于在全球层面上形成一个一致、协调和一体化的方法。国际原子能机构还多次召开国际会议，为解决国际范围内紧迫课题提供有效手段。①

---

① 参见高宁、王超海：《国际原子能机构在建构世界核秩序中的角色定位》，载《求索》2008 年第 3 期。

第三节　经济合作与发展组织核能署

一、经济合作与发展组织核能署的成立

由于第二次世界大战后欧洲经济复苏对能源的需求迅速增加，特别是核能带来的可能性，经合组织理事会（欧洲经济合作组织的前身）1958 年 2 月 1 日成立了欧洲核能机构（European Nuclear Energy Agency，ENEA）。1972 年，该机构更名为核能署（Nuclear Energy Agency，NEA）。核能署第一阶段的计划主要包括为核合作奠定基础，并着重启动几个联合研发项目，如哈尔登和德拉贡反应堆项目，以及用于乏核燃料后处理的欧洲化学工厂原型。由于核能的试验阶段演变为商业和工业发展，第一阶段在 20 世纪 60 年代末自然结束。20 世纪 70 年代初，核能署的作用转变为协调成员国的国家核计划提供一个论坛，特别是在健康、安全和监管领域。20 世纪 70 年代，随着核能发展势头的增强，各国政府面临民众的压力，要求它们更加重视核能的环境方面以及核电站的安全和监管。20 世纪 90 年代初，苏联解体后，该机构效仿经合组织的做法，启动了一个有限的外联方案，方案成员国主要为中东欧国家。随着更多拥有苏联设计反应堆的国家成为成员，外联方案中的一些活动日益成为核能署核心方案的组成部分。核能署在许多方面取得了进展，在成员的同质性、灵活的工作方法、技术工作的深度和质量等方面具有优势，随着核能自身作用的演变，这些特点将继续是该机构今后发挥作用的关键。

经济合作与发展组织核能署的章程最初是 1957 年 12 月 20 日欧洲经济合作组织理事会通过的一项决定，1961 年 9 月 30 日由经合组织理事会批准。当时，该机构的成员仅包括欧洲国家，被称为欧洲核能机构。随着经济合作与发展组织核能署成员数目的增加，理事会相继作出决定，对《国际原子能机构规约》进行了修订，并相应更改了经济合作与发展组织核能署的名称。最后，1978 年、1992 年和 1995 年理事会的几项决定使《国际原子能机构规约》更加现代化。

二、经济合作与发展组织核能署的宗旨与组织机构

经合组织，是由 34 个市场经济国家组成的政府间国际经济组织，旨在共同应

对全球化带来的经济、社会和政府治理等方面的挑战，并把握全球化带来的机遇。经合组织核能署（Organization for Economic Cooperation and Development-Nuclear Energy Agency，OECD-NEA）是经合组织内部的一个半自治性的专业化的政府间组织。

核能署的目标是协助其成员国通过国际合作来维护和开发安全、环境友好以及更加经济的核能所需的科学、技术和法律基础。核能署通过对核能开发的科学、技术和经济问题进行评估，协调建立成员国国内的原子能法律体系，加强在现有核设施运营并帮助设计未来先进的反应堆，以确保安全性的提高和监管领域的合作。核能署还努力促进对公众的信息开放，指引公众和工作人员采取有效的辐射防护和应急相应措施。核能署现有31个成员国，另外还有中国、印度两个战略合作方。核能署与包括欧洲委员会以及国际原子能机构等多边国际组织开展紧密合作。①

核能署中成立了核能机构指导委员会，还设立若干特别委员会，特别委员会包括核设施安全委员会（Committee on the Safety of Nuclear Installations，CSNI）、核监管活动委员会（Committee on Nuclear Regulatory Activities，CNRA）、放射性废物管理委员会（RWMC）、辐射防护和公众健康委员会（CRPPH）、核科学委员会（NSC）、核能发展和核燃料循环技术经济研究委员会（NDC）、核法律委员会（NLC）7个委员会。秘书处在核能指导委员会的领导下开展工作，核能指导委员会直接向经合组织理事会报告。

核设施安全委员会的成立是为了协助各成员国持续发展科技基础实力，以评估核反应堆核燃料循环设施的安全性。委员会由各国核安全监管部门或技术研发部门的代表和承担安全技术及科研项目的资深科学家及工程师组成。所从事的领域包括：核事故应急响应、核设施的风险评估、核设备监督检查等。核设施安全委员会还具体参加重点研究项目，其中包括包壳燃料完整性、福岛核事故基准案例分析、先进热工水力试验回路事故模拟、源项评估与降低灾害等项目。

核监管活动委员会成立于1989年，由成员国核安全监管机构的高级代表组

---

① 栾海燕、曾超等：《关于加强我国核安全监管机构与国际组织合作的建议——经合组织核能署专篇》，载《核安全》2016年第1期。

成,负责指导核能署在核设施安全领域的法规、许可和监督领域开展的活动,具体任务包括监管机构信息和经验交流、评估可能影响监管要求的最新进展以及评估当前实践和运行经验等。目前其下设4个主要工作组及其职责分别是:(1)监督实践工作组:核监管活动委员会于1990年成立了监督实践工作组,其目的是在成员国之间开展安全监督信息和经验交流,提高核安全监督效果和效率。具体工作包括审查现有监督实践、研究并起草有效的监督实践,以应对未来的监管挑战。(2)运行经验工作组:通过共享和分析运行知识经验、吸取教训、提供专家见解,并在短中期实施有效响应活动;从长期效应看,运行经验工作组提出对安全再评估的建议,识别需要开展附加研究的领域,评估新的或修订的监督实践,分享核设施运行管理的良好成果。(3)公众沟通工作组:核监管活动委员会于2001年建立了公众沟通工作组,其目的是便于监管机构沟通人员交流信息、经验和实践,同时从监管机构政策角度交流公众沟通的认识以及识别促进有效合作的方式。(4)新堆监管工作组:该工作组主要研究三代堆和四代堆的选址、许可、监督事宜,并尤其关注建造监督,同时与核监管活动委员会其他工作组分享经验;协调多国设计评价计划项目和核监管活动委员会的活动,以保证多国设计评价计划项目能够充分利用核监管活动委员会的已有成果。

1999年,经合组织核能署通过了第一个战略计划,这是1997年启动、2000年完成的经合组织核能署改革进程中的一个重要步骤,战略计划为经合组织核能署在5年内确定和实施其活动提供了指导,目前共有4份战略计划,分别是第一个战略计划(1999~2004年)、第二个战略计划(2005~2009年)、第三个战略计划(2011~2016年)、第四个战略计划(2017~2022年)。

核能署是多项核能或核安全国际多边合作机制的秘书机构,积极发挥组织协调作用,包括多国设计评价计划项目(Multinational Design Evaluation Programme, MDEP)、第四代核能系统国际论坛(Generation Ⅳ International Forum on Nuclear Energy System, GIF)以及国际核能合作框架(International Framework for Nuclear Energy Cooperation, IFNEC)等。核能署牵头制定、修订和完善核损害责任制度的《巴黎公约》体系,对这项特殊侵权责任制定的形成和发展作出了重要贡献。

第四节　桑戈委员会和核供应国集团

核供应国集团(Nuclear Suppliers Group,NSG)与桑戈委员会(the Zangger Committee)一样,都是核供应国单方面组成的对核出口实行控制的非正式组织,目标也是防止核武器扩散,二者绝大部分成员是重叠的。1970年《不扩散条约》生效后不久,为就如何执行《不扩散条约》第3条第2款达成共识而进行的关于核出口管制的多边协商导致建立了两个处理核出口的独立机制:桑戈委员会和核供应国集团。桑戈委员会确定了最初的触发清单和3个供应条件:非爆炸性使用保证;国际原子能机构保障监督要求;要求接受国在再出口这些物品时适用同样条件的再转让规定。核供应国集团最初被称为"伦敦俱乐部",出口控制范围包括与核有关的两用设备、材料和相关技术等。

一、桑戈委员会

(一)桑戈委员会的成立

1971年起,在瑞士教授克劳德·桑戈主持下,当时世界上15个核技术领先的国家在维也纳举行了一系列非正式会议,商讨如何依据《不扩散条约》第3条第2款的实施制定具体措施。该款规定,每一缔约国承诺不向无核武器国家提供:(1)原材料和特种裂变材料;(2)专门为处理、使用或生产特种裂变材料而设计或准备的设备和材料,除非这些原材料和特种裂变材料根据此条要求接受国际原子能机构的保障监督。通过讨论最终达成了核出口的"竞争规则"和"触发清单"两个文件。1971年3月,在维也纳成立了核出口委员会,也称桑戈委员会,1974年8月,桑戈委员会就核出口时应当采用的标准及程序达成一致谅解。各成员国请求国际原子能机构对《不扩散条约》所指的核材料及核设备的出口实施保障监督。①

① 参见岳汉景:《国际原子能机构产生的背景及其基本功能与局限》,载《解放军外国语学院学报》2008年第2期。

（二）桑戈委员会的主要制度

桑戈委员会的控制机制是它的“触发清单”。根据委员会规定，这是一份将“触发”关于向未参加《不扩散条约》缔约国的无核武器国家出口这些物项的保障和准则要求“共同谅解”的物项清单，凡向未参加《不扩散条约》的无核武器国家出口“触发清单”上的项目，这些项目就必须接受国际原子能机构的保障监督，以防止其从和平目的转用于核武器或其他核爆炸装置。“触发清单”由两个备忘录和一个附件组成。主要内容是：原材料和特种裂变材料的定义和出口条件；专门为处理、使用或生产特种裂变材料设计或准备的设备和材料的物项清单和出口条件。① 触发清单于1974年9月作为国际原子能机构文件INFCIRC/209首次公布，自1974年以来，桑戈委员会不断审查、更新和修正其触发名单。触发清单的最新修订于2014年6月19日进行。

桑戈委员会每年5月和10月在维也纳举行两次会议，主要讨论核出口控制政策及“触发清单”的修改问题，旨在加强国际关于核出口控制的协调与合作，禁止转让与开发核武器直接有关的物资设备，并接受国际原子能机构的保障视察。

桑戈委员会是一个自愿的协会，没有强制遵守的正式机制。委员会采取了自愿措施来加强信任，例如，同意通过其每年4月在其成员国之间秘密分发的“年度申报”制度，交换有关实际出口或向任何未参加《不扩散条约》缔约国的无核武器国家发放出口许可证的信息。

二、核供应国集团

（一）核供应国集团的成立

核供应国集团是在无核武器国家1974年核装置爆炸之后成立的，这表明为和平目的转让的核技术可能被滥用。7个主要核出口国于1975年在伦敦多次召开会议，讨论加强和完善核不扩散的政策和措施及敏感材料和设备的出口控制等问题。国际原子能机构1978年公布了《核供应国集团准则》，作为原子能机构文件

① 参见伊楚：《桑戈委员会》，载《世界知识》1997年第20期。

INFCIRC/254(随后修订),适用于和平目的的核转让,以帮助确保此类转让不会转用于不受保障监督的核燃料循环或核爆炸活动。1990 年,核供应国集团在《不扩散条约》的审议大会上就第 3 条执行情况的审查提出了一些建议,这些建议对核供应国集团 20 世纪 90 年代的活动产生了重大影响。1992 年,核供应国集团决定制定与核有关的两用设备、材料和技术转让准则,对不受保障监督的核燃料循环或核爆炸活动作出重大贡献,这些两用指南作为 INFCIRC/254 的第 2 部分发布,1978 年发布的原始指南成为 INFCIRC/254 的第 1 部分。

(二)核供应国集团的宗旨与组织机构

核供应国集团的宗旨是为通过加强核与核两用品及相关技术的出口管制,防止核武器扩散。核供应国集团的参与者通过实施《核供应国集团准则》(NSG Guideline)来实现核供应国集团的目标,包括其各自国家法律中的供应条件,以及在其国内法规中实施技术附件或控制清单。核供应国集团的与会者还通过交流有关国家出口许可证发放决定和其他国家措施以及有关核扩散问题发展的信息来实现核供应国集团的目标。

核供应国集团每年举行一次全体会议,该会议可决定就核供应国集团准则、附件、核供应国集团程序安排、信息共享和透明度活动等事项设立技术工作组,还可以授权主席与有关国家开展外联活动。除全体会议之外,核供应国集团还有两个常设机构向全体会议报告,分别为核供应国集团磋商小组(NSG Consultative Group, NSG CG)与核供应国集团信息交流会议(NSG Information Exchange Meeting, NSG IEM),主席任期 1 年,可连任。核供应国集团磋商小组专家组每年至少举行 2 次会议,任务是就与核供应准则及其技术附件有关的问题进行磋商。核供应国集团信息交流会议在全体会议前或全体会议期间召开会议,为核供应国参与国政府提供了另一个讨论核供应国集团指南的目标和内容的机会。在 2010 年核供应国集团全体会议启动的第一部分和第二部分控制清单的 3 年基本审查结束时,2013 年核供应国集团全体会议同意设立一个技术专家组,该专家组应磋商小组的要求,负责确保核供应国集团控制清单的完整性和技术进步的最新性,技术专家组开会讨论由技术专家组提出的所有技术问题,并根据需要向技术专家组提出建议。

核供应国集团在协商一致的基础上开展工作,核供应国集团的参与者根据其国家法律和实践实施指南,并承诺严格的供应条件。在使其国家法律和国内条例与核供应国集团协调一致时,与会者应负责任地采取行动,对可能有助于核武器扩散的物品出口实行管制。核供应国集团的参与者还将控制核供应国集团"触发清单"和"两用清单"附件所列设备和技术的所有出口。

(三)核供应国集团的主要制度

《核供应国集团准则》的目的是确保和平目的的核贸易不助长核武器或其他核爆炸装置的扩散,并确保在这一过程中不会不公正地阻碍核领域的国际贸易与合作。《核供应国集团准则》为这一领域的贸易发展提供了便利,使促进和平核合作的义务能够以符合国际核不扩散准则的方式得到履行。

核供应国集团通过《核转让准则》[Guidelines for nuclear Transfers(INFCIRC/254,Part 1]进行控制。准则规定转让准则触发清单中的物项须提请国际原子能机构实施保障监督;严格控制敏感物项的出口。保障监督和出口管制的基本原则应适用于为和平目的向任何无核武器国家转让核武器,在这方面,供应商定义了所谓的触发列表,该清单包括核转让准则,如实物保护、保障措施、对敏感出口的特别管制、浓缩设施出口的特别安排、对可用于核武器的材料的管制、对再转让的管制以及支持活动。准则附件规定了特别设计或准备用于核用途的物品的出口。这些包括在第一附件(附件 A)中与触发清单上的每一项有关的材料和设备以及技术;第二个附件(附件 B)包括对触发清单上项目的澄清。

《核相关两用设备、材料、软件和相关技术转让指南》(INFCIRC/254,第 2 部分)。为了防止核武器扩散和防止核恐怖主义行为,供应商考虑了某些设备、材料、软件和相关技术的转让程序,这些设备、材料、软件和相关技术可对"核爆炸活动"作出重大贡献,"未受保障监督的核燃料循环活动"或核恐怖主义行为。在这方面,供应商商定了以下原则、共同定义以及设备、材料、软件和相关技术的出口管制清单。第二套核供应国集团准则规定了与核有关的两用物项和技术的出口,即可以对不受保障监督的核燃料循环或核爆炸活动作出重大贡献,但也有非核用途的物项。两用清单是一个明确的清单,其中对控制项目的描述有一定程度的技术细节,措辞狭隘,只涵盖那些"重要"和"可控"的项目。《核供应国集团准则》和

“清单”一旦当事国书面通知国际原子能机构总干事表示接受，即对该国产生约束力。

核供应国集团每年召开全会，对《核供应国集团准则》和“清单”的执行情况进行审议。需要时，集团也召开专家会议，就专门问题交换意见。集团议事规则采取“协商一致”方式。

第五节 核安全保障的其他国际机构

一、国际辐射防护委员会

(一) 国际辐射防护委员会的成立

国际辐射防护委员会(International Commission on Radiological Protection, ICRP)是一个独立的由各国辐射防护领域专家组成致力于促进辐射防护科学的公众利益的国际型学术组织，于1928年在第二届国际放射学大会上成立，以回应人们对医学界观察到的电离辐射影响的日益关注。当时，它被称为国际X射线和镭防护委员会(The International X-Ray and Radium Protection Committee/Commission, IXRPC)，但为了更好地考虑医疗区域外辐射的使用，它进行了重组，并在1950年被命名为国际X射线和镭防护委员会。最初，国际辐射防护委员会在医学和物理学领域的各种科学期刊上发表了自己的建议和建议。自1959年以来，国际辐射防护委员会有自己的系列出版物，自1977年以来，以科学期刊的形式出版。

(二) 国际辐射防护委员会的宗旨与职能

国际辐射防护委员会的主要职责是基于科学研究、基础数据和专家经验，研究并制定适用于全球的辐射防护标准，包括制定放射性元素剂量限值等。国际辐射防护委员会兼顾核能利用取得效益的同时，关注保护人类、其他生物以及环境免受放射性有害效应的危害。

国际辐射防护委员会每年召开一到两次大会，而委员们是每年一次会议，委员会大会上总结委员们或专题任务组的研究成果，委员会由著名科学家、决策者、从业人员和辐射防护领域的其他专家组成。

国际辐射防护委员会由主要委员会、科学秘书处、四个常设委员会和一系列工作组组成。主要委员会和科学秘书处共同指导、组织和监督国际辐射防护委员会的工作。国际辐射防护委员会的主席、副主席和科学秘书密切合作,以行政方式管理委员会。主要委员会由主席领导,制定政策和总方向,所有委员会的报告在发表前都得到主要委员会的批准。科学秘书处由科学秘书长领导,负责执行国际辐射防护委员会的日常事务。常设委员会在其专长领域内提供咨询意见,指导工作组的工作,并在确保国际辐射防护委员会报告的质量方面发挥重要作用。设立工作组通常是为了执行一项具体任务,工作组成员一般由委员会成员和应邀为工作作出贡献的其他外地专家组成。

(三)国际辐射防护委员会的主要工作

在拟定建议时,国际辐射防护委员会考虑了制定适当的辐射防护措施所依据的基本原则和数量基础,同时将制定具体建议和行为守则的责任留给各个国家的保护机构。国际辐射防护委员会已经出版了100多部关于辐射防护各个方面的出版物,大多数涉及辐射防护的特定领域,但少数出版物为关于整个辐射防护系统的基本建议,辐射防护系统是基于目前对辐射暴露和影响科学的理解以及价值判断。这些价值判断考虑了社会期望、道德和在应用该系统中获得的经验。随着对科学和社会期望的理解随着时间的推移而不断发展,辐射防护系统也在不断发展。此外,这些建议继续考虑到辐射在医学和其他领域的新用途,以帮助确保在任何情况下这些用途都有足够的安全水平。

国际辐射防护委员会向管理和咨询机构提出建议,并向负有辐射防护责任的管理人员和专业人员提供建议。大多数国家的立法都严格遵守整个辐射防护系统的建议。国际原子能机构关于电离辐射防护和辐射源安全的国际基本安全标准在很大程度上以国际辐射防护委员会的建议为依据,国际劳工组织的第115号公约也听从了国际辐射防护委员会的建议。辐射防护委员会的建议构成了全世界辐射防护标准、立法、方案和实践的基础。

二、多国设计评价计划项目

(一)多国设计评价计划项目的宗旨与组织机构

多国设计评价计划项目是由主要核能国家核安全监管机构共同发起建立并参与的国际核安全合作机制,其目的是加强新设计核电厂的技术交流和合作,促进国际范围内核安全要求和监管实践的一致性和协调性。政策组(Policy Group, PG)是其最高决策机构,由成员国核安全监管机构最高级官员组成;技术指导委员会(Steering Technical Committee,STC)是其日常组织协调机构。多国设计评价计划项目下设若干特定设计工作组和特定技术工作组。

(二)多国设计评价计划项目的主要工作

特定设计工作组(Design-specific Working Groups,DSWG)由3个或以上正在建设或拟建该堆型核电厂的国家的核安全监管机构共同提议,经政策组批准后成立,就该堆型的具体监管事项进行交流合作。该工作组包括EPR、AP1000、APR1400、VVER、ABWR等项目工作组。EPR工作组是多国设计评价项目计划最早成立的工作组,成员包括法国、芬兰、中国、美国、英国、瑞典、印度等国核安全监管机构。该工作组就阿海珐公司设计的EPR堆型核电厂安全审评及其他监管活动进行合作交流,技术专题包括安全系统数字化仪控、概率安全分析、严重事故、事故和瞬态、内部灾害、人因、调试以及福岛核事故经验教训等。AP1000工作组成立于2008年,成员包括中国、美国、英国、芬兰等国核安全监管机构。芬兰和加拿大核安全监管机构早期曾参加,后因国内核电发展政策调整而退出。该工作组就西屋电气公司设计的AP1000堆型核电厂安全审评及其他监管活动进行合作交流,技术专题包括控制棒驱动机构、屏蔽厂房、爆破阀、调试和福岛核事故经验教训等。APR1400工作组成立于2012年,成员包括韩国、阿联酋、美国、芬兰等国的核安全监管机构。该工作组就韩国水电和核电有限公司设计的APR1400堆型核电厂安全审评及其他监管活动。

特定问题工作组(Issue-specific Working Groups, ISWG)由技术指导委员会提

议，经政策组批准后成立，就某一特定技术领域的监管事项开展交流合作，并通过制定共同立场文件促进各国监管要求和活动协调一致。所有多国设计评价计划项目成员国均可参加，国际原子能机构和相关专业性国际组织受邀参加。该工作组包括供应商监督、规范标准、数字化仪控等项目工作组。供应商监督工作组（Vender Inspection Cooperation Working Group，VICWG）成立于 2008 年，每年举行会议或监督合作，如联合监督、见证监督等。工作组主要目标是将监管当局的供应商监督工作的成果最大化，探讨建立国际通用质量保证和质量管理法规标准的可行性。为此，工作组还与国际质量协会、法国核电规范标准协会以及世界核协会（World Nuclear Association，WNA）反应堆设计、评价和许可工作组（Cooperation and Development of Reactor Design，Evaluation and Licensing，CORDEL）等组织进行交流。规范标准工作组（Codes and Standards Working Group，CSWG）成立于 2008 年，每年召开两次会议。工作组主要目标是对各国核电厂一回路压力边界所适用的机械规范和标准进行比对分析，并促进监管要求的协调化。该工作组还与美国机械工程师协会、法国核电规范标准协会、加拿大标准协会、日本机械工程师协会、韩国电气协会、俄罗斯标准机构等标准制定组织进行定期交流，与世界核协会反应堆设计、评价和许可工作组保持密切沟通。数字化仪控工作组（Digital I & C Working Group，DICWG）成立于 2008 年，每年召开 3 次会议。工作组主要目标是对数字化仪控安全系统设计形成共同立场文件。该工作组还与国际电子技术委员会、电子和电气工程师研究院等组织进行交流。多国设计评价计划项目成员国均为正在或有意建设新型核电厂的国家，由于参与国有限，基本目标一致，主要关注新型电厂设计的技术问题，相对容易就重要问题或紧急问题形成一致意见。我国是多国设计评价计划项目的发起国，每年国家核安全局派员参加政策组、技术指导委员会和欧洲压水堆工作组、先进非能动压水堆工作组、压水堆工作组以及数字化仪控工作组、规范标准工作组、供应商监督工作组的活动。

三、第四代核能系统国际论坛

（一）宗旨与组织机构

2001 年，美国、英国、瑞士、韩国、南非、日本、法国、加拿大、巴西、阿根廷 10 国及欧洲原子能共同体共同成立了第四代核能系统国际论坛（Generation Ⅳ International Forum，GIF）并签署了《宪章》，其宗旨是研究和发展第四代核能系统，预计在2030年前投入使用。上述10个国家正式成为第四代核能系统国际论坛成员国。此外，国际原子能机构、经合组织核能署是第四代核能系统国际论坛观察员。

（二）第四代核能系统国际论坛的主要工作

在第四代核能系统国际论坛成立之后，第一阶段工作主要是评估第四代核能系统的概念设计。2002年年底，第四代核能系统国际论坛和美国能源部联合发布了《第四代核能系统技术路线图》，选出气冷快堆、铅冷快堆、熔盐堆、钠冷快堆、超临界水冷堆、超高温气冷堆6种堆型，作为第四代核能系统国际论坛未来国际合作研究的重点。

四、国际核能合作框架

（一）国际核能合作框架的建立

2010年6月，为适应核能发展新形势，鼓励处于不同技术与经济发展阶段国家的参与，"全球核能伙伴计划"（Global Nuclear Energy Partnership，GNEP）进行了改革，之后诞生了一个新兴的民用核能合作框架——国际核能合作框架（International Framework for Nuclear Energy Cooperation，IFNEC）。国际核能合作框架的前身，即全球核能伙伴计划，由中、美、法、日、俄5国于2007年5月共同发起，初始伙伴国共16个。到2008年第二次部长级会议期间，伙伴国发展到25个，旨在通过建立新的多边国际合作机制，采取安全、可靠和防止核扩散的方式，推动先进核能技术联合研发，促进核能在全球的发展。"全球核能伙伴计划"更名为"国际核能合作框架"后，参与国家越来越多，不仅包括对发展核电感兴趣的国家，一些曾经对发展核电有争议，甚至反对发展核电的国家也纷纷加入。截至2010年11月，国际核能合作框架共有28个伙伴国，另有31个国家和3个国际组织参与国际核能合作框架活动。

（二）国际核能合作框架的主要工作

新制定的《国际核能合作框架使命声明》明确，其工作是为了更有效地推动各伙伴国之间的合作，确保通过高效、安全、可靠和有助于核不扩散和核安保的方式，推广核能的和平利用。同时，国际核能合作框架对具体工作范围未进行限定，国际核能合作框架的活动范围更广泛，更能反映其作为国际民用核能合作论坛的本质。①

五、世界核营运者组织

（一）宗旨与组织机构

世界核营运者组织（World Association of Nuclear Operators，WANO），成立于1989年5月15日。协会每年召开1次年度大会，每两年选举1位协会会长以为双年大会服务。协会机构下设协调中心，对协会理事会负责。协调中心的主要职能是通过工作协调和高效联系帮助地区中心完成协会的使命，在世界范围设有巴黎、莫斯科、东京和亚特兰大4个地区中心。目前，世界上所有的核电站营运者都是协会成员。不同于国际原子能机构，协会组织是一个非政府性国际组织，它不与任何政府部门发生联系，可以跨越各种政治壁垒和利益冲突。

（二）世界核营运者组织的主要工作

协会利用其制定的国际上核电站通用的性能指标，对成员进行一致的协调，以达到加强核电技术、经验和事故情报的交流，目的是提高世界核电站的安全可靠性以及促进营运者之间开展经验反馈的积极性。

---

① 参见汪永平、张萌：《国际核能合作框架的改革与发展》，载《中国能源报》2011年1月12日，第19版。

第三章　核保障的国际法制度

核保障制度作为国际核能秩序的重要组成部分，是控制核能用于军事目的的法律制度。《国际原子能机构规约》是国际原子能机构的基本文件，是国际原子能机构的产生、存在和进行活动的法律基础。国际原子能机构作为国家之间在核能领域开展多边合作的有效形式，既是核保障的制度探索产物，又为核保障制度的产生、发展和实施提供了可资依附的常设机构。为了实现有步骤地削减核武器进而彻底消除核武器的目标，世界各国于1996年就《全面禁止核试验条约》达成一致，它将核武器试验爆炸及任何其他核爆炸扩大至全面禁止的程度，对禁止核试验及抑制核武器的研制和发展发挥了积极作用。《不扩散条约》为和平利用核能提供了法律依据，并在限制核武器和防止核扩散作出了重大贡献。

第一节　《国际原子能机构规约》

一、背景

根据1954年12月第9届联合国大会第810号决议

“促进原子能和平使用之国际合作”,决定成立一个专门致力于和平利用原子能的国际机构。从决议产生过程以及决议最终文本看,各国尚未针对国际原子能机构建立的具体细节提出意见。在联合国大会结束后,英国方面首先开始考虑起草建立国际原子能机构的协议,希望以英国对机构目标和职能的设定作为8国工作小组讨论的基础,以防止美国赋予机构过多职能,迫使英国在机构中承担更多责任。1955年2月,美国否决了英国起草的国际原子能机构协议草案后,重新按照本国路线起草机构章程草案第8条款明确规定机构拥有储存并核查核材料的权力。第8条款G段中还提及,机构可以在必要的情况下建立以下设施:接收、储存和发放核材料的工厂、设备、设施;机构用于生产燃料元件和对乏燃料元件进行化学加工的工厂、设备、设施;用于进行保障监督的设施;用于分析并核查接收、储存和发放的核材料的控制实验室等。对于美国而言,在草案中提出授予机构建立自身工厂和设备的主要原因是希望通过机构快速产生实际作用,促进世界其他国家核能生产的发展,实现艾森豪威尔在其“和平利用原子能”演说中的理想,以获得政治宣传优势。在起草《国际原子能机构章程》的过程中,美国和英国(尤其是美国)在其中起主导作用,8国协商形成的章程草案文本大体都是基于英美意见形成。此外,英国在同美国就草案进行协商的过程中,无论是针对机构能否拥有建立加工、后处理可裂变材料工厂的权力的问题,还是有关机构理事会成员的选举标准问题,首先考虑的是实现英国在机构中的利益最大化,而不愿过多承担对机构的责任。随着1955年10月第10届联合国大会以及1956年2月至4月制定国际原子能机构章程12国工作组会议的召开,苏联、印度等国加入机构章程制定的讨论。1956年10月23日,82个国家的代表通过了旨在保障监督与和平利用核能的《国际原子能机构规约》,同年10月26日起开放供联合国各成员国或任何专门机构各成员国签字。①《国际原子能机构规约》第21条E款的有关规定履行后,于1957年7月29日生效,同时也宣告国际原子能机构的成立。美国政府为该规约签署国的批准书及加入国的接收书的保存国政府。《国际原子能机构规约》按照第18条A款和C款规定的程序进行了3次修订。1963年1月31日,对第6条A款第3项第1句所作的一些修改生效;经过这次修订后,《国际原子能机构规约》于1973年6月1日再次修订,对第6条A款至D款所作

① 参见张金勇:《国际原子能机构的困境与未来》,载《当代亚太》2011年第3期。

的若干修改(包括对A款中的各项重新编号)生效;1989年12月28日,对A款第1项说明部分的修改生效。所有这些修改均已纳入《国际原子能机构规约》文本,因此,这个文本取代《国际原子能机构规约》以前的所有文本。

二、主要内容

《国际原子能机构规约》是国际原子能机构进行各项活动所遵守的宪章性文件,也是国际原子能机构成员国必须遵守的。《国际原子能机构规约》一共23条,其中第1～3条规定了国际原子能机构的一般性问题,包括机构的名称、目标和职能。第4～7条规定了国际原子能机构的程序性事项,包括成员、大会、理事会以及工作人员。第7～16条规定了国际原子能机构的具体工作,包括情报的交换、机构的项目、机构的安全保障、财务以及机构的特权与豁免。最后的第17～23条规定了《国际原子能机构规约》本身的一些问题,包括《国际原子能机构规约》的解释,修订与退出,条约权利的中止以及登记和条约文本的事项。

(一)明确国际原子能机构的职能

根据《国际原子能机构规约》的规定,国际原子能机构主要有两方面的职能:一是促进原子能的和平利用,二是对原子能使用进行控制。为此,《国际原子能机构规约》第3条A款5项规定,国际原子能机构有权"制定并执行安全保障措施,以确保由机构本身,或经其请求,或在其监督和管制下提供的特种裂变材料及其他材料、服务、设备、设施和情报,不致用于推进任何军事目的;并经当事国的请求……实施安全保障措施"。但是,《国际原子能机构规约》的这一核保障条款,并不具备自动执行的功能。为激活国际原子能机构的保障功能,承担保障义务的国家必须和国际原子能机构签订保障协定,此种协定才是保障制度的直接依据。可见,所谓核保障制度,其实是一项以《国际原子能机构规约》的核保障条款为依据,以核保障协定范本为基础,以国际原子能机构与其成员国或其他当事方之间的保障协定为主要内容,用以控制核能用于军事目的的法律制度。①

① 参见古祖雪、丁祥高:《国际原子能机构与核保障制度》,载《厦门大学学报(哲学社会科学版)》2008年第4期。

(二)明确国际原子能机构的3个工作支柱

《国际原子能机构规约》指出,国际原子能机构有两大目标,即“谋求加速和扩大原子能对全世界和平、健康及繁荣的贡献”,和“尽其所能,确保由其本身、或经其请求、或在其监督或管制下提供的援助不致用于推进任何军事目的”。这样,具体而言,国际原子能机构的主要职责包括3个方面:第一,安全与安保,即提升各国对核材料与核装置的安全与保护能力,处理突发事件,保护人类及环境不受核辐射的危害;第二,科学与技术,即促进核技术在世界范围内的和平开发与利用,促进核技术关键领域的国际合作,为实现人类在能源、健康、环境、农业及其他领域的可持续发展而努力;第三,保障与核查。确定被国际原子能机构保障的核材料和核活动不是用于军事目的。①

(三)授权国际原子能机构制定安全标准

《国际原子能机构规约》第3条授权国际原子能机构制定有关电离辐射防护的安全标准,并使这些标准适用于和平核活动。迄今为止,以国际原子能机构“安全丛书”出版物的名义已出版200多种安全标准。1996年1月1日,为应对新的国际核形势和加强核安全管理,国际原子能机构调整了其管理部门的结构,成立了核安全司。由核安全司具体负责组织国际原子能机构安全标准的制定和审查,引入了一种新的统一进行编写和审查的程序。之后,国际原子能机构的“安全丛书”被“安全标准丛书”“安全报告丛书”以及与安全有关的出版物丛书所替代。安全标准主要内容包括:安全标准的领域、安全标准层次。安全标准领域可分成4大类:核安全标准;辐射安全标准,如《国际电离辐射防护和辐射源安全基本安全标准》及其支持性文件;放射性废物安全标准;运输安全标准,如《运输条例》及其支持性文件,以及涉及上述4个领域中的2个或2个以上领域的安全。安全标准层次包含“安全基本法则”“安全要求”“安全导则”3个层次。安全标准为各国的制定一国的核安全国内立法提供了法律、技术的依据与参考。各国在制定本国国内核安全标准时,需要充分考虑国际原子能机构制定的标准,不能低于这些标准,

① 参见樊吉社:《核安全全球治理:历史、现实与挑战》,载《国际安全研究》2015年第2期。

有的需要高于这些标准。由一国经过承诺的国际标准,在该国具有约束力。因而在国内立法时要考虑已经接受或者将要接受的国际标准的约束。

1. 安全基本法则

安全基本法则:提出防护和安全的目标、概念和原则,并为安全要求提供依据。安全要求:制定为确保不仅现在而且在将来对人类和环境的保护而必须满足的要求。这些要求用“必须”(should)来表述,并受“安全基本法则”中提出的目标、概念和原则约束,即如果不能满足这些要求,则必须采取措施以达到或恢复所要求的安全水平。

2. 安全导则

安全导则:提供有关如何遵守安全要求的建议和指导。安全导则中的建议用“应当”(will)来表述,意指需要采取所建议的措施或等效的替代措施。“安全导则”提出国际上的良好实践,并且日益反映最佳实践,以帮助用户努力实现高水平安全,每一“安全要求”出版物均辅以若干“安全导则”,在制定国家监管性导则时可以使用这些“安全导则”。

3. 安全标准类别

安全标准分为“专题性”标准和“具体设施”标准两类。专题性标准其提供适用于贯穿所有活动的主要内容,并将规定具体设施的标准。它包括法律和政府基础结构、应急准备和响应、管理系统、安全评价和检查、场址评价、辐射防护和辐射源安全、放射性废物管理、退役、受污染地区的恢复以及放射性物质的运输。具体设施标准是无须查阅专题性标准即可适用的独立的综合标准,其所涵盖的设施类型包括核电厂、研究堆、燃料循环设施、与辐射有关的设施、废物处理和处置设施。

(四)危机应急预案的基本程序

《国际原子能机构规约》规定了危机应急预案的基本程序,机构有权对有潜在扩散危险的国家和地区派出视察员进行实地核查。在成员国的配合下,机构视察员可以随时随地在该领土上取得相关资料,并有权接触因工作关系而涉及的任何材料、设备、设施或者人员。之后,视察员须向总干事报告,并由总干事向理事会转交此报告,由理事会敦促违约方立即纠正一切违约行为,否则可以“直接削减或者停止机构或其成员国所提供的帮助,索回向一个或者多个接受国提供的材料与设备,停止任何不履约成员国行使的成员国特权与权利”。同时,根据机构与联合国的特殊协议,机构须向联合国安理会通报任何涉及国际和平与安全的事件。

三、评价

(一)积极作用

《国际原子能机构规约》是国际原子能机构的基本文件。国际组织的基本文件是国际组织的产生、存在和进行活动的法律基础。它的作用非常重要,被人们称为国际组织的“宪法”。国际组织的设立、法律人格的授予、运行机制的确立都是以基本文件为根据。在国际组织的法律渊源和体系中它处于效力的最高层次。国际组织所有的内部文件管理和对外关系法规,都受基本文件的制约,都不得违背基本文件的宗旨和原则。国际原子能机构切实履行《国际原子能机构规约》规定的职责,在促进和平利用核能、防止核武器扩散、提高核安全水平方面开展了卓有成效的工作。

(二)不足之处

《国际原子能机构规约》关于经费来源的规定使国际原子能机构的核安全保障受制于大国意志。国际原子能机构要完成众多的核查监督任务,需要大量的资金支持。按照《国际原子能机构规约》的规定,经费主要源于各成员国的会费和自愿捐助。无论是前者还是后者,发达国家都占了绝大部分。大国对机构经费预算的通过起着重要甚至是决定性的作用,对国际原子能机构的经费预算也起着决定性的作用。对违规国家的强制性措施的实施取决于安理会特别是其常任理事国;个别情况下强权国家抛开国际原子能机构甚至绕过安理会而自行采取行动。

第二节 《全面禁止核试验条约》

一、背景

《全面禁止核试验条约》(Comprehensive Nuclear Test Ban Treaty, CNTBT)是一项旨在促进全面防止核武器扩散、促进核裁军进程,从而增进国际和平与安全的条约。

1945 年 7 月 16 日，在美国新墨西哥州阿拉莫戈多的沙漠中进行了人类历史上首次核试验。同年 8 月，美国投掷到日本广岛和长崎的两颗原子弹加速了第二次世界大战的结束。随后，世界上几个大国加速研制核武器，展开了一场持续几十年的核军备竞赛。看到原子弹在广岛和长崎的严重破坏后果，世界各国人民对原子弹由好奇转变为震惊，核试验的不断进行和破坏后果的凸显引发了全世界对核试验的抗议浪潮。为了消除核威胁，1954 年印度领导人贾瓦哈拉尔·尼赫鲁就首次在联合国大会上提出缔结一项禁止核试验国际协议的要求。

1957 年，全面禁止核试验成为联合国大会的单独议题。1958 年 10 月，美国、苏联、英国 3 个核国家在国际社会的压力下就禁止核试验问题开始谈判。1963 年 7 月 25 日，美国政府却别出心裁地与苏联及英国签署了《禁止在大气层、外层空间和水下进行核武器试验条约》（Partial Test Ban Treaty，PTBT，以下简称《部分禁止核试验条约》），并于同年生效，该条约禁止了在大气层、外层空间和水下进行的核武器试验，但地下核试验除外，从而拉开了通过地下核试验进行核军备竞赛的序幕，真正用意是借此阻挠中国与法国进行核试验，从而维护其核垄断地位。到 20 世纪 70 年代时，美苏通过大量的地下核试验已经获得了很好的核试验技术，同时导弹已经进入多弹头分导时代，且命中精度大大提高。因此，美苏两国为限制其核军备竞赛，继续进行核裁军，以缓和国际社会要求停止核试验的压力。在此背景下，1974 年 7 月，美苏两国在莫斯科签订了《美苏限制地下核武器试验条约》。但美国以核查不充分为理由，拒不批准这一条约，直到 1990 年美苏签署新的核查议定书后，《美苏限制地下核武器试验条约》才得以生效。20 世纪 70 年代至 80 年代末，苏联为谋求核均势地位频频发起以全面禁止核试验为内容的核裁军攻势，以限制美国核武器技术的发展；美国则坚持反对全面禁试，并于 1981 年和 1983 年先后提出全面加强更新核力量的“战略武器计划”和“战略防御计划”。而广大无核国家强烈要求缔结全面禁止核试验条约。当年谈判《全面禁止核试验条约》，美国和苏联是主推者。为加速《全面禁止核试验条约》达成，美国强行中止了英国即将进行的核试验，支持全世界游行示威反对法国在南太平洋进行核试验，对中国也施加了巨大压力。到 20 世纪 80 年代后期，随着冷战结束和苏联解体，美国的核优势凸显，同时还可利用以往上千次核试验积累的经验和数据进行计算机模拟核试验,还成功研发核爆炸模拟技术、亚临界试验技术等可以取代核试验的技术途径和方法。所以美国再耗费巨资、频繁进行核试验已经没有太大必要了。如果美国停止核武器发展,而其他一些国家继续发展核武器,美国的核优势就会逐渐降低,而全面禁止核试验既可防止其他有核国家在核武器研制上逐渐追赶上来,又可以堵住一些迫切需求核武器的中小国家研制核武器的途径。因此,为保持美国的核优势,限制其他国家发展核武器,同时适应广大无核国家禁止核试验的强烈要求,在美国总统克林顿的推动下,在国际社会的一致努力下,1996 年 9 月 10 日,联合国第 50 届联大会议批准了《全面禁止核试验条约》,并于 9 月 24 日开放供所有国家签署。1997 年 3 月 17 日,《全面禁止核试验条约》组织筹委会在维也纳正式开始工作。联合国秘书长以条约受托人的身份于 2000 年签署《规定联合国同全面禁止核试验条约组织筹备委员会之间关系的协定》,2009 年 7 月 24 日至 25 日在纽约举行联合国第六次《全面禁止核试验条约》生效的会议,进一步强调争取将该条约作为所有核裁军和核不扩散的主要文件的重要性。

二、主要内容

《全面禁止核试验条约》包括序言、17 条条文、两个附件及议定书。《全面禁止核试验条约》规定,缔约国将作出有步骤的、渐进的努力,在全球范围内裁减核武器,以求实现消除核武器,在严格和有效的国际监督下全面彻底实现核裁军的最终目标。所有缔约国承诺不进行任何核武器试验爆炸或任何其他核爆炸,并承诺不导致、鼓励或以任何方式参与任何核武器试验爆炸。

(一)调整范围

作为《全面禁止核试验条约》参加国的核心义务,《全面禁止核试验条约》第 1 条就作出明确规定,“每个缔约国承诺不进行任何核武器试验爆炸或任何其他核爆炸,并承诺在其管辖或控制的任何地方禁止和防止任何此种爆炸”。《全面禁止核试验条约》所要求禁止的核试验只是任何形式的爆炸性核试验,而并非一切核试验。非爆炸性的计算机模拟核试验和次临界核试验被排除在条约禁试范围外。虽然新武器不能通过亚临界试验的手段来开发,但它们提供了技术信息以维护更安全的武器。

《全面禁止核试验条约》以国家作为规制主体，未涵盖恐怖组织等非国家行为体。

（二）基本义务

《全面禁止核试验条约》规定了签署国的基本义务，简单来说就是主观方面各国不再主动进行核试验，不仅如此，也不允许其他各国在自己的管辖和控制范围内进行核试验。但是从《全面禁止核试验条约》中第 1 条规定的基本义务之后简单的，并没有对核试验下一个明确的定义，给出具体的内涵和外延。

（三）核查制度

核查，是指确认各国是否发生了核爆炸，是否违背《全面禁止核试验条约》义务，因涉及国家主权等敏感问题而受到广泛关注。《全面禁止核试验条约》将核查措施的具体内容和监督执行机构进行细化至诸多条款的内容中。《全面禁止核试验条约》特有的核查制度是其先进之处，这是先前的任何禁止核试验条约所不能比拟的。为避免遗漏任何一次核爆炸信息，《全面禁止核试验条约》的核查制度不依赖国际原子能机构的保障，其有自己的技术力量支撑和专家队伍。

1. 国际监测系统

国际监测系统是《全面禁止核试验条约》核查制度的基础，由第 4 条第 16 款规定的监测设施及相关通信手段组成。核查即对各国核爆炸试验和履约情况进行监督。一项禁止核试验条约，只有在同时满足拥有核查和探测任何核试验的技术能力和成员国接受现场视察的条件下，才有可能是真正意义上有效的。为了核查本条约的遵守情况所建立的核查制度主要分为国际常规核查和现场质疑核查两种。[①] 国际监测系统由地震波监测网、次声监测网、水声监测网、放射性核素监测网（包括核素实验室）及相应的通信手段组成，并由国际数据中心提供支持。《全面禁止核试验条约》规定，禁核试核查机制将由一个国际监测系统、磋商和澄清进程、现场视察和建立信任措施组成。国际监测系统是禁核试核查的基础，它由 321 个监测台站和 16 个核素实验室构成。监测系统将监测地表、地下、海洋和大气中的任何

① 参见孟玉静：《〈全面禁止核试验条约〉的核查机制研究》，郑州大学 2017 年硕士学位论文，第 5～10 页。

核爆炸迹象,并通过全球通信系统,将数据传输到维也纳国际数据中心,由数据中心分析和处理这些数据,并利用这些数据对事件进行探测、定位和定性。所有监测系统数据和数据中心产品都会向会员国提供,会员国对分析数据负有最终责任。

2. 现场视察制度

现场视察具有相对独立性。《全面禁止核试验条约》规定,如果不能通过磋商和澄清解决问题,每一缔约国均可要求进行现场视察,可见两种措施并非相互依赖。在时间维度上,《全面禁止核试验条约》强调速度,以天和小时为单位。为了澄清有无违反《全面禁止核试验条约》要求的活动,每个当事国都有权向执行理事会行使现场视察权,在特定的时间框架内,这项请求必须得到处理。执行理事会必须在首次收到该项请求后96小时内采取行动。这种迅速的时间要求主要是因为违反《全面禁止核试验条约》的决定性证据在此时间段内得以保存。例如,核爆炸试验发生后的余震会随着时间的推移不断变少。同样,特定的放射性元素,即颗粒物和惰性气体,由于其相对较短的半衰期而迅速消散。因此现场检查需要在可疑事件发生之后尽快开始,以及时捕捉相应的数据信息。在区域限制上,现场视察的区域应是连续的,其面积不应超过1000平方千米,在任何方向上的直线长度不应超过50千米。在现场视察的权利主体上,《全面禁止核试验条约》规定,每一缔约国有权根据《全面禁止核试验条约》和《禁核试条约议定书》第二部分的规定请求现场视察,以澄清是否违背《全面禁止核试验条约》义务的核试验行为,并最大可能收集违约事实。在视察团的人员组成上,请求缔约国在被同意的前提下和被视察缔约国均可派代表监督现场视察,被检查的缔约国代表可以观察检查组的所有活动。视察任务的权利来源包括《全面禁止核试验条约》、视察任务授权和禁核试组织《现场视察作业手册》,并且特权与豁免对于保证现场视察的实际履行必不可少。

三、评价

(一)积极作用

1. 对禁止核试验发挥了积极作用

《全面禁止核试验条约》虽然存在各种缺陷,但应肯定的是它是国际社会通过长期而艰苦的努力所取得的一项成果，它在国际核不扩散法律体制中具有重要的地位，对禁止核试验发挥了一定的积极作用。从国际法角度出发，《全面禁止核试验条约》使其签字国和批准国承担了不违背其目的和宗旨的义务，根据《维也纳条约法公约》第18条的规定，条约的签字国或批准国负有义务不得采取任何足以妨碍条约目的及宗旨之行动。故而，《全面禁止核试验条约》虽然尚未生效，但是该条约的176个签字国和135个批准国实际上已经承担了不得进行爆炸性核试验的义务。如果违反该义务，则要承担国际法上的责任。即使是尚未批准《全面禁止核试验条约》的美国，在《全面禁止核试验条约》签署后，美国总统事实上已将美国置于条约条款的约束之下，除非政治上和技术上发生不可预知的变化，否则美国不会恢复核试验。因此，《全面禁止核试验条约》能够在较大程度上阻止核爆炸试验的发生。《全面禁止核试验条约》正在促成全球范围内达成有关禁止核试验的共识。而这种共识的逐步形成也确实影响了各国行为的转变。目前，5个核大国以及印度和巴基斯坦等事实上的核武器国家都处在暂停核试验的状态。如果是从遵约的角度来说，已经加入《全面禁止核试验条约》的国家都普遍履约了。而即便是仍然没有加入的国家，大部分也认同《全面禁止核试验条约》的规范并自我约束。

2. 对核武器的研制和发展发挥了抑制作用

《全面禁止核试验条约》规定禁止一切形式的核爆炸试验。这不仅在很大程度上防止了有核国家对核武器质量的重大改进和研制新型的核武器，也防止了无核武器国家获取先进的核武器。因为核武器在设计和使用上都是非常复杂的，它在爆炸时，从化学爆炸到热核燃烧有一系列过程，目前科学家们对此并不详细了解。例如，核爆炸引起的金属的熔融流动状态，目前的核模拟试验技术还无法完全模拟出来。再如，随着时间的推移，核武器的有些部件会逐渐老化，核武器的原料，随着时间的推移，都会发生放射性衰变现象，这种现象对核武器的威力和效能有什么影响，还有待加深探究。因此，《全面禁止核试验条约》对核武器的试验和发展将起到较大的抑制作用。

（二）不足之处

1. 条约的生效问题

《全面禁止核试验条约》最大的问题就是生效问题。《全面禁止核试验条约》

自1996年通过以来至今尚未生效,这极大地限制了《全面禁止核试验条约》的作用。为了提升条约的普遍性、做到一视同仁,《全面禁止核试验条约》要求附件二中所有拥有核能力的44个国家全部加入,并将其作为条约正式生效的前提条件,从而使其拥有巨大的道德感召力。目前,44个国家中未批准国家包括:美国、中国、朝鲜、印度、巴基斯坦、伊朗、埃及和以色列。[①] 同时,1998年5月,印度和巴基斯坦进行的核试验给条约的生效增加了难度。无独有偶,1998年12月美国又声称发现朝鲜的核设施,要求对方同意国际检查,朝鲜半岛的核问题重新成为世人关注的一个焦点,这无疑使该条约的生效雪上加霜。另外,1999年10月13日,美国参议院以48票赞成51票反对(远低于条约获得通过所必须的2/3多数,即67票赞成)否决了批准《全面禁止核试验条约》,使《全面禁止核试验条约》最终生效的前景蒙上了更加浓重的阴影。在造成这一局面的原因中,美国的模糊政策不能忽视。1999年美国参议院因未满足"三分之二"的数量要求,后果是《全面禁止核试验条约》的批准问题一直处于悬而未决的状态。《全面禁止核试验条约》的生效条款可谓史无前例、独一无二。虽然《维也纳条约法公约》第18条第2款要求各国不得进行违背正在等待生效的条约的宗旨和目的的行为,但其前提是《全面禁止核试验条约》没有"过度延误"。[②] 技术的不断进步不仅使条约的形式目标和价值目标出现偏离,进一步造成条约签署和生效意义的空洞化。《全面禁止核试验条约》拥有最新的核查技术和手段作为其确保条约有效性的强大后盾。其国际核查机制主要包括国际监测系统、磋商与澄清、现场视察以及信任建立措施等。其中,国际监测系统是其国际核查机制的重要组成部分,主要通过地震、放射性核素、次声以及水声四种技术对核试验进行监控。相关监测系统提供的数据交由国际数据中心进行处理和分析并提供标准化的评估报告。在如此强大的监测系统面前,任何国家试图通过欺骗的手段进行核试验已经不太可能。

国际监测系统的超前发展或者说是《全面禁止核试验条约》生效的长期滞后反过来使条约本身的签署和生效的意义空洞化。因为既然各国已经通过利用先

---

① 参见江天骄:《〈全面禁止核试验条约〉的当前困境与未来发展前景》,载《国际论坛》2017年第3期。

② 参见王勇:《〈全面禁止核试验条约〉述论》,载《华东政法大学学报》2008年第4期。

进的技术网络实现了对核试验良好的监控,那么签署并使《全面禁止核试验条约》生效就变成了一种形式。各国愿意为了拥有较大现实意义的监测系统投入人员、资金和技术,却对面临较大政治压力而久拖不决的条约生效问题逐渐丧失信心。从功利主义的角度出发,国际条约对民主和公平价值的过分追求与当前国际政治的现实存在脱节。国际条约或相关制度的创设都受到当前国际格局和国家间力量对比的约束。而在无政府状态下,任何面临安全威胁的国家行为体都只能通过自助拥核或是结盟以取得核保护伞的方式确保生存。《全面禁止核试验条约》仍然将"附件2"国家的全部加入与条约生效挂钩,结果却被条约所追求的普遍性自我绑架。反观《不扩散条约》,尽管牺牲了一定的普遍性或者说公平性,但促成了国际核不扩散机制建立,防扩散、核安保、和平利用核能等重要的国际规范在此基础上不断深化,总体上显然是有利于国际安全的发展的。

2. 调整范围存在局限

《全面禁止核试验条约》要求禁止的核试验只是任何形式的爆炸性核试验,而并非一切核试验。《全面禁止核试验条约》第1条第1款规定:"每一缔约国承诺不进行任何核武器试验爆炸或任何其他的核爆炸,并承诺在其管辖和控制下的任何地方禁止和防止任何此种核爆炸。"也就是说,非爆炸性的计算机模拟核试验和次临界核试验被排除在条约禁试范围外。造成这一事实的关键原因是,在现有的技术条件下还难以核查和探测这类核试验。而且,美国等核国家坚持认为,这类核试验只能起到维护库存核武器的安全性和可靠性的作用,而不能改进现有核武器的质量和研制新型核武器。俄罗斯从1998年9月14日至12月13日在新地岛核试验场进行了5次非爆炸性核试验。1998年9月26日,美国在内华达试验场进行了一次非爆炸核试验。两国都宣称,这些核试验属于次临界核试验,没有产生核爆炸,完全符合全面禁止核试验条约的规定,试验的目的是确保其核武库的安全性和可靠性。尽管如此,这还是引起了广大无核国的不平和谴责。长此以往,如果有核国都进行这种所谓"合法的"非爆炸性核试验,将会在有核国与无核国之间产生新的歧视感,既不利于条约的有效执行,更难以达到全面禁止核试验的目的。[①]

---

① 参见王勇:《〈全面禁止核试验条约〉述论》,载《华东政法大学学报》2008年第4期。

第三节 《不扩散核武器条约》

一、背景

从20世纪60年代初开始,美国和苏联两个超级大国在核武器力量上势均力敌,形成了一种相互制衡的状态。双方为了防止爆发核战争,同时也为了防止其他国家拥有核武器,一致决定在十八国裁军委员会(以下简称委员会)的主导下进行禁止扩散核武器条约的谈判。该委员会的前身是十国裁军委员会,其最初的工作目标并不是防止核武器扩散,而是为了全面裁军。由于美苏双方在裁军的基本原则与确定裁军时间表等一系列实质问题上僵持不下,在短时间内无法找到合适的解决方案,而与此同时国际核格局日趋复杂,解决核扩散问题迫在眉睫,于是,委员会决定将裁军问题搁置,转而讨论防止核扩散和禁止核试验。这就是制定不扩散条约背后的国际局势。

该《不扩散条约》是经过多年数轮谈判达成的成果。谈判过程总体上呈现先慢后快的特征。从谈判的初期到1965年年底,委员会一年召开一次会议,因此整体进程很缓慢。一方面,这是因为古巴导弹危机牵扯了双方过多的精力,使双方无暇顾及谈判;另一方面,也是因为双方对于谈判的问题存在较多分歧。其中争议的核心问题是美国在提出的草案中"试图让组建多边核力量合法化,由此为无核国家(特别是德国)获取核武器提供依据"。[①] 这个草案一出台即遭到了苏联的强烈反对。苏联无论如何都不允许德国以任何方式拥有核武器,甚至连德国试图以参加北大西洋公约组织(以下简称北约)的核防御体系接触到核武器的想法都被其坚决抵制。基于上述几方面的原因,早期谈判仅仅达成了减少关于军事目的的裂变材料生产等零星成果。

1965年联合国大会通过了防止核武器扩散的决议,表明了国际社会坚决反对核扩散的态度。在此之后,从1966年至1967年美苏双方缔约谈判的进程明显加快。委员会每年召开两次会议,会期从最短2个多月到最长7个多月不等。在这一阶段,双方的谈判仍然呈胶着状态。在1966年十八国裁军委员会举行的第10

① 高恒建、邓峰:《苏美会谈与〈不扩散核武器条约〉的缔结》,载《俄罗斯研究》2016年第1期。

次会议上,美国提交了一份新的草案,苏联仍然认为其中缺乏禁止“转让”核武器的内容,相当于从根本上“暗含了允许德国变相取得核武器”。因此,双方仍然未就焦点问题达成一致意见。

1966 年 9 月 13 日,第 21 届联合国大会开幕。双方外长借出席联大的机会就不扩散核武器问题进行了会谈。美方表态不会将核武器转让给无核国家控制。

不帮助任何国家获取制造核武器的技术,也不援助任何国家发射此种武器。美国的此番表态得到了苏联的积极回应。1966 年年底,谈判取得了重大进展。双方达成了核不扩散条约的临时协议,只剩下保障监督体系的问题,主要是苏联不同意《不扩散条约》使用国际原子能机构的保障监督体系。经过双方此后的谈判和利益权衡,苏联于 1967 年 9 月 1 日拿出了一份有保障监督措施的草案,美国在国内以及与北约成员国进行了深入的讨论评议后,提出了回复方案,苏联表示不能接受欧洲原子能联营能接受的有关保障监督措施。但是,在此轮谈判接近尾声的时候双方还是取得了一些积极成果。

1968 年 1 月 18 日,新一届谈判会议如期举行。双方一致认为之前谈判中遗留的问题已非已实质性争议,仍然争论和僵持不下的问题是由对双方草案中的措辞理解存在异议引起的。基于这样的共识,双方很顺利地完成了谈判工作。1968 年 3 月 11 日,双方向委员会提交了完整的条约草案。委员会仅在一个多月之后就向第 22 届联大提交了谈判报告和条约草案。1968 年 6 月 12 日,联大正式批准了《不扩散条约》,并于 7 月 1 日开放签署,1970 年生效。中国于 1992 年 3 月 9 日递交加入书,与此同时《不扩散条约》对中国生效。

《不扩散条约》第 10 条规定,“本条约生效二十五年后应举行一次会议,以决定本条约是否应无限期继续有效”①。因此,在 1995 年 5 月召开的不扩散条约审议和延期会议上,缔约国未经表决而商定无限期延长条约,并决定继续每 5 年举行一次审议大会。自 1995 年来,已经举行了 5 次审议大会,最近的一次审议大会于 2015 年 4 月 27 日至 5 月 22 日召开。

---

① 《不扩散条约》第 10 条第 2 款。

二、主要内容

《不扩散条约》是全球核不扩散与核裁军体系法律框架中一份重要的文件,也是得到最广泛加入的全球多边裁军协定。自其生效以来得到了包括5个核武器国家在内的189个缔约国的普遍遵守,从而有效地实现了防止核扩散、降低核战争风险的目标,在很大程度上维护了世界和平、安全与稳定。《不扩散条约》规定1967年1月1日之前已进行核爆试验的5个国家可以合法拥有核武器,其余缔约国在缔约时得作出不得拥有核武器的承诺。《不扩散条约》的约文共11条,主要涵盖了核不扩散、和平利用核能以及核裁军3个方面的内容。三者犹如条约的三大支柱,具有同等的重要性。其余的内容规定了《不扩散条约》的退出机制、修正、作准文本等事项。

(一)防止核武器和核技术扩散

《不扩散条约》第1条至第3条规定了缔约国的核不扩散义务。第1条规定,有核缔约国要作出承诺不得向任何无核国家通过任何直接或间接的方式转让核武器或爆炸装置或二者的控制权,不帮助无核国家制造核武器。第2条规定了无核国家要承诺不制造核武器或其他爆炸装置或拥有二者的控制权,也不通过任何直接或间接的方式接受其他国家提供的这种援助或向其他国家提供这种援助。第3条则规定了缔约国在提供核材料时的严格准则,这是防止核扩散的重要一环,此外,无核国家要同意由国际原子能机构实施保障措施以核查本国对本条约应承担义务的履行情况,其目的是防止本应用于和平目的的核能被转用到核武器或其他核爆炸装置上。①

(二)促进和平利用核能的国际合作

《不扩散条约》第4条规定了缔约国在和平利用核能方面的权利、义务和必须满足的限制条件。所有国家(包括无核缔约国)都应不受歧视地拥有研究、生产以及使用核能的不可剥夺的权利。但是,缔约国要行使这项权利必须满足两个前

① 参见《不扩散条约》第1~3条。

提：首先，无核国家必须严格遵守《不扩散条约》第 1 条至第 3 条规定的核不扩散义务；其次，该权利只能用于和平目的，即所有缔约国都应承诺促进并有权参加在最大可能范围内为和平利用核能而交换设备、材料和科学技术资料的活动。此外，所有缔约国都应单独地或与其他国家或国际组织合作，进一步发展为和平目的应用核能。①

（三）推动核裁军

《不扩散条约》是有核武器国家对裁军作出承诺的有法律约束力的全球唯一多边条约。5 个有核武器国家作出的努力实现裁军的承诺规定在《不扩散条约》的第 6 条。实现这种承诺要尽到两方面的努力：一是通过谈判达成关于核裁军的有效措施以早日停止核军备竞赛；二是要与其他国家展开真诚的谈判，谈判的内容是全面彻底裁军的条约，谈判的方式是在严格和有效的国际监督下进行。②

（四）条约的退出及其他事项

《不扩散条约》第 10 条赋予缔约国退出《不扩散条约》的权利。《不扩散条约》明确规定缔约国可行使退出权的理由是缔约国断定行使与本条约主题有关的事件已危及其国家的最高利益。《不扩散条约》同时还规定了缔约国行使退出权的程序是应在退出前 3 个月将此事通知所有其他缔约国和联合国安全理事会。③

三、评价

（一）条约的积极作用

1. 奠定了核不扩散体系的基石

《不扩散条约》对限制核武器和防止核扩散作出了重大贡献。《不扩散条约》的生效使国际社会有了核不扩散和限制核武器的国际法依据。虽然该条约没有

---

① 参见《不扩散条约》第 4 条。
② 参见《不扩散条约》第 6 条。
③ 参见《不扩散条约》第 10 条。

完全防止核武器进一步扩散,但还是在相当大的程度上有效防止了更多国家拥有核武器。例如,美苏两国在成功缔结了本条约的基础上还进一步在核裁军方面进行了一系列谈判,达成了《苏联和美国消除两国中程和中短程导弹条约》(以下简称《中导条约》)《削减和限制进攻性战略武器条约》等相关核裁军条约。迄今为止,在《不扩散条约》生效以来近50年的时间里绝大多数国家已经作出了放弃制造和获取核武器的法律承诺。以上种种规定从制度和程序上确保了世界上大多数国家都不拥有核技术和核武器的局面。

2. 为和平利用核能提供了法律依据

《不扩散条约》为世界各国和平利用核能提供了国际法依据。《不扩散条约》的第4条为确保非核缔约国作出放弃核武器的承诺,规定了这些国家与有核缔约国拥有同等的开展核能研究、生产和应用的不可剥夺的权利,也同时规定了所有缔约国都有交换设备、材料和技术,以及开展合作的义务。这样的规定旨在确保上述设备、材料和设施不会有助于核扩散,但又为和平开展核合作及核相关技术转让奠定了法律基础。但是缔约国并非可以无条件地拥有这样的权利,而是要同时满足两个重要的限制条件:一要严格遵守《不扩散条约》第1条至第3条关于核不扩散的每一项规定,二要将核能技术的运用严格限制于和平目的。此外,无核缔约国还必须接受其利用核技术的活动要接受国际原子能机构的监督,也是为了确保相关技术是用于和平目的。

3. 促进并维护了世界和平与安全

《不扩散条约》对增进各国间相互信任、维护世界和平与安全、发挥了重要的作用。虽然缔结《不扩散条约》是美苏两国利益博弈的结果,但它也切实地反映了世界上大多数国家爱好和平、避免核战争的愿望。《不扩散条约》的草案谈判之初正值"冷战"时期,美苏双方都具备部署洲际防御导弹的能力,双方的核武器装备都能朝对方领土发动核攻击。双方还同时投入了大量的资源用于扩充核武器,再加上这期间中国和法国相继成功进行了核爆炸试验,国际核格局发生了重大变化。古巴导弹危机的爆发使双方都意识到一味的军事对抗必将导致核战争爆发,因此,有必要就核武器数量进行限制,制定出核军备竞赛的若干规则。在国际局势日趋紧张的情况下,《不扩散条约》的生效无疑有助于避免人类再次陷入世界大战。条约的谈判过程无疑也是美苏两个超级大国权利博弈的过程,但该过程也凸显了两国由最初的对立和对抗不断地走向妥协和合作的态度转变。自《不扩散条约》生效以来,其缔约国数量不断增加,截至2003年已有186个国家成为缔约国,涵盖了世界上大多数国家。除5个有核缔约国外,其余缔约国都作出了放弃获得核武器的承诺。因此,无论从主要推动者作出的努力还是无核缔约国作出的承诺来看,《不扩散条约》都有效地促进了国家之间的相互信任。总之,没有一个国家愿意承受核战争带来的灾难和苦痛,建立一个无核的世界是大多数国家的共同愿望。

(二)条约的不足之处

总体上,自《不扩散条约》生效以来,大多数缔约国都能自觉地按照《不扩散条约》规定的义务作出应有的承诺,共同朝着防止核扩散的方向努力,取得了有目共睹的成就。但从《不扩散条约》自身的设计以及缔约国执行条约的实际情况来看仍存在一些不足之处。

1. 退出条款太过宽松

《不扩散条约》的退约条款太过宽松,没有规定相应的违约惩罚机制。《不扩散条约》第10条规定,"每个缔约国如果断定与本条约主题有关的非常事件已危及其国家的最高利益,为行使其国家主权,应有权退出本条约"。这里的"非常事件"措辞模糊,相当于赋予了缔约国自由裁量权决定哪些是危及缔约国根本利益的"非常事件"。条约又规定"该国应在退出前三个月将此事通知所有其他缔约国和联合国安全理事会",这样的退出程序非常简单,没有任何的退出限制条件。这就造成了一个漏洞,使一些国家在本着和平利用核能的前提下获得相关技术、设备核材料之后,单方面宣称履行条约会对本国的根本利益造成危害并进一步以此借口退约。朝鲜于2003年4月退约就是典型的例子。缔约国以这样的方式滥用第10条严重损害了《不扩散条约》的目标和完整性。鉴于此,《不扩散条约》缔约国2020年审议大会筹备委员会在其第三届会议的文件中建议下届大会应明确指出退出《不扩散条约》的严重后果,主要是退出《不扩散条约》必然会对核不扩散努力带来风险,并可能对国际和平与安全构成威胁。同时,筹备委员会建议大会同意缔约国行使退约权时除遵守规定的程序之外还应遵循一些原则。针对"非常事件"的模糊措辞,缔约国要对"退出国认为已危及其最高利益的非常事件"进行说明。即使缔约国在退出条约后不受条约的约束,该项权利仍然受国际法支配,退出国仍然要对退出之前所犯违反《不扩散条约》的行为负责。[①]

2. 缔约国未能有效停止核军备竞赛和履行核裁军承诺

《不扩散条约》第 4 条和第 6 条是《不扩散条约》的核心部分,没有这两条,“条约既不会获得通过,也不会得到后来广泛的遵守”[②]。从各缔约国执行《不扩散条约》的实际情况来看,其规定的一些措施未能得到缔约国的有效执行,而这些措施都是实现《不扩散条约》目标的根本保障。一方面,许多无核武器国家认为有核武器国家未能很好地履行停止核军备竞赛和核裁军的承诺。有核武器国家的这项承诺实际上是和无核武器国家作出的放弃制造和拥有核武器承诺是互为前提的,换言之,前者作出的努力裁军的承诺为后者放弃核武器提供了依据。但自《不扩散条约》生效以来,有核武器国家并未成功兑现核裁军的政治承诺,特别是 2019 年美国单方面宣布退出《中导条约》,使这一承诺的有效性遭到严重质疑。从目前的国际政治局势来看,地区军备竞赛有活跃的趋势。另一方面,缔约国已严重背离了《不扩散条约》第 4 条所述“所有国家都应承诺促进并有权参加在最大可能范围内交换设备、材料和科学技术资料”的保证,主要原因是“有核武器国家和先进的无核工业化国家对核燃料循环材料和设备加以限制”[③]。这样的限制措施实际上让履约效果大打折扣,是对无核国家和核工业欠发达国家依据《不扩散条约》享有的合法权利的一种歧视。再者,《不扩散条约》所要求的出口管制没有得到全面实施。根据《不扩散条约》第 3 条第 2 款,缔约国有履行核出口管制的义务。[④] 实行出口管制实际上是保证核不扩散的一道重要防线,旨在确保用于和平用途的核能不被转用于其他用途,如未接受国际原子能机构监督保障的燃料循环活动,甚至是核恐怖主义行为。与条约退出问题类似,不扩散核武器条约缔约国 2020 年审议大会筹备委员会在其第三届会议的文件中,同样建议下届大会再次强调所有缔约国都有义务确保其核相关出口不会以直接援助或以间接的方式协助其他国家发展核武器或核爆炸装置,且进行的出口行为不违背《不扩散条约》的目标和承

---

① 《不扩散条约》缔约国 2020 年审议大会筹备委员会第三届会议第 10 段第 69 ~ 71 条。

② 《不扩散核武器缔约国 2005 年审议大会多边核方案》第 314 段。

③ 《不扩散核武器缔约国 2005 年审议大会多边核方案》第 29 段。

④ 《不扩散核武器缔约国 2005 年审议大会多边核方案》第 320 段。

诺。委员会还建议大会确认各缔约国进一步完善国内的相关法律法规并以此作为实施出口管制的前提条件。①

(三)条约面临的挑战和国际社会的应对

虽然人类在使用核技术的过程中曾遭受了核战争带来的灾难和数次核事故的沉重打击,但人类在灾难和事故后都在不断地吸取教训,通过双边、地区和多边的努力,有效、持续地改进核安全技术,在国际原子能机构的主导下缔结了一系列国际条约,建立了相对完整的国际法律框架体系,涵盖了核不扩散、核安全和核安保等广泛的领域,不断地朝着最终消除核武器以及和平利用核能的目标努力。《不扩散条约》就是这一法律框架中一份重要的法律文书。但是它的法律效力正在遭到挑战。除上述已提及的不足之处外,国际核局势的发展还呈现新态势。一些缔约国企图以退约的方式"逃脱"条约的约束;一些组织健全的核供应网悄然形成;恐怖分子和一些非国家实体也通过非正常渠道秘密获取核材料和其他放射性物质。这些活动不但不在《不扩散条约》规制的范围内,还会对《不扩散条约》应有的法律效力造成严重的损害。只有各缔约国、国际原子能机构以及联合国安理会携手合作,建立适当的程序和惩罚措施,在各自层面坚决应对严重违反《不扩散条约》的行为,才能增强核不扩散机制的有效性。

---

① 参见《不扩散条约》缔约国2020年审议大会筹备委员会第三届会议第10段第17~20条。

第四章 核安保的国际法制度

和平与发展是当今时代的主题。然而全球或局部地区仍然存在恐怖主义事件带来的动荡，严重影响世界经济稳定发展和人类长治久安。从国际恐怖主义利用的工具和打击的目标来看，核实物极易被其列入工具和目标范围。美国“9·11”恐怖袭击事件后，国际社会再度认识到核实物保护，即核安保问题的重要性。为确保核安保的落实，在联合国的主持下，相继制定、通过和生效了一系列关于核实物保护和打击国际核恐怖主义的公约，其中最具代表性的则是《核材料和核设施实物保护公约》(原《核材料实物保护公约》)和《制止核恐怖行为国际公约》。

第一节 《核材料和核设施实物保护公约》

一、背景

核安全一直是民用核能利用中需要考虑的重要因素，而核安全的实现必须借助核安保目的的实现，但核安保目的的实现关键在于核实物安保目的的实现。在核安保国际法领域中，最重要的国际公约即为《核材料和核设施实物保护公约》(Convention on Physical Protection of Nuclear Material and Facilities)。该公约的前身是《核材料实物保护公约》(Convention on Physical Protection of Nuclear Material)。[①] 2005年7月8日修订后，《核材料实物保护公约》更名为《核材料和核设施实物保护公约》。从该公约的修订来看，反映了国际社会对核安保实物范围的认识从核材料的安保扩展到不仅包括核材料，还包括核设施的安保。

核能从军事领域转向民用领域，其保持积极发展的态势必须被约束并服务于和平发展的目的。只有在和平发展的大前提下才能保障国际社会甚至人类社会处于安全的状态。和平利用核能具有国际合作性的特征，有些国家具备核能利用的技术，但不具备其他核实物(如核材料)的客观条件，而有些国家具备充足的核实物却不具备相关的核能利用技术。因此，基于和平发展目的的核能利用具有条件限制性，这在一定程度上也促成了核能利用的国际合作。然而，除正当的以和平发展为目的的利用核能外，还存在其他基于非法和违法目的来利用核能的情况，如非法贩卖、非法获取和使用核材料以及破坏核材料和核设施等。这些非为和平发展目的的行为会造成核安全问题，影响国际社会安定，尤其是恐怖主义势力利用核能制造恐怖事件。因此，核能的利用活动不能游离于法律的框架之外，对基于非法和违法目的利用核能的行为应当予以严厉打击，对合法的核能国际合作给予安保指引。然而，无论是打击也好，指引也罢，均离不开国际合作。是故，制定具有国际性的条约予以规制就显得尤为重要和急迫。

原《核材料实物保护公约》最初源于美国国务卿基辛格在1974年联合国大会上的讲话中提出的一项建议。于1979年10月26日，在国际原子能机构的主持下制定，并由各国政府驻国际原子能机构代表通过。国际原子能机构为该公约的保存者。原《核材料实物保护公约》1980年3月3日在维也纳和纽约同时开放签署，并于1987年2月8日生效。[②] 该公约对核安保的实物对象为核材料。但自20世纪90年代以来，恐怖主义活动逐渐成为全球性安全和稳定的重要威胁。世界范围

① 中国于1989年1月加入了《核材料实物保护公约》。

② 安妮塔·B.尼尔森：《加强核材料的保安实物保护》，载《国际原子能机构通报》1999年第4期。

内涉及核材料非法交易的事件时有发生，国际恐怖主义和宗教极端主义分子的活动日益猖獗和升级。尤其是在国际原子能机构召开2001年9月理事会期间，美国发生了"9·11"恐怖袭击事件，国际社会关注到核安保的方向不应仅仅停留在防止核材料的安保上，还应关注核设施的安保问题，提升对核设施的安全保护级别。不仅核材料存在非法贩卖、非法获取和使用、蓄意破坏的情况，核设施也存在被蓄意破坏的情况。另外，随着核能利用国际关系的进一步发展和变化，核材料与核设施的实物保护与核安全、国际核不扩散体制有着多重交叉关系，国际社会已经对非为和平利用核能带来的跨域性核安全问题高度敏感。因此，国际社会提出《核材料实物保护公约》的适用范围已不能满足形势发展的需要，希望通过修订公约以加强国际核材料实物保护机制。

为了对用于和平目的的核材料和核设施进行有效保护，并在全球范围内预防和打击涉及核材料和核设施的犯罪，国际原子能机构于1999年启动了《核材料实物保护公约》的修订工作。2005年7月8日，由国际原子能机构主持召开的《核材料实物保护公约》修订外交大会闭幕，与会的89个缔约国代表以协商一致的方式通过了旨在进一步加强核设施与核材料保护的公约修订案并进行签署，通过了《核材料实物保护公约》修订案。该修订案按照该公约第20条第2款的规定于2016年5月8日生效。由于该公约保护范围增加了核设施，因此公约的名称也改为了《核材料和核设施实物保护公约》。《核材料实物保护公约》修订案的主要内容是：将《核材料实物保护公约》的名称变更为《核材料和核设施实物保护公约》，适用范围由核材料的国际运输扩展到核材料的安全使用、储存、运输以及核设施的安全运行，并新增加了保护核材料和核设施免遭蓄意破坏的条款；明确了各缔约国应对建立、实施和维护本国核材料和核设施实物保护制度负全责，并将军用核材料和核设施排除在《核材料和核设施实物保护公约》适用范围以外，避免履约对军用核材料和核设施生产、储存和运输产生影响；明确了核材料和核设施实物保护的目标和基本原则，对缔约国核材料和核设施实物保护的法律和监督框架、应急响应计划和信息保护等方面提出了原则性的要求；明确了在核材料和核设施被盗窃、被非法获取、遭到蓄意破坏，或者受到其他类似威胁时，缔约国之间应开展合作，查找和追回被盗或者丢失的核材料，减轻破坏所造成的放射性威胁，保护核材料和核设施免遭破坏；明确了各缔约国应当立法对盗窃或者非法获取核材料,蓄意破坏核材料和核设施的行为予以惩处,并在引渡和司法协助方面开展合作。

从《核材料实物保护公约》和修订后的《核材料和核设施实物保护公约》两个公约来看,《核材料实物保护公约》的目的重在保护核材料在国际运输中的安全,防止未经政府批准、授权的集团或者个人获取、使用、扩散核材料而带来的危险。[①]而《核材料和核设施实物保护公约》则增加了改进和完善国际核安全体系,防范和打击核恐怖主义的目的。

二、主要内容

鉴于《核材料实物保护公约》已修订,因此本书对公约内容的阐述主要集中在修订后的《核材料和核设施实物保护公约》。《核材料和核设施实物保护公约》由序言、条文和附件3部分组成,条文共23条,附件共2个。

(一)基本原则

修订后的《核材料和核设施实物保护公约》在第2条A第3款共规定了12个基本原则,包括国家的责任、国际运输中的责任、法律和监管框架、主管部门、许可证持有者的责任、安全保卫文化、威胁、分级方案、纵深防御、质量保证、意外情况计划、保密问题。从第2条的内容来看,这12个基本原则的性质主要还是义务性的,如在第3款中规定“在履行第一款和第二款所规定的义务时,每一缔约国应在不妨碍本公约任何其他条款的情况下,在合理和切实可行的范围内适用以下核材料和核设施实物保护的基本原则”。

1. 基本原则之一:国家的责任

核能是一种特殊的新能源,核事业的发展不能完全归结于市场行为,反而对国家或政府的依赖性很大,甚至具有决定性的作用。涉及核安全的核安保问题,纯粹依靠市场的力量来保障是不可行的。但市场主体的行为可以基于国家制度的建立来助推核安保的实现。然而从责任上来说,国家对制度的设计和制定应当

---

① 参见《人大常委会表决通过核材料实物保护公约》,载中国新闻网,https://china.huanqiu.com/article/9CaKrnJl70j,最后访问日期:2020年1月2日。

是首要义务，更何况核安保涉及的对象是具有高度危险性的核材料和核设施。为此，《核材料和核设施实物保护公约》要求缔约国建立、实施和维护实物保护制度，而且将此列全部为该缔约国的全部责任。站在《核材料和核设施实物保护公约》的角度讲，《核材料和核设施实物保护公约》作为国际性的协定，从较高层面规定了核材料和核设施的保护制度，但该制度的落地还需要缔约各国制定对应的具体制度，否则国际公约层面的制度很可能在一国之内很难实施。然而，这个制度的制定权非国家莫属。当然，这与国家拥有强大的暴力机器作为后盾有关，能够赋予这些制度的强制力。但市场主体或个人无此优势。《核材料和核设施实物保护公约》对缔约国对核实物保护制度的责任是渐进性和梯度性的，首先是建立该制度，其次是实施该制度，最后还要维护该制度，从而形成一个闭环，以此实现良好的核材料保护目的。

2. 基本原则之二：国际运输中的责任

《核材料和核设施实物保护公约》规定，国际核运输，指的是使用任何运输工具拟将一批核材料运至发货启运国境外的载运过程，从离开该国境内发货方设施开始，直到抵达最后目的地国家境内收货方设施止。从定义来看，国际运输中的主体是发货方和收货方，即买卖双方。如果按照一般的货物贸易，买卖双方可以依据合同的约定来确定运输中责任，即可以通过私人的合意来确定责任的归属。然而，涉及核安全问题的核材料跨国运输，尽管可能存在买卖双方之间对运输中责任的约定，但为了实现核安全的目的，《核材料和核设施实物保护公约》把核材料运输中的责任延伸至国家层面，从而上升为一种国家责任。这里需要注意几点：第一，这个责任的范围仅指核材料的保护责任，具言之，防止核材料被盗窃、抢劫、非法获取和破坏的责任。因此，这种延伸责任不涵盖因前述以外原因造成的核材料的价值损失、违约等产生的责任。第二，这个责任具有时空性，即始于离开该国境内发货方设施，止于抵达最后目的地国家境内收货方设施。第三，这个延伸责任并不当然地解除了国际运输中各主体（买卖双方、承运人等）的核安保责任。因为，从核科技专业的角度出发，经营核材料或承运核材料的主体一般具备相应的安保条件。从保护核材料的终极目标来看，如果将核材料的保护责任延伸至国家就解除了运输当事方的责任，则有违初衷。是故，《核材料和核设施实物保护公约》规定，“一国确保核材料受到充分保护的责任延伸到核材料的国际运输，直至酌情将该责任适当移交给另一国”。对此的具体操作则是：一方面，在“附件一”规定所列各类核材料在国际运输中适用的实物保护级别，以供运输当事方遵守；另一方面，《核材料和核设施实物保护公约》第4条，要求任何缔约国输出或批准输出核材料时，缔约国必须已经取得保证——这种材料在国际核运输中将受到附件一所列级别的保护，即在这一起止过程中，每一缔约国应在其国内法框架内并依照国际法采取适当步骤，尽实际可能确保在进行国际核运输时对其境内的核材料或装载在往来于该国从事运输活动并属其管辖的船舶或航空器上的核材料，按照附件一所列级别予以保护。

3. 基本原则之三：法律和监管框架

这个基本原则要求缔约国需在国家层面需要建立两个框架：一是法律框架，二是监管框架。法律框架的作用在于规定核实物保护内容，而监督框架的作用则是促进法律框架内容的实现。对这两个框架的建立和运行，私人个体是难以完成的，唯国家可以实现。核材料和核设施的使用必须在制度的框架下运行，而制度的落实则需要国家立法形成法律，同时配套相关度监管措施才能实现。《核材料和核设施实物保护公约》规定这两个框架“应规定建立适用的实物保护要求，并应包括评估和许可证审批或其他授权程序的系统；应包括对核设施和运输的视察系统，以核实适用要求和对许可证或其他授权文件的条件的遵守情况，并确立加强适用要求和条件的手段，包括有效的制裁措施”。

4. 基本原则之四：主管部门

这个基本原则是实现基本原则之三的条件，任何制度的建立都需要相应的主体来实现责任的归口，即设置相关的主管部门。国家机构的设置权力属于国家独有，因此，《核材料和核设施实物保护公约》要求国家应设立或指定负责实施法律和监管框架的主管部门。然而主管部门要履责，则需要国家给主管部门赋予充分的权力、权限、财政及人力资源。另外，《核材料和核设施实物保护公约》还要求国家应采取步骤确保国家主管部门与负责促进或利用核能的任何其他机构之间在职能方面的有效独立性。

5. 基本原则之五：许可证持有者的责任

在核材料和核设施的实物保护过程中，国家作为一个保护主体来实现其责任的手段主要是建立制度、制定法律、配备部门、监管全过程。然而，在这个保护过程中,还存在另一个在一线的主体,即核材料和核设施的许可证持有者。这些许可证的持有者全面掌握了核能科技,了解核材料和核设施的特征。在核实物保护中,具有充分的发言权和较强且有效的执行力。因此,《核材料和核设施实物保护公约》要求缔约国应当明确规定在一国境内实施实物保护各组成部分的责任,尤其是核材料和核设施的许可证持有者的责任,确保实施核材料或核设施实物保护的主要责任在于相关许可证持有者或其他授权文件的持有者,如营运者或承运者。

6. 基本原则之六:安全保卫文化

核安保,是指防止、侦查和应对涉及核材料和其他放射性物质或相关设施的偷窃、蓄意破坏、未经授权的接触、非法转让或其他恶意行为,以及防范恐怖分子获取核材料、破坏核设施等。核安全保卫文化是核安保在实践中产生的新理念,[①]具体指支持和提升核安保的人员及组织机构各种特征、原则、态度和行为的总和。[②] 其要素包含有核安保的相关法律、监管体系、对核威胁正确认识、财政支持、从业人员定期培训等。[③]《核材料和核设施实物保护公约》将核安保上升为一种文化来对待,要求"所有参与实施实物保护的组织应对必要的安保文化及其发展和保持给予适当优先地位,以确保在整个组织中有效地实施实物保护"。核安全保卫文化是一个系统性的能够涵盖方方面面的各要素的总和。如果核安保文化体系足够完善和成熟,那么在应对核实物安保问题时将不至于束手无策。

7. 基本原则之七:威胁

核实物安保问题源于由非法贩卖、非法获取和使用核材料以及蓄意破坏核材料和核设施所造成的潜在危险,这些行为对核实物造成威胁。从《核材料和核设施实物保护公约》的规定来看,核实物安保责任的主体包括两个:国家和许可证持有者。对许可证持有者来说,核实物作为其核事业开发的生产资料和财产,同时还承担核安保的义务,因此无论核实物受到威胁的程度为何,其都应采取相应的

---

① 王铁骊、张梦佳等:《论核安保文化及其发展趋势》,载《南华大学学报(社会科学版)》2017 年第 4 期。

② Ramesh Thakur, *The Global Governance Architecture of Nuclear Security*, Policy Analysis Briefs, March 2013.

③ 俞春晖:《核安保文化的特色与构建探析》,载《管理观察》2018 年第 13 期。

实物保护措施。然而,国家作为核实物保护的责任主体时,其采取实物保护需要一个前提,即核实物受到的威胁达到一定的标准时,其必须介入核安保;反之,则不介入。因此,在国家采取行动之前需要对核实物受到的威胁进行评估。对此,公约要求"国家的实物保护国家的实物保护应基于该国当前对威胁的评估",而不是无条件地采取行动。

8. 基本原则之八:分级方案

对核实物采取保护的行动措施根据核实物本身的特性和受到外在因素的不同而区别对待。这主要是从核实物保护的效果出发,将不同情况下的核实物安保问题有针对性地制定处置方案。因此,《核材料和核设施实物保护公约》提出"实物保护要求应以分级方案为基础,并考虑当前对威胁的评估、材料的相对吸引力和性质以及与擅自转移核材料和蓄意破坏核材料或核设施有关的潜在后果",不存在万能的方案来应对。

9. 基本原则之九:纵深防御

纵深防御措施不仅针对基于和平目的利用核能造成的核实物危险,如核电站核泄漏造成的核事故,还包括非基于和平目的利用核能造成的核实物危险,如恐怖主义利用核材料制造核武器。但无论基于何种情况下造成的核实物危险,其结果是巨大的甚至致命的。因此,针对核实物危险的防御具有一定的特殊性,即纵深性。公约规定缔约国对实物保护的要求应反映结构上的或其他技术、人事和组织方面的多层保护和保护措施的概念,敌方要想实现其目的必须克服或绕过这些保护层和保护措施。从《核材料和核设施实物保护公约》的规定看,这种纵深防御可概括为硬防御和软防御,前者反映在结构上,如核反应堆的建造;后者反映在技术、人事和组织方面,如建立机密库。

10. 基本原则之十:质量保证

既然谈到核实物的质量,那必然是针对基于和平利用核能的许可证持有者而言的。因为对非为和平目的利用核能者本身就无质量之说。一方面,在和平利用核能的情况下,对欲想从事核能事业的主体提出质量要求,只有质量要求达到标准的前提下才颁发相应的许可证,如核电站运营许可证。对于在运营中的许可证持有者,则需要始终保证核实物的质量符合国家规定的质量标准。另一方面,在核实物遭遇其他非为和平目的行为的侵害时,许可证持有者需保证其运营的核设施,持有的核材料均符合国家规定的质量标准。这在一定程度上可以有效抵防止核实物安保问题的发生。因此,《核材料和核设施实物保护公约》规定“应当制定和实施质量保证政策和质量保证大纲,以确信对实物保护有重要意义的所有活动的特定要求都得到满足”。

11. 基本原则之十一:意外情况计划

意外情况计划和分级方案是配套使用的。《核材料和核设施实物保护公约》要求所有许可证持有者和有关当局应制定并适当执行应对擅自转移核材料、蓄意破坏核设施或核材料或此类意图的意外情况应急计划,从而防止意外情况发生时有备无患。

12. 基本原则之十二:保密问题

涉及核实物的保密问题实际上属于核安保文化的范畴。核实物相关资料的泄露可能造成核实物危险的发生,如非为和平目的下的盗窃、抢劫和破坏行为制造恐怖事件等。对于保密问题,就许可证持有者而言,其自身理应有一套完备的保密系统,然而《核材料和核设施实物保护公约》将保密责任上升至国家承担,要求“国家应就那些若被擅自泄露则可能损害核材料和核设施实物保护的资料制定保密要求”。

(二)具体规则

1. 核材料和核设施范围

《核材料和核设施实物保护公约》所保护的对象是核材料和核设施。核材料是指钚,但钚—238 同位素浓度超过 80% 者除外;铀—233;同位素 235 或 233 浓缩的铀;非矿石或矿渣形式的含天然存在的同位素混合物的铀;任何含有上述一种或多种成分的材料。为了使这些核材料更加准确地反映出来,《核材料和核设施实物保护公约》还将上述核材料在《附件二:核材料分类表》中予以具体呈现。《附件二》将核材料分为未辐照的和辐照过的两种形式,同时,还根据重量标准将核材料划分成 3 个类别。核材料形式和类别的划分有助于细化核材料在国际运输中实物保护的级别。核设施是指生产、加工、使用、处理、贮存或处置核材料的设施,包括相关建筑物和设备,这种设施若遭破坏或干扰可能导致显著量辐射或放射性物质的释放。关于定义的规定,在一定程度上为其他国际公约,如《核损害补充赔偿公约》中关于核材料提供了定义支撑。

2. 核材料实物保护级别

尽管修订后的《核材料和核设施实物保护公约》将实物保护的对象设定为核材料和核设施，但在《附件一》中并没有规定核设施的保护级别，而是仅规定了核材料在国际运输中适用的实物保护级别。《核材料和核设施实物保护公约》规定了核材料在国际核运输贮存期间和在国际运输期间的实物保护级别，具体以不同核材料的类别来确定不同的保护级别。国际核运输贮存期间的实物保护级别包括：(1)三类材料：贮存于出入口受控制区内；(2)二类材料：贮存于有警卫和电子设备昼夜监视区内，其周围设有入口数目有一定限制并受适当控制的实体屏障，或贮存于任何具有同等实物保护级别的区域；(3)一类材料：贮存于对上述二类材料规定的保护区内。此外，该保护区还应只准已被确定可信的人员出入，并且值勤警卫应与适当的反应部队保持密切联系。在此采取的具体措施应以侦察和防止任何袭击、擅自出入或擅自转移材料为目的。在国际运输期间的实物保护级别包括：(1)二类和三类材料：运输时应采取特别预防措施，包括发送方、收受方和承运方之间作出预先安排，受输出国和输入国管辖和管理的自然人或法人也应预先达成协议，具体规定转移运输责任的时间、地点和程序。(2)一类材料：运输时应同运输二类和三类材料一样采取特别预防措施。此外，押运人员应昼夜监视，并保证与适当的反应部队保持密切联系。(3)非矿石或矿渣形式的天然铀：运输超过500千克铀的保护措施应包括预先发出装运通知，具体规定运输方式、预期抵达时间和收货确认等事宜。

3. 国际合作和协助

由于核事故的发生和以非法目的获取核实物制造的恐怖主义与犯罪对人类的伤害是巨大的，因此核实物的安保会呈现出全球性特征。这必然导致对以非和平目的抑制离不开国际的合作和协助。《核材料和核设施实物保护公约》规定，在面临核材料被偷窃、抢劫或通过任何其他非法方式获取或受到此种可信的威胁时，缔约国应依照其国内法尽最大可能向任何提出请求的国家提供合作和协助，以追回和保护这种材料；在面临核材料或核设施受到可信的蓄意破坏威胁或遭到蓄意破坏时，缔约国应依照其国内法并根据国际法规定的相关义务尽最大可能提供合作。具体的合作方式可以总结为：通知、商定/磋商、协调、指导。例如，公约规定,当某一缔约国在第 1 项和第 2 项范围内请求协助时,接到此种协助请求的每一缔约国应迅速决定,并直接或通过国际原子能机构通知提出请求的缔约国,它是否能够提供所请求的协助以及可能提供协助的范围和条件。缔约国应就第 7 条所述违法犯罪行为提起的刑事诉讼相互提供最大程度的协助,包括提供其所掌握的诉讼程序所需证据。

4. 信息保密

《核材料和核设施实物保护公约》将保密问题列为基本原则之一,要求"国家应就那些若被擅自泄露则可能损害核材料和核设施实物保护的资料制定保密要求"。具体的做法为:一方面,缔约国应采取符合其国内法的适当措施,以保护由于《核材料和核设施实物保护公约》的规定而从另一缔约国得到的,或通过参与为执行《核材料和核设施实物保护公约》而开展的活动而得到的任何保密信息的机密性。如果缔约国向国际组织或非《核材料和核设施实物保护公约》缔约国提供保密信息,则应采取步骤确保此种信息的机密性得到保护。从另一缔约国获得保密信息的缔约国只有得到前者同意后才能向第三方提供该信息。另一方面,不应要求缔约国提供国内法规定不得传播的任何信息或可能危及本国安全或核材料或核设施的实物保护的任何信息。

5. 对违法犯罪行为的惩处

《核材料和核设施实物保护公约》的最大落脚点就在于对非为和平目的行为进行惩处。《核材料和核设施实物保护公约》序言概括性地列举了这些行为包括非法贩卖、非法获取和使用核材料以及蓄意破坏核材料和核设施的行为以及核制造恐怖主义的行为。但这种概括的方式存在原则性太强、不具有可操作性的问题,尤其是对缔约国制定国内立法来打击这些犯罪行为的指导确切性不足。因此,《核材料和核设施实物保护公约》第 7 条将十一种故意实施的行为定为违法犯罪行为,列入国内立法予以惩处。

6. 对违法犯罪行为的管辖

在对《核材料和核设施实物保护公约》第 7 条列明的违法犯罪行为进行定性后,接下来关键的问题即是如何将其绳之以法。而犯罪行为受到法律规制的前提是确定该类犯罪的管辖权。之所以需要确定该类犯罪的管辖权,还取决于基于核实物而产生的危险和损害具有跨域性,而犯罪行为和实施犯罪行为的主体存在流动性,因此为了实现对这类犯罪打击的无隙性,防止犯罪行为逃脱法律制裁,确定违法犯罪行为的管辖权这一问题就尤为重要。《核材料和核设施实物保护公约》规定:每一缔约国应采取必要措施,在下列情况下确立对第7条所述违法犯罪行为的管辖权:(1)违法犯罪行为在本国境内实施或发生在本国注册的船舶或航空器上;(2)违法犯罪嫌疑人是本国国民。如果违法犯罪嫌疑人在某一缔约国境内,而该缔约国不按照第11条将该人引渡至根据第1款确立了管辖权的缔约国,该缔约国也应采取必要措施,确立其对这些违法犯罪行为的管辖权。任何缔约国亦可依照国际法在本国作为输出国或输入国参与国际核运输时,确立其对第7条所述违法犯罪行为的管辖权。

7. 对违法犯罪嫌疑人的强制措施、引渡和审判

使核实物造成危险和以核实物为媒介制造恐怖主义的犯罪分子受到法律的制裁是《核材料和核设施实物保护公约》的应有之义。然而,基于管辖权的缘故,犯罪嫌疑人出现的国家不一定享有该案件的管辖权。为了确保该犯罪嫌疑人在被起诉或引渡时在场,《核材料和核设施实物保护公约》规定违法犯罪嫌疑人在其境内的缔约国在确信情况有此需要时,应依照其国内法采取适当措施,包括拘留。同时,采取措施的国家还有义务将采取的措施毫不延迟地通知根据第8条需要确立管辖权的缔约国,并酌情通知所有其他有关国家。在对犯罪嫌疑人的引渡方面,公约所述的违法犯罪行为应被视为包括在缔约国之间已有的任何引渡条约中的可引渡罪。如果缔约国之间暂时还没有引渡条约的,缔约国承诺将这些违法犯罪行为作为可引渡罪列入缔约国之间今后缔结的每一项引渡条约中。引渡成功后,引渡国应保证根据公约所述任何违法犯罪行为被起诉的人在诉讼的所有阶段获得公平待遇。如果违法犯罪嫌疑人在其境内的缔约国不引渡该违法犯罪嫌疑人,即引渡不成功的,那么该缔约国应毫不例外地不作无理拖延,将案件送交其主管部门,以便通过该国法律规定的程序进行起诉。

三、评价

(一)积极作用

1. 利于促进全球核安保机制的形成和完善

所有国家均享有为和平目的发展和利用核能的权利,以及从和平利用核能过程中利用国际合作和核技术转让获得潜在益处的合法利益。但这种愿景必须有一个前提,即有核安保机制的保障,且这个核安保机制是全球性的。全球性核安保机制的形成得益于《核材料实物保护公约》的制定,该公约较系统地规定了核材料实物保护机制,如各国负有完全责任保护核材料和核设施,在国际运输中应提供相应保护。对于保护的核材料范围和保护级别在《附件一》和《附件二》中具体规定并沿用到《核材料实物保护公约》的修正案中。但公约主要关于出于和平目的利用的核材料在国际运输过程中的实物保护问题,而核设施或核材料在国内的利用、存储以及运输并未被涵盖在内。[①] 因此,《核材料实物保护公约》在 1987 年生效后就面临一定的挑战,也暴露出该公约的局限。尤其是 20 世纪 90 年代初,世界政治格局发生巨大变化,苏联解体,东欧国家政治体制发生逆转,一时间核材料与核设施的管理和保护处于失控状态,偷盗和丢失核材料的事件频发。一些地区恐怖主义活动猖獗,特别是在"9·11"恐怖袭击事件之后,国际社会认识到,现有的核材料实物保护机制已经很难适应形势的要求,有必要对《核材料和核设施实物保护公约》进行修订和补充。[②] 首先,该公约的修正案于 2005 年正式生效,更名为《核材料和核设施实物保护公约》。从前文对其具体内容的阐释可知,修订后的《核材料和核设施实物保护公约》涵盖了核材料和核设施的实物保护。其次,明确了实物保护的目标,即各缔约国应建立、实施和维护适用于其管辖下核材料和核设施的适当的实物保护制度,以防止盗窃和其他非法手段获取使用、贮存和运输中的核材料;确保采取迅速和综合的措施,以查找和在适当时候追回失踪或被盗

① 中华人民共和国科技部:《〈核材料实物保护公约〉修正案正式生效》,载科技部门户网 2020 年 1 月 7 日,http://www.most.gov.cn/gnwkjdt/201605/t20160527_125813.htm。

② 郭婧:《〈核材料实物保护公约〉修正案正式生效,保证一克不丢一件不少》,载《中国环境报》2016 年 6 月 14 日,第 8 版。

的核材料;保护核材料和核设施免遭蓄意破坏;减轻或尽量减少蓄意破坏造成的放射性后果。最后,明确了建立、实施和维护实物保护制度完全是各国自己的责任,要求各缔约国应建立和维护管理实物保护的法律和监管框架,设立或指定一个或几个负责实施法律和监管框架的主管部门,对核材料和核设施实物保护采取必要的其他适当措施。① 这些新修订的内容主要在《核材料和核设施实物保护公约》的12个基本原则中总括性地提出,并在具体规则中予以体现,从而更加完善了《核材料实物保护公约》的相关制度。

《核材料和核设施实物保护公约》最大的亮点就在于将核实物保护的责任上升为国家责任,即在一国内要求国家举全国之力保障核实物安全,主要通过建立核实物安保制度,立法制定具体制度和质量标准,匹配相关部门和人力、物力等。在全球范围内要求所有缔约国加强国际合作,加强核实物的安保和惩治犯罪。这样可以避免仅仅靠私人力量来确保全球核安保的"单兵作战"问题,促进世界各国保护核实物形成合力。从空间范围看,业已形成了完善的全球性的应对核实物保护机制。

2. 能有效防止和打击国际核恐怖主义

无论《核材料实物保护公约》还是修订后的《核材料和核设施实物保护公约》,它们立约的最终目的还是防止核扩散和反对核恐怖主义。而防止核扩散和反对核恐怖主义目标其实是联合国大会第49/60号决议所附《消除国际恐怖主义措施宣言》的内容。因此,防止和打击核国际恐怖主义是实现消除国际恐怖主义的重要一环。

《核材料和核设施实物保护公约》是在《核材料实物保护公约》的基础上的完善和更新。其应对国际核恐怖主义的方式主要有两种路径:一是对于潜在的未发生的核恐怖主义,采取预防性措施予以防止;二是对于已经发生的核恐怖主义,则采取严厉措施予以打击。这两种途径均依赖于制度的建立和具体的实施。对于第一种路径:首先,公约要求缔约国建立核实物保护制度,再在制度框架下进行立法,同时配备相关的人力、物力、财力,即将核实物安保责任拔高至国家义务。其

① 郭婧:《〈核材料实物保护公约〉修正案正式生效,保证一克不丢一件不少》,载《中国环境报》2016年6月14日,第8版。

次,缔约国通过国内立法对两个主体进行法律约束。一是对那些以和平利用核能的核实物使用、贮存和运输主体,制定严格的质量标准、行为准则和运输安全级别等,如要求这类主体进行纵深防御,制定分级方案,机密保密等。这类主体的合规操作必然有利于防止核实物被盗窃、抢劫、破坏以及非法使用。二是对那些非为和平目的,试图盗窃、抢劫、破坏以及非法使用核能的主体,通过立法将这类行为定性为犯罪并给予严厉的刑罚,即通过法律的作用——引导作用和威慑作用来实现警示潜在犯罪分子,从而起到预防犯罪的作用。关于第二种路径,由于在第一种路径中已经将盗窃、抢劫、破坏以及非法使用行为定性为了刑事犯罪,因此第二种路径主要是通过将犯罪嫌疑人绳之以法的方式来进行打击。从现实状况可研判,核恐怖主义往往具有跨国特征。为有效打击这类犯罪,《核材料和核设施实物保护公约》在犯罪的管辖和犯罪嫌疑人的引渡上作了诸多安排,甚至可以说实现了管辖的无隙化和引渡的无障碍化。其实反过来,对核恐怖主义的打击在一定程度上又对预防该类犯罪有良好作用。

总之,《核材料和核设施实物保护公约》非常精准地认识到可能产生国际核恐怖主义的源头在于核材料和核设施被非法获取和利用,从而将解决问题的着力点放在了核实物的保护上。同时,《核材料和核设施实物保护公约》又大篇幅地要求对非法获取、破坏和利用行为进行刑事惩处。因此,从《核材料和核设施实物保护公约》的名称来看,看似是对核实物的保护,即预防核实物被非法利用和破坏,实则其内容中还丰富了对犯罪的打击。

(二)不足之处

《核材料和核设施实物保护公约》是目前核材料实物保护领域内唯一一个具有法律约束力的国际条约。尽管其存在某些不足,但瑕不掩瑜。

1.部分规定原则性太强,操作性不足

前述提及,未具体详读《核材料和核设施实物保护公约》之前,仅从名称看,可能会认为《核材料和核设施实物保护公约》主要规定核材料和核设施实物的具体保护规则,甚至会认为是一个技术规则。然而细读之后会发现,里面不仅涵盖了对核实物保护的技术性规则(如《附件一》和《附件二》),还规定了对基于核实物而产生的犯罪进行预防和打击的内容。可以毫不夸张地说,公约的规定也算是应有尽有了。但正是因为试图将所有问题都进行关联,则容易出现过于原则化而缺乏可操作性的问题。例如,在国际合作和协助方面,在核材料被偷窃、抢劫或通过任何其他非法方式获取或受到此种可信的威胁时,缔约国应采取适当步骤,将核材料被偷窃、抢劫或通过其他非法方式获取或受到此种可信的威胁的任何情况尽快通知它认为有关的其他国家。这里的"可信"具体是何种标准,"适当步骤"的"适当"具体以何为标准,"尽快通知"期限到底是何时等问题在实践中操作性较差。像这种原则性的规定还出现在《核材料和核设施实物保护公约》第 5 条和第 11 条中。

2. 从形式上看,可以防止变相的"政治避难"来掩护犯罪,但实质上又为以变相的"政治避难"来掩护犯罪提供了可乘之机

这主要体现在《核材料和核设施实物保护公约》第 11 条对引渡方面的规定。一方面,《核材料和核设施实物保护公约》非常坚决地要求缔约国对第 7 条所述任何违法犯罪行为,不得视为政治罪行、同政治罪行有关的罪行或由于政治动机引起的罪行。这有利于防止缔约国以政治避难的形式来"保护"犯罪嫌疑人。另一方面,《核材料和核设施实物保护公约》又存在松口的情况,如果被请求提供引渡协助的缔约国有实质理由认为,请求为第 7 条所述违法犯罪行为进行引渡或请求为此种违法犯罪行为提供相互司法协助的目的,是为了基于某人的种族、宗教、国籍、族裔或政治观点而对该人进行起诉或惩罚,或认为接受这一请求将使该人的权利因任何上述理由受到损害,则《核材料和核设施实物保护公约》的任何条款均不应被解释为规定该国有引渡或提供相互司法协助的义务。这乍一看是为了保护犯罪嫌疑人免受不合法的追诉,但实质上是一种变相的"政治避难"掩护。因为《核材料和核设施实物保护公约》只要求被请求提供协助的缔约国有"实质理由"即可拒绝协助,然而"实质理由"的原则性和主观性太强。同时还应注意到,就国际核恐怖主义而言,很多是基于种族、宗教、国籍、族裔或政治观点等差异而非法利用核实物来制造反人类的核恐怖主义的。而且,是否定性为《核材料和核设施实物保护公约》第 7 条所列犯罪,这涉及缔约国对公约的执行问题和缔约国刑事主权的问题。如果被请求提供引渡协助的缔约国仅仅以具有所谓的"实质理由"即可拒绝引渡的话,那么无疑给这类犯罪分子提供了类似"政治避难"的可乘之机,实为不妥。

3. 缺乏应急演练的规定

应急演练是指当发生或可能发生某种事故时，为降低事故发生的概率和减少事故造成的损害而采取的预防性模拟训练。就核安保而言，应急演练对防止和减少核实物保护问题的发生有积极的作用。因此，在核实物保护方面，应急演练应当是具有强制性的机制。从公约的规定来看，公约已经意识到了发生或可能发生核实物安保问题，因此提出了几个关联性的基本原则，即基本原则八（分级方案），基本原则十一（意外情况计划）。但是，无论分级方案也好，意外情况计划也罢，这都是书面的应对方式，具体的实践可能还和纸上的预想存在较大差距。公约仅要求缔约国形成书面的方案和计划，并未强制性地要求缔约国进行定期或不定期的应急演练。另外，纸上的方案和计划是静态的应对方式，而通过应急演练还可以发现未预料的问题，从而弥补方案和计划。

（三）应对

《核材料实物保护公约》与《核材料和核设施实物保护公约》不是两个独立的公约，后者是前者的修订版本。但国际公约与国内立法不同，国际公约的每次修订均需要经过新的加入、批准程序，未经加入和批准的原公约缔约国仍然适用的是原公约的规定。新修订的公约的生效不会当然的废止原公约。然而，国内立法就不用，新法必然取代旧法，旧法当然废止。《核材料实物保护公约》于 1980 年 3 月 3 日开放签署，于 1987 年 2 月 8 日生效，时隔 7 年左右。而《核材料和核设施实物保护公约》于 2005 年 7 月 8 日开放签署，却在 2016 年 5 月 8 日生效，时隔 11 年之久。尽管生效后不久（截至 2016 年 5 月 8 日）就获得 102 个缔约国批准。但从《核材料和核设施实物保护公约》开放签署到最后生效的时间跨度看，世界各国对修订后的公约还是持谨慎态度。这主要源于以下几个原因：一是由于各国法律体系不同，遵从的法律原则也不一样。有些国家在批约之前，先要对国内的相关法律法规进行梳理和调整，以适应《核材料和核设施实物保护公约》修正案的要求。有些国家已经具有相对完善的核安保法律，批约的过程就相对较快；二是各国的政治体制不同，倘若发生政党轮换、政府机构变化，也会影响批约进程；三是《核材料和核设施实物保护公约》修正案，缔约国需要承担的义务有很大变化，要求各个缔约国设立或指定负责实施法律和监管框架的主管部门，并赋予其充分的权力、权限和财政及人力资源，以履行其所担负的责任，这可能需要较长的时间。[①] 我国于2008年10月28日由十一届全国人大会常委会第五次会议批准了《核材料和核设施实物保护公约》修正案，成为继俄罗斯之后第二个递交《核材料和核设施实物保护公约》修正案批准书的有核武器国家。

从国际社会打击国际核恐怖主义的态势和决心来看，在和平与发展成为时代主题的当下，通过对核材料核设施实物的保护进而加强对核恐怖主义的防止和遏制已然成为世界各国的共识。面对《核材料和核设施实物保护公约》，已经加入《核材料和核设施实物保护公约》的缔约国应当按照公约的要求履行国家责任，尤其是在建立核实物保护制度和惩治犯罪的立法上应适时更新，并严格实施。对于还未加入《核材料和核设施实物保护公约》的其他国家，尽管没有公约要求的履约义务，但《核材料和核设施实物保护公约》并未全部排除发生在非成员国领土上的核实物保护和犯罪的打击，也即《核材料和核设施实物保护公约》对这些国家仍然采取的是保护态度。同时，这些国家可以参照公约的规定，梳理和调整其相关法律法规，设立相关主管部门，确保其领土范围内核实物的安全。之所以应当这样，是源于核实物安全问题涉及全人类的安危，打击国际核恐怖主义是一种世界性义务。

第二节　《制止核恐怖行为国际公约》

一、背景

核能作为一种高效能源在解决人类能源结构问题上发挥重大作用，但这仅是基于和平利用核能的结果。如果被非基于和平目的者利用核能来制造恐怖事件，将对人类来说是灾难性的。《核材料实物保护公约》其实就已经关注到世界各地恐怖主义行为和犯罪活动不断升级，美国"9·11"恐怖事件的发生成为导火索，从而促使了该公约的修订。同样地，由于恐怖主义的制造者可能利用核实物来制造恐怖活动，这也为《制止核恐怖行为国际公约》的制定起到推波助澜的作用。再加

---

① 郭婧：《〈核材料实物保护公约〉修正案正式生效，保证一克不丢一件不少》，载《中国环境报》2016年6月14日，第8版。

上，当时全球核不扩散机制存在缺陷，有关核裁军的条约（如《中导条约》《美苏关于削减和限制进攻性战略武器条约》）、有关限制核武器部署空间及有关无核区的条约（如《南极条约》《外层空间条约》）、有关限制核武器发展的条约［如《部分禁止核试验条约》《全面禁止核试验条约》《不扩散条约》］，仅以国际行为体为约束对象，而在针对国际恐怖组织、企业和个人等非国家行为体的非法核活动方面仍处于条约空白阶段。① 而且，随着掌握核技术及拥有核武器国家数目的不断增多，核扩散的风险也随之增加。② 还有，核科学家的全球流动以及核技术通过各种途径的广泛传播，使获取核武器制造技术不再是天方夜谭。③ 因此，制定一个全球范围内适用的公约来遏制核恐怖活动的蔓延显得非常迫切。

1996 年 12 月 17 日，联合国大会第 51/210 号决议通过的《补充 1994 年〈消除国际恐怖主义措施宣言〉的宣言》中就提到，“注意到核恐怖主义行为可能带来最严重的后果并可能对国际和平与安全构成威胁，迫切需要在各国之间加强国际合作，制定和采取有效和切实的措施，以防止这种恐怖主义行为”。次年，联合国大会决定成立由 191 个成员国专家组成的特设委员会，负责起草制止核恐怖主义行为国际公约。1998 年，俄罗斯向特设委员会提交了一份公约草稿。截至 2005 年，在该公约草稿的基础上，特设委员会经过 7 年的艰苦谈判，终于在 2005 年 4 月 13 日联合国大会第 59 届会议上第 59/290 号决议通过了《制止核恐怖主义行为国际公约》（International Convention for the Suppression of Acts of Nuclear Terrorism，以下简称《核恐怖主义公约》）。这是联合国制定并批准的第 13 项国际反恐公约，于 2005 年 9 月 14 日在纽约联合国总部开放签署。在孟加拉国于 2007 年 6 月 7 日批准之后，《核恐怖主义公约》已获得了生效所需的 22 个国家的批准，于 2007 年 7 月 7 日起正式生效。从联合国大会成立特设委员会，到 1998 年俄罗斯提交公约草稿至公约生效，历时 10 年之久。

---

① 李进浩、李广民：《〈制止核恐怖主义行为国际公约〉与核不扩散机制》，载《渤海大学学报》2008 年第 4 期。

② Brad Roberts, *Rethinking N + 1*, Nation Interest (Spring 1998), p. 75 – 80。转引自李进浩、李广民：《〈制止核恐怖主义行为国际公约〉与核不扩散机制》，载《渤海大学学报》2008 年第 4 期。

③ 参见李进浩、李广民：《〈制止核恐怖主义行为国际公约〉与核不扩散机制》，载《渤海大学学报》2008 年第 4 期。

二、主要内容

《核恐怖主义公约》的结构由序言和条文组成，其中条文共28条。《核恐怖主义公约》的部分规定与《核材料和核设施实物保护公约》相似，即主要调整对核材料和核设施的犯罪问题。

1. 对核恐怖主义行为的界定

《核恐怖主义公约》将核恐怖主义行为定性为犯罪，并将其具体规定为4种情况：第一种情况，以致人死亡或人体受到严重伤害或致使财产或环境受到重大损害为目的，非法和故意拥有放射性材料或制造或拥有一个装置的；以致人死亡或人体受到严重伤害或致使财产或环境受到重大损害或迫使某一自然人或法人、某一国际组织或某一国家实施或不实施某一行为为目的，非法和故意以任何方式利用放射性材料或装置，或以致使放射性材料外泄或有外泄危险的方式利用或破坏核设施的。第二种情况，以威胁方法实现前述目的索要放射性材料、装置或核设施的。第三种情况，存在第一种情况时，即使是犯罪未遂也构成犯罪。第四种情况，主要规定共同犯罪的情形。

2. 适用范围的除外情形

并不是一旦存在前述行为就当然定性为恐怖主义犯罪，《核恐怖主义公约》规定了在适用范围上的除外情况下：一是犯罪仅在一国境内实施、被指控罪犯和被害人均为该国国民，或被指控罪犯在该国境内被发现，而且没有其他国家行使管辖权的基础的情况；二是武装冲突中武装部队的活动，按照国际人道主义法所理解的意义，由国际人道主义法予以规定；三是一国军事部队为执行公务而进行的活动，由国际法其他规则予以规定。

3. 国家责任

恐怖主义行为威胁全球的安全秩序，打击恐怖主义行为的重担着重落在国家肩上，私人个体的行为由于不具有强制力，故很难实现对恐怖主义的打击。《核恐怖主义公约》要求每一缔约国应在其国内法中将《核恐怖主义公约》第2条所述犯罪定为刑事犯罪，特别是故意或有意使公众、某一群体或特定个人产生恐怖感的前述犯罪行为，并根据这些犯罪的严重性质规定适当的刑罚。从而在国家立法层面将打击恐怖主义制度建立起来。

4. 国际合作

如前所述,核恐怖主义行为威胁全球的安全秩序,因此打击此类犯罪将是世界各国义不容辞的责任。但由于各国主权独立,实现对核恐怖主义的有力打击仍离不开国际件的合作。《核恐怖主义公约》体现的缔约国之间的合作主要表现为:采取措施、交换核实保密情报、通知、提供证据、引渡、移送等。例如,缔约国应采取符合其国内法的适当措施,以保护由于《核恐怖主义公约》的规定而从另一缔约国得到的,或保护经由参与为执行《核恐怖主义公约》而进行的活动而得到的任何保密情报的机密性。罪犯或被指控罪犯在其境内的缔约国,在确信情况有此需要时,应根据其国内法采取适当措施,确保该人在被起诉或引渡时在场。

5. 犯罪的管辖

确立管辖权是将核恐怖主义分子绳之以法的前提条件。《核恐怖主义公约》规定了每一缔约国应当采取必要措施确定管辖权的情形和酌情确定管辖权的情形。为监督缔约国对管辖权的确立,《核恐怖主义公约》要求每一缔约国在批准、接受、核准或加入该公约时,应通知联合国秘书长本国根据国内法确立的管辖权,如有修改,还应立即通知联合国秘书长。

6. 被指控罪犯的引渡

《核恐怖主义公约》对被指控罪犯的引渡的规定与《核材料和核设施实物保护公约》的规定基本一致。《核恐怖主义公约》第 2 条所述犯罪应被视为包括在任何缔约国之间在该公约生效前已有的任何引渡条约中的可引渡罪行。缔约国之间无论是否订有条约为引渡条件,都可以对犯罪人以《核恐怖主义公约》作为第 2 条所述的犯罪进行引渡的法律依据。

7. 核实物保护

发生《核恐怖主义公约》规定了犯罪时,在收缴或以其他方式获得放射性材料、装置或核设施后,持有上述物项的缔约国即应采取步骤处置使核实物无害化。如果在《核恐怖主义公约》所述犯罪有关的诉讼结束后,或按照国际法规定于结束之前,经与有关缔约国特别是就归还和储存的方式进行协商,任何放射性材料、装置或核设施,应归还其所属缔约国,或拥有这些放射性材料、装置或设施的自然人或法人为其国民或居民的缔约国,或物项在其境内被盗窃或非法获取的缔约国。

另外,缔约国应将核实物的处置或保存方式通知国际原子能机构总干事。与此同时,国际原子能机构总干事还应将此信息转送其他缔约国。

三、评价

(一)积极作用

1. 对核恐怖犯罪行为作出界定,引导缔约国反核恐怖主义制度的建立

在《核恐怖主义公约》制定前,在联合国主持下制定的反核恐怖主义公约就已经有12个之多,包括1963年东京《关于在航空器上实施的犯罪和某些其他行为的公约》、1970年海牙《关于制止非法劫持航空器公约》、1971年蒙特利尔《关于制止危害民用航空安全的非法行为的公约》、1973年纽约《关于防止和惩处侵害应受国际保护人员包括外交代表的罪行的公约》、1979年纽约《反对劫持人质国际公约》、1980年维也纳《核材料实物保护公约》、1988年罗马《制止危害航海安全的非法行为公约》、1988年罗马《制止危害大陆架固定平台安全的非法行为议定书》、1988年蒙特利尔《制止在国际民用航空机场进行非法暴力行为的议定书》、1991年蒙特利尔《关于在可塑炸药中添加识别剂以便侦测公约》、1997年纽约《制止恐怖主义爆炸国际公约》和2000年纽约《制止向恐怖主义提供资助国际公约》。[①] 而《核恐怖主义公约》则是联合国框架内的第13个反恐公约。前12个反恐公约存在一个特征,即每个反恐公约调整一种类型的恐怖主义行为。因此,在整个联合国反恐公约体系中,每个公约之间具有一定的独立性。尽管《核材料实物保护公约》是与核相关的且为了打击威胁核实物安全的公约(其实最终目的就是打击核恐怖主义),但该公约(包括修订后的《核材料和核设施实物保护公约》)均未明确界定何为核恐怖主义犯罪行为。从国际公约具有指导国内立法作用的角度看,国内法如何界定核恐怖主义犯罪行为缺乏国际法的指引,故而从全球视角出发,则出现打击核恐怖主义的空白问题。

随着20世纪90年代初,国际恐怖主义日益猖獗和升级,尤其是美国"9·11"恐怖袭击事件的发生,警醒了国际社会进一步认识恐怖主义行为极易可能渗透到

① 参见王林霞:《国际反恐公约及中国加入情况》,载《人权》2001年第00期。

核材料和核设施中去,以核实物制造恐怖事件,即实施核恐怖主义行为。因此,首要的是应对核恐怖主义犯罪行为进行界定。《核恐怖主义公约》第2条将核恐怖行为主要分为3类:一是以危害人、财产和环境为目的,拥有放射性物质或核装置;二是出于与第一类相同的目的,使用放射性物质、核装置或破坏核设施;三是为达到这些目的,威胁使用或企图拥有放射性物质和核装置。在对核恐怖行为进行界定后,同时也确定了公约所要调整的范围,明确了公约旨在打击的行为。无论是《核恐怖主义公约》的缔约国,还是非缔约国,都可以参照《核恐怖主义公约》对核恐怖行为的界定进行梳理、调整和制定相关立法。

2. 填补了反恐公约体系的空白,完善了打击恐怖主义的国际法律框架,为各国预防和惩治核恐怖犯罪提供了法律依据

前文已述,《核恐怖主义公约》是联合国反恐公约体系中的第13个公约,填补了反恐公约体系中缺乏反核恐怖行为的空白。在一定程度上可以说,该公约的制定有效地填补了整个反恐公约体系的空白。在具体的内容上,与《核材料和核设施实物保护公约》关于核实物的追回和返还形成了衔接。《核材料和核设施实物保护公约》仅原则性地规定缔约国应提供合作和协助,以追回和保护核材料额,而《核恐怖主义公约》则细化了对收缴和其他方式获得的核材料或设施的归还、储存和无害化处置方式。

另外,该《核恐怖主义公约》的生效使防止和打击核恐怖行为纳入国际法律框架下进行调整,避免了预防和惩治核恐怖犯罪于法无据的尴尬局面。例如,公约要求缔约国政府根据《核恐怖主义公约》采取必要的立法措施,以确保那些制造、参与、组织和策划核恐怖行为的个人能受到惩罚。对于涉嫌制造核恐怖行为的个人,各缔约国政府必须予以起诉或将其引渡到别国受审。同时,《核恐怖主义公约》还为打击核恐怖行为要求各缔约国需加强国际合作和协助,进行情报交流,并加强对本国放射性物质的监管等。

(二)不足之处

《核恐怖主义公约》与《核材料和核设施实物保护公约》在内容上具有很多的相似之处。尤其是在犯罪的管辖、国家合作和协助、引渡等方面,两公约的规定基本一致。因此,《核恐怖主义公约》仍然存在《核材料和核设施实物保护公约》所存

在的不足,例如,部分规定原则性太强,操作性不足;从形式上看可以防止变相的"政治避难"来掩护犯罪,但实质上又为以变相的"政治避难"掩护犯罪提供了可乘之机;缺乏应急演练的规定。除此之外,《核恐怖主义公约》还存在其他不足。

1. 适用范围的除外情况欠妥

《核恐怖主义公约》第3条规定了公约适用的排除情况,即"本公约不适用于犯罪仅在一国境内实施、被指控罪犯和被害人均为该国国民、被指控罪犯在该国境内被发现,而且没有其他国家具有根据第九条第一或第二款行使管辖权的基础的情况,但第七条、第十二条、第十四条、第十五条、第十六条和第十七条的规定应酌情适用于这些情况"。归纳起来,只要所涉犯罪行为哪怕符合《核恐怖主义公约》规定的核恐怖主义行为,只要犯罪活动和对犯罪嫌疑人的诉讼不存在跨国或涉外的情形时,则不受《核恐怖主义公约》的调整。这种除外情况的设置存在一定的危害风险,理由如下:

第一,核安全是全球性安全,是人类共同享有的安全,核恐怖行为的定性不因犯罪活动和犯罪嫌疑人是否涉外而排除适用。一方面,全球每个国家的核安全共同组成全球性的核安全整体,是全球核安全体系中的一个分支。另一方面,各国之间的核安全依赖于彼此的核安全,预防和打击核恐怖主义行为不能孤军奋战,哪怕存在不涉外情形。这些均是由核安全的全球性特征所决定的。

第二,如果排除在《核恐怖主义公约》的调整之外,转而由犯罪行为仅在一国境内实施的国家国内法进行调整,则可能出现两种情况:一是该国家国内法就该类犯罪的惩罚轻于《核恐怖主义公约》的规定,甚至有些缔约国国内立法可以不规定该类行为是犯罪。毕竟这种情形是脱离《核恐怖主义公约》的要求的。这种情况则极易助长核恐怖主义分子"钻"《核恐怖主义公约》的漏洞,在那些国内立法惩罚规定相对较轻甚至不规定为犯罪的国家制造核恐怖事件。二是该国家国内法就该类犯罪的惩罚比《核恐怖主义公约》严苛的规定,甚至变相侵犯人权等。这种情况则容易造成对核恐怖主义分子的人权难以保护的问题。这两种情况的发生均基于《核恐怖主义公约》对除外情况放弃调整,从而导致国内立法不受《核恐怖主义公约》的约束。

2. 对犯罪的刑罚缺乏统一标准,可能出现同罪不同判的情形

《核恐怖主义公约》是预防和打击核恐怖主义犯罪的有利"撒手锏"即可以使

实施了犯罪行为的犯罪分子受到刑罚处置，从而形成预防和打击核恐怖主义行为的倒逼机制。尽管《核恐怖主义公约》第5条要求缔约国在其国内法中将第2条所述“犯罪”定为刑事犯罪，但对于刑罚的规定，则是根据这些犯罪的严重性质规定适当的刑罚。从形式上看，第5条既实现了对犯罪行为的刑法定性，又配置了相应的刑罚措施。但实质上，在没有统一的刑罚标准下，将刑罚制定权下放至缔约国国内法，又极易容易出现上述问题，即缔约国可能按照本国的实际情况制定了适合本国国情的刑罚，要么刑罚较轻，要么刑罚较重。但言而总之，从理论上说，有多少个缔约国就有多少个刑罚版本。前文已述，打击核恐怖主义是国际社会共同的责任，维护全球核安全是全人类共同的义务。因此，对于打击的结果，即刑罚应当是全球统一的。按照《核恐怖主义公约》第5条的规定，则可能出现对于同种犯罪行为，不同国家的法律可能规定的刑罚轻重不同，即同罪不同判。这一方面可能导致犯罪分子寻找那些刑罚较轻且享有犯罪管辖权的国家制造核恐怖主义事件；另一方面，适用重刑的国家则可能不利于保护犯罪分子的合法权益。

（三）应对

《核恐怖主义公约》作为世界核不扩散机制的重要组成部分，其实施预期和效果还依赖于有核国家对自身核实物的严加管控。因为非国国际行为体进行核恐怖活动所需的核材料、核装置无一例外地需要从国家那里获得，因而只有国家切实地履行核不扩散机制的相关规定，才能从根源上杜绝核恐怖主义的发生。① 但另一问题又出现了，截至当下那些容易发生核外泄的国家并未加入《核恐怖主义公约》，然而这些国家实质上又掌握了诸多核实物和关键核技术，这必然导致核外泄的可能性增加。这一定程度上给《核恐怖主义公约》试图实现的全球核安全的目的提出了挑战。还有，《核恐怖主义公约》仅仅制止国际行为体的犯罪行为，但不包括国家行为，即部分国家参与制造的恐怖主义行为，系属公约调整的真空地带。本书认为全面遏制核武器，但这可能会影响世界大国的利益，因此真正实现制止核恐怖主义行的目的为还有一定的征程。

---

① 参见李进浩、李广民：《〈制止核恐怖主义行为国际公约〉与核不扩散机制》，载《渤海大学学报》2005年第5期。

国际原子能机构总干事穆罕默德·巴拉迪(Mohamed El Baradei)呼吁所有国家“立即签署并批准该公约,这样核恐怖主义就没有机会了”。从公约开放签字到生效,历时不到2年。从2005年9月14日公约开放签署时,时任中国外长李肇星在纽约联合国总部举行的“条约活动”中代表中国政府签署了《核恐怖主义公约》,并于2010年8月第十一届全国人民代表大会常务委员会第十六次会议决定审议批准了《核恐怖主义公约》,成为第二个签署《核恐怖主义公约》的国家。可以看出,国际社会对联合打击核恐怖主义行为的迫切心理和决心所在。但《核恐怖主义公约》的生效并不能代表核恐怖主义就没有机会了。因此,从公约的签署到具体的落实还存在一定的差距。首先,《核恐怖主义公约》提出要求缔约国开展国内立法将核恐怖主义行为纳入刑事管辖范围,并给予刑罚处置。但各国的国情存在差异,有些国家需要对已有立法进行梳理,并适当调整和修改相关法律来适应《核恐怖主义公约》的要求,有些国家则需要制定新法来调整这类犯罪。《核恐怖主义公约》仅在核恐怖主义行为的界定、管辖等方面作了相对硬性的规定,而对于刑罚、引渡、国际合作等方面的规定存在较为柔性的地方。对于后者则需要缔约国根据自己的国情或国际态势来制定本国的立法。同时,由于有些国家还涉及政党选举、流变等状况,在一定程度上会降低《核恐怖主义公约》的适用效果。

第五章　核安全的国际法制度

第二次世界大战后国际社会形成了以《联合国宪章》的宗旨和原则为基础的国际法基本原则与规则。《联合国宪章》规定各国禁止使用武力或以武力相威胁。从此世界各国致力于将核技术用于和平目的，其中一大途径便是利用核能发电。从 1956 年世界上第一座商用核电站在英国坎布里亚郡建成投用开始，世界各国利用核能发电的步伐不断加快。截至 2018 年年底，全球已有 450 座运行当中的核动力堆，总发电量达到了 396.4 吉瓦（电）。[①] 伴随和平利用核能而来的是其安全问题。核安全既包括了核辐射安全也包括了放射性废物安全。世界各国在核技术的开发应用以及在核设施的建造、运行和废弃等各个环节制定了严格的技术标准和管理措施。但即使没有核战争的威胁，核设施也不可避免地会发生事故。任何人为事故或自然灾害对核设施造成的损害以及随之而来的核泄漏或放射性材料丢弃也足以造成放射性物质污染。有的污染甚至会跨越国境，对他国民众的生命、财产和环境造成灾

---

① 参见《国际原子能机构 2018 年年度报告》。

难性的伤害或损害。事实上，自核能和平利用以来由大型核设施引发的大小核事故一直没有停止过。然而在1986年苏联切尔诺贝利核事故发生之前，国际社会还没有形成关于核安全、辐射安全和核废物安全的统一法律框架。切尔诺贝利核事故是人类利用核能发电以来一次史无前例的核灾难，也是国际社会就核安全缔结统一协定的重大契机。灾难发生后，国际社会在国际原子能机构主持下迅速行动，在随后的几年内制定、通过和生效了一系列与核安全有关的国际公约，其中具有代表性的是切尔诺贝利核事故发生后紧急通过的《核事故公约》和《援助公约》，以及近10年后制定的《核安全公约》和《乏燃料管理安全和放射性废物管理安全联合公约》（以下简称《联合公约》）。这一系列公约都是该领域中的在世界上唯一有法律约束力的国际文书，共同构成了“核安全公约家族”，不仅涵盖核事故发生后应灾、救灾援助国际合作等问题，而且还有效促进了核安全、辐射安全和放射性废物管理安全方面的国际合作。

第一节　《及早通报核事故公约》

一、背景

国际社会认为信息通报义务是事故发生国根据国际法应尽的义务，最初源于国内法处理与邻国关系的法律规则。[①] 切尔诺贝利核事故发生之前，国际社会并无专门及早通报核事故的国际公约，但在核事故发生时的国际救援与通报方面有一些早期努力。一些区域性的公约以及一些国家间签署的双边协定中涉及了救援和迅速通报核事故的条款。

核安全方面的区域性条约主要集中在欧洲。早在1963年，国际原子能机构与丹麦、芬兰、挪威和瑞典等北欧国家共同缔结了《北欧辐射事故相互紧急援助协定》。但该协定的缔约目的是缔约方互相援助以及通过国际原子能机构的援助以最大限度减少电离辐射导致的损害，没有包括及早通报的问题。欧洲共同体（以下简称欧共体）1980年7月15日通过的欧洲原子能机构第80/836号指令规定了

① 参见包振宇、程斌：《国际法上核事故的信息通报义务研究——兼论建立东北亚地区区域性核事故信息通报机制》，载《扬州大学学报（人文社会科学版）》2017年第6期。

欧盟所有成员国必须将任何有可能使公众暴露于放射性物质下的事故紧急通知邻国。该指令中通报事故的范围包括了由电离辐射引起的任何危险活动，但未就通报的具体信息作出规定。欧共体理事会（the council of European community）1986 年 8 月 20 日发布了另一项指令。该指令规定了成员国有义务将事故发生的时间、地点、设施、原因、放射性水平和可预见的行为通知欧盟委员会，并同时提供有助于保护公众和环境健康和安全的一切有用信息。① 此外，一些国家签署的双边协定中涉及了救援和迅速通报核事故的条款。这些协定中的通报条款规定在核设施发生严重操作事故时应及早通知对方。例如，美国同一外国或外国核能机构签署的一系列双边协定的主要目的是交换有关核设施的管理标准和信息技术，而交换有关核事故等信息只是整个协定中的一个小条款。这些条款大都比较笼统，只是对通报的形式作了规定，如通过书面报告或书面文件，无一明确规定了应通报哪一类核事故并且在及早通报的时间点上也措辞模糊。②

建立核事故通报多边机制的直接动因是 1986 年切尔诺贝利核事故后苏联当局滞后的应对措施。1986 年 4 月 26 日凌晨，位于乌克兰境内的切尔诺贝利核电站 4 号机组发生了灾难性爆炸后，苏联官方没有立即引起重视。相反，国际社会最初是从瑞典、芬兰和丹麦等国得到关于事故的消息。距离切尔诺贝利大约 1100 千米的瑞典福斯马克核电站工作人员在他们身着的工作服上发现了辐射粒子。经过仔细检查，瑞典方面发现辐射物本不是来自本国的核电厂。

国际社会迅速作出回应，特别是许多欧洲国家强烈呼吁建立核事故通报的国际机制。1986 年 5 月 4 日在东京召开的美国、英国、德国、法国、日本、意大利和加拿大参加的七国首脑会议上，与会首脑和代表们宣布各国都有责任立即、详细、完整地通报核紧急情况和核事故，尤其是那些会带来跨界后果的核事故。代表们也呼吁尽早起草一份国际公约，一旦发生核事故，缔约方就有义务通报和交换信息。在国际社会的强烈呼吁下，国际原子能机构在切尔诺贝利事故过去仅 5 个月的时间内，在已有的区域和多边条约的基础上迅速主持完成了《核事故公约》文本的谈

---

① See McBrayer, Sharon, *Chernobyl's Legal Fallout*, GA. J. INT'L&CoMP. L., Vol. 17, p. 303 – 319 (1986).

② See McBrayer, Sharon, *Chernobyl's Legal Fallout*, GA. J. INT'L&CoMP. L., Vol. 17, p. 303 – 319 (1986).

判和起草工作。1986年9月24日，国际原子能机构在其维也纳总部召开的特别大会上通过《核事故公约》并得到了国际社会的广泛认同。在维也纳机构总部开放签字当天就有51个国家在公约上签字，包括了拥有核武器的所有5个国家，并于同年10月27日生效。①

二、主要内容

《核事故公约》是针对发生核事故后国际社会在应急响应方面的专门公约，一共有17条约文，实体内容包括信息通报义务的适用范围、信息通报义务的主要类型、信息通报的协商要求、国际原子能机构的职责、核事故信息通报的国内主管当局和联络点等。

(一)适用《核事故公约》的条件和范围

根据《核事故公约》第1条第1款的规定，有两种情况可以适用《核事故公约》，第一是放射性物质释放并对另一国造成辐射安全重要影响；第二是放射性物质有释放的可能性并有对另一国造成辐射安全重要影响的可能性。也就是说，《核事故公约》不仅包括了核事故造成客观损害的事实，也包括了造成客观损害事实的可能性，即使这种事实还未真正发生，只要有这种可能就可以适用《核事故公约》。鉴于之前的区域公约或双边条约都未能就发生核事故的范围作出明确规定，《核事故公约》第1条第1款明确了公约的适用范围，即管辖对象是缔约国或其管辖或控制下的人或法律实体的设施或活动。第1条第2款包括了以下的核设施和核活动的范围：位于任何地点的任何核反应堆；任何核燃料循环设施；任何放射性废物管理设施；核燃料或放射性废物的运输和贮存；用于农业、工业、医学和有关科研项目的放射性同位素的生产、使用、贮存、处置和运输以及用放射性同位素作空间物体的动力源。这里有两点例外值得注意：一是公约的通报义务不包括与核武器和核试验有关的事故。二是根据《核事故公约》第3条，对于不属于《核

① 中国政府于1987年9月14日向国际原子能机构总干事交存《核事故公约》的核准书，1988年12月19日对我国生效，但中国政府声明"中国不受该公约第十一条第2款所规定的两种争端解决程序的约束"。

事故公约》第 1 条规定范围内的强制性通报事项由缔约国自行决定是否发出通报,[①]即《核事故公约》涉及的通报仅限于民用核事故,并且在强制性通报义务之外缔约国对于剩余通报事项享有自由裁量权。

(二)缔约国的信息通报义务与获取情报的权利

核事故发生后,受到直接影响的缔约国最关心的是事故发生的时间、地点以及事故的严重程度。此外,这些国家也想进一步获得更多的情报以便将核辐射带来的危害降到最低。《核事故公约》第 2 条对此作了较详细的规定。根据第 2 条,可以将缔约国的信息通报类型分为两类:一般信息通报义务和提供情报的义务。一般信息通报义务,是指第 2 条(a)项规定的义务,当某一缔约国境内发生《核事故公约》第 1 条规定的某种核事故时,缔约国应当立即向那些实际受影响或可能会实际受影响的国家和机构进行通报,通报的具体内容主要包括该事故的性质、发生时间和在适当情况下核事故的确切地点。该条规定涵盖了通报的途径和具体内容。缔约国完成信息通报义务的途径有两种,一是由核事故发生国直接告知相关各缔约国,二是由核事故发生国通报给国际原子能机构,再由机构转为通报给相关缔约国。另外,该条也列举了通报时应该涵盖的关键信息,包括时间、地点以及事故的严重程度,以便给受影响或可能受影响的相关各方留有时间作出判断并采取后续行动,而是否通报核事故的确切地点要依发生核事故所在国的具体情况而定。提供情报的义务规定在《核事故公约》第 2 条(b)项,具体应提供由《核事故公约》第 5 条所规定的情报。这些情报是核事故发生国尽其所能可获得的,包括了核事故发生的时间、地点及其性质;涉及的设施或活动;推测的或已确定的有关放射性物质超越国界释放的核事故之起因和可预见的发展;放射性释放的一般特点;预报放射性物质超越国界释放所需的当前和预测的气象和水文条件的情报;有关放射性物质超越国界释放的环境检测结果;已采取或计划采取的场外保护措施;预测的放射性释放过程中的行为。随着核事故事态的进一步发展,核事故发生国在适当间隔时间补充提供有关紧急情况事态发展的进一步情报,包括可预见终止或实际终止紧急情况的情报。收到情报的缔约国有权对以上信息不加

① 《核事故公约》第 1 条、第 3 条。

限制地使用，但不能使用通报缔约国秘密提供的情报。该条实际上详细地列举了提供情报的缔约国应提供情报的范围和收到情报的缔约国对情报利用的方式及例外情况。①

此外，根据《核事故公约》，如果受核事故影响的缔约国认为情报不够充足，不能根据已掌握的情报开展救援行动，该国有权向负有通报义务的缔约国提出提供进一步情报和进行磋商的请求。不过《核事故公约》第 6 条规定提供情报的缔约国，应尽其实际可能迅速响应受影响的缔约国关于谋求提供进一步情报和进行协商的请求，以尽量减少对该国的辐射后果。② 这里的“尽其可能迅速响应”也表明了情报缔约国只是尽力提供进一步的情报，并非有全力配合的义务，但受核事故影响的缔约国根据《核事故公约》有权利提出请求。

（三）国际原子能机构的职责

《核事故公约》赋予了国际原子能机构一个类似于人体“中枢神经”的职责。缔约国可以将核事故信息通报给机构，再由机构传递给各相关缔约国。《核事故公约》多条规定也使用了“直接或通过国际原子能机构”的措辞，表明了机构在核事故起到了一个非常重要的信息传递中心的作用。根据《核事故公约》第 4 条的规定，机构的职责主要有：在收到第 2 条（a）项规定的通报后立即通知各缔约国、成员国以及实际受影响或可能受影响的其他国家或政府间国际组织；根据请求，迅速向任何缔约国、成员国或有关国际组织提供依据第 2 条（b）项收到的情报。③

（四）核事故信息通报的国内主管当局和联络点

各缔约国国内主管当局和联络点是落实并传递核事故信息通报中非常重要的一环。对此，《核事故公约》也作出了相应的规定。《核事故公约》第 7 条是主管当局和联络点，规定各缔约国国内应当设立主管当局和联络点，负责收集和发送《核事故公约》第 2 条所述的核事故通报信息和相关情报，并确保这些机构和联络

---

① 参见《核事故公约》第 5 条。
② 参见《核事故公约》第 6 条。
③ 参见《核事故公约》第 4 条。

点运行状况良好,可连续不断地使用。各缔约国应将本国主管当局和联络点的相关信息通知机构和其他缔约国或者由机构通知其他缔约国。如果各国的主管当局和联络点有可能发生的任何变化,各国有义务及时通知机构。机构也需要保存一份各国国内主管当局和联络点、有关国际组织联络点的最新名册,并将其提供给上述各方。

(五)对无核缔约国的援助

为更好地实现《核事故公约》的立法目的,使更多的国家加入及早核事故通报行动的行列,《核事故公约》也考虑到了一些特殊情况。例如,《核事故公约》第8条规定了对非缔约国的援助义务。如果一个非缔约国没有核活动,但其毗邻的国家却有积极核计划,那么该邻国未来的活动极有可能对该无核、非缔约国造成辐射影响。针对这一情况,国际原子能机构同意对在该国建立一个适当的辐射监测系统并对其可行性进行调查研究。①

(六)争端的磋商与解决

和平解决国际争端是国际法的基本原则之一。《核事故公约》规定了缔约国若发生争端应寻求和平解决争端的方法,包括磋商、谈判、仲裁和提交国际法院裁决等等。《核事故公约》将争端的范围限制在就该公约的解释或适用发生的争端。如果核事故发生国没有按照公约的要求及时通报甚至瞒报信息,实际上构成了违背条约义务。而《核事故公约》未就缔约国未履行义务或未完全履行义务而产生的法律责任作出相应的规定。

《核事故公约》还规定缔约国可以缔结与本公约主题事项相关的其他双边或多边协定,以及公约的生效、加入和退出以及公约的修正和保存人等程序性事项。

三、评价

《核事故公约》自生效以来,主要在两方面发挥作用。一方面,国际原子能机构为履行《核事故公约》赋予的职责在维也纳总部设立了应急响应中心

① 参见《核事故公约》第8条。

(Emergency Response Centre,ERC),便于收集、核对和迅速传递有关信息。机构同世界气象组织(World Meteorological Organization,WMO)密切合作,利用该组织的全球电信系统(Global Telecommunication System,GTS)同时向各国的联络点迅速传送大量气象学和放射性数据。另一方面,虽然缔约国从未正式引用《核事故公约》,但一旦发生紧急情况引起国际社会的关注,一些缔约方会求助机构发布权威信息。例如,在1988年当苏联政府为人造卫星"宇宙1900"可能重返大气层作安排时便通知国际原子能机构说必要时该国将援引《核事故公约》。① 1991年,在圣彼得堡附近的一核电站3号机组发生事故后,机构的响应应急中心及时有效地发挥了作用。人们充分利用了响应中心收集详尽资料和评价数据并又通过中心将信息提供给媒体和成员国以及其他国际机构。②

(一)积极作用

1. 在核事故应急响应方面提供了第一个有约束力的多边法律框架

《核事故公约》的生效为各国在发生核事故时采取应急响应、及早通报核事故提供了国际法基础。条约和国际习惯是国际法最重要的法律渊源,其中造法性条约涉及缔约方的权利和义务,是国际法最直接的渊源。在本公约缔结之前,国际社会还没有专门的及早通报核事故的统一法律框架。只有欧洲有一些区域性公约以及一些国家间的双边协定涉及迅速通报核事故的条款,但这些条款并不是其所在公约的主要缔约目的。因此,在核事故应急响应方面只有极少的国家相互规定了权利义务。当核事故发生时,邻近的、极有可能受到辐射影响的非条约缔约国就很有可能无法及时得到事故发生的信息。不过,随着大量此类双边协议的签署,缔约方交换此类信息的做法已作为一项习惯国际法被国际社会接受。这种习惯国际法建立了一种除公开反对的国家外,对所有国家都有约束力的规则。就及早通报核事故的国际习惯而言,在双边条约基础上形成的习惯国际法适用的范围是核反应堆设施,而不是《核事故公约》第1条所涵盖的一系列核事故,这些范围

① 参见 Franz-Nikolaus、Larry D. Johnson:《有约束力的核安全协定:全球核安全法律框架》,载《国际原子能机构通讯》1998年第2期。

② 参见 Franz-Nikolaus、Larry D. Johnson:《有约束力的核安全协定:全球核安全法律框架》,载《国际原子能机构通讯》1998年第2期。

不仅有核反应堆,还同时包括了任何核燃料循环设施、放射性废物管理设施,二者的贮存与运输等。因此,本公约拓宽了现有国际习惯的适用范围。

2. 形成了国际核事故应急的基本原则之一——通知原则

人类在利用大自然的同时也对环境造成了严重破坏,突发性的环境污染事件层出不穷。随着国际法的发展,在国际环境法领域已经形成了在突发环境紧急情况下国家的通知义务。例如,1982 年《联合国海洋法公约》第一九八条规定,如果一国得知海洋遭到危险即将遭受污染损害或损害已实际发生,该国就有义务立即通知那些潜在受此损害的国家和各主管国际组织。[①] 由于《核事故公约》是核事故通报领域第一个多边条约,由核事故发生国通知事故的通知原则也就随之确立。

3. 大大拓宽了应通报的范围并明确了缔约国的权利义务

《核事故公约》的谈判和起草建立在已有的区域和双边条约的基础之上。在总结分析原有通报机制不足的基础上,《核事故公约》明确了通报核事故的缔约国、受核事故影响的缔约国及国际组织各自享有的权利和应承担的义务。首先,区域和双边条约中涉及的通报范围多涉及核反应堆产生的核事故,条约适用范围过于狭窄。实际上,在和平利用核能的过程中,核能不仅被广泛地用于发电,还运用到了农业、工业和医学等领域。在利用核能发电的过程中,每一环节操作不当都会引发核事故。为此,在谈判过程中,各缔约方在核反应堆的基础上纳入了更多地使用核能的情况,如核燃料循环设施、放射性废物管理设施、核燃料或放射性废物的运输和贮存,用于农业、工业、医学和有关科研项目的放射性同位素的生产、使用、贮存、处置和运输以及将放射性同位素用作空间物体的动力源。可以说,《核事故公约》涵盖的通报范围较之区域和双边条约是大大拓宽了,将尽可能多的情况纳入及早通报范围旨在一旦发生超越国界的辐射,将后果降到最低。其次,《核事故公约》阐明了一旦核设施发生公约规定的事故,缔约国对国际社会的通报义务和提供相应情报的义务。《核事故公约》还规定了随着核事故事态的发展,缔约国应尽量提供进一步的情报或对其他国家的类似请求作出回应。在早前缔结的条约中,如美国与菲律宾缔结的条约中,就没有提及缔约国需要更新信息或对他国的类似请求作出回应的条文。考虑到核事故的具有跨界辐射的性质以

---

① 国家海洋局海洋发展战略研究所:《联合国海洋法公约》,海洋出版社 2013 年版,第 135 页。

及会随时发生变化的辐射等级,将缔约国提供进一步的情报纳入《核事故公约》是非常有必要的。信息的公开透明可以降低公众的焦虑,减少不必要的恐慌,同时也能让相关国家有根据地做出及早、应有的安排,减少核辐射的后果。再次,《核事故公约》涵盖的通报信息的内容更加具体。较早的双边条约没有规定通报的具体内容,也没有清楚地说明及早通报应该具体到哪个时间节点。这些协议只是规定了应该通过书面信函、报告、文件或事先安排好的访问来交换信息,没有涉及相关国家最需要的、依此能作出判断并采取后续行动的关键信息。《核事故公约》清楚地规定了缔约国有义务提供具体信息给实际受影响或可能会实际受影响的各方,包括事故发生的时间、地点、严重程度、原因以及可预见的发展态势。最后,《核事故公约》也为受核事故影响的缔约国规定了向负有通报义务的缔约国提出提供进一步情报和进行磋商请求的权利。尽管后者只是尽其所能提供,但是至少前者有了提出请求的法律依据。

4. 明确了国际原子能机构在核事故中的重要角色

《核事故公约》清楚地规定了国际原子能机构在核事故信息传递中的角色。在此之前双边条约中的义务仅限于缔约国之间相互通报。考虑到核事故发生后的严重程度,国际原子能机构作为信息传递中枢,无论从通报的速度,还是从通报的范围都能让更多的缔约国受益。

总之,《核事故公约》的缔约目的是通过及早通报核事故以尽可能地减少其可能产生的严重后果。事故发生国及早通报核事故能让公众和媒体及时了解真相,避免误导、谣言、夸大甚至隐瞒等情况发生。另一方面,通过国际公约的形式能够将更多的国家和相关机构纳入及早通报核事故的行列,改变了之前采取双边条约将通报义务局限于缔约国的模式。更重要的是《核事故公约》的生效重塑了公众对国际社会携手合作减少核事故带来灾难性后果的信心,并朝着构建一个更加安全、健康的国际环境的目标迈出了重要一步。

(二)公约的不足之处

尽管《核事故公约》在通报的范围和内容、通报的持续跟进以及国际原子能机构加入并作为信息通报和交换中枢等方面改进了现有的习惯国际法和双边条约,但是现有的条文也存在一些明显的缺点,部分方面并未改进。

1.《核事故公约》的适用范围需要进一步拓宽

《核事故公约》最大的不足是未能全面覆盖核事故的范围。该公约适用于由一系列活动引发的核事故,包括军事核工业的,但是《核事故公约》适用范围有限,并没有将使用核武器或核武器试验引发的事故纳入通报范围。这也是通报义务的唯一例外情况。《核事故公约》第3条只是规定在发生了超出公约规定范围外的核事故后,缔约国可以发出通报,也即是否发出通报由缔约国自行决定,《核事故公约》没有对缔约国施加强制义务。缔约国有很大的自主权决定是否通报。《核事故公约》缔结以后,人类开展的核活动范围仍在不断扩大,最典型的是除世界上5个合法拥核国家以外,冷战以后不断有新的国家加入核试验国家行列中来,如朝鲜、印度、伊朗、巴基斯坦、以色列等。考虑到任何性质的核事故都将对公众、环境、空气乃至整个生态系统带来严重影响,为了全人类的安全与健康,有必要考虑将人类开展的任何与核有关的活动纳入通报的范围,无论该事故是由民用核设施、军用核设施,还是由使用核武器或进行核武器试验引发的核事故。

2.《核事故公约》需要进一步明确通报速度和核事故等级

《核事故公约》的第二个不足之处是对缔约国通报的速度和核事故的严重程度仍措辞模糊。众所周知,核事故一旦发生会瞬间产生强烈的破坏性,越早通报就能越早组织受到影响的人员撤离并采取防护措施,这对防止和避免放射性物质泄漏对人员造成伤亡和对环境造成污染至关重要。在美国与巴西、菲律宾等国缔结的通报公约中只是简单地规定要"尽早地通知"①。就这一点而言,《核事故公约》并没有对国际习惯法作出改进,仍然采用了"立即""立刻"等措辞。公约的起草者将"立即"的迅速程度定义权留给了各缔约国,而不是在公约中采用一些指导性的词语,如"缔约国应在不晚于事故发生后几个小时内提供核事故信息"等。其次,在《核事故公约》谈判起草时,国际上没有制定统一的核事故分级标准,关于《核事故公约》应该及时通报何种严重程度的核事故,《核事故公约》中也未明确规定,只是在第一条中采取了"具有辐射安全重要影响"这样的笼统措辞,不利于国际社会和受影响或潜在受影响的国家作出准确判断。1990年由国际原子能机构

---

① McBrayer, Sharon, *Chernobyl's Legal Fallout*, GA. J. INT'L&CoMP. L., Vol. 17, p. 303 - 319 (1986).

主导编制的国际核事故分级标准用数字 0 ~ 7 清晰地表明了核事故等级，没有核专业知识的公众和媒体也能迅速地明白核设施发生事故的严重程度。因此，如若缔约国在通报核事故的过程中能提供更加准确的时间和核事故等级，那么各缔约国就能更统一、公平地适用公约，公众和媒体也能更容易明白核事故等级，这些信息对各方及时、准确地采取救援措施至关重要。

3.《核事故公约》应进一步明确通报范围

《核事故公约》未制定标准，明确规定哪些国家应收到核事故信息和情报。尽管《核事故公约》第 2 条对缔约国的通知义务作出了规定，但实际上是允许缔约国自行决定对哪些国家发出信息和情报。关于哪些国家可能受到核事故影响并应收到信息和情报，《核事故公约》并没有更明确、具体的标准。如果该公约能进一步规定核辐射的影响半径，那么在此辐射半径内的国家都应得到通知和情报。另一种起草方案是《核事故公约》允许国际原子能机构全权决定哪些国家实际或可能受到核事故辐射影响并通知这些国家。切尔诺贝利核事故后，由于种种原因，苏联居民并没有获得核辐射会对健康带来威胁的充足信息。有鉴于此，国际原子能机构也应该发布健康警告并将此类警告通知到那些受到核辐射威胁国家的居民。

第二节　《核事故或辐射紧急情况援助公约》

一、背景

国际救灾援助的法律体系是一套集国际条约、各种“软法”性质的决议、政治宣言、行为守则以及人道主义原则在内的规则体系。这套规则体系主要为救灾时的人员标准、人员及财务的特权与豁免、救援物资的过境通关、救援物资的军事援助方面提供了解释。但是，这些公约与指导原则在适用范围和效力等级上均存在一些不足之处。有的公约虽然是国际性公约，但缔约国数量不多。有的公约是区域性的条约，适用范围更小。有的公约虽然缔约国数量众多，但只适用于某些特定的灾难，还有的国际协定只是专门针对灾害救助的某个方面。总体而言，全球层面的国际救灾援助依赖大量不具有法律约束力的决议、声明和指导准则，如世界海关组织1970年6月8日通过的《促进救灾物资在灾难事件发生时进口的建议》、国际红十字会和红新月会1977年制定的《危急情况救助的便捷化措施》等。[①]国际社会在切尔诺贝利核事故发生之前一直没有专门针对核事故应急救援的国际公约。自人类将核能用于和平目的以来,核事故救援方面的早期国际合作主要是区域和双边层面的协定。1963年国际原子能机构与丹麦、芬兰、挪威和瑞典政府缔结了《北欧辐射事故紧急情况援助协定》,[②]规定请求国在核事故发生时有权向援助方请求援助。1979年美国发生三哩岛核事故之后,国际社会也认识到有必要建立核事故的通报和相互援助体制。在1982年2月24日召开的国际原子能机构理事会上通过了一个由荷兰、瑞典和美国3国联合提出的提案,同意召集专家成立专家小组研究如何在核安全领域顺利开展国际合作并讨论了国际社会应当缔结一个核事故紧急情况下的援助协定。[③]

1986年切尔诺贝利核事故促使国际社会意识到,人类在核安全和核应急方面的国际联合应对措施十分薄弱。在国际社会的强烈呼吁下,国际原子能机构迅速起草谈判了两个应对紧急核事故的国际文件并于1986年9月24日在国际原子能机构召开的特别大会上一起通过了两个公约,即《核事故公约》和《援助公约》。其中《援助公约》的缔约目的是在核事故发生后国际社会能及时、有效展开救援,尽量降低灾害带来的后果。该公约为发生核事故和辐射威胁时能迅速展开救援提供了法律依据。《核事故公约》和《援助公约》一起构成了国际核应急制度的基础性法律文件,弥补了当时国际公约框架体系的不足。随着西非国家贝宁于2019年9月18日向国际原子能机构总干事交存《援助公约》核准书,到2019年10月18日该公约的缔约方增加到了127个,包括世界卫生组织(World Health Organization,WHO),世界气象组织(World Meteorological Organization,WMO),联合国粮食及农业组织(FAO)和欧洲原子能机构(Euratom)都是《援助公约》的国际组织。在这些缔约方中有68个国家签署了该公约。中国政府于1987年9月14日交存核准书,同年10月14日《援助公约》对中国生效,但中国政府声明:“(1)在

① 参见李武健:《国际紧急援助的法律问题研究》,载《国际关系与国际法学刊》2017年第00期。

② 该协定于1963年10月17日制定,1964年6月19日生效。

③ 国际原子能机构同意召集专家小组会讨论核安全的国际合作,载《国外核新闻》1982年第8期。

由于个人重大过失而造成死亡、受伤、损失或毁坏的情况下，中国不适用该公约第十条第2款；(2)中国不受该公约第十三条第2款所规定的两种争端解决程序的约束”。①

二、主要内容

《援助公约》共19条，其实体内容包括缔约国的合作义务、援助的提供、请求国对援助的指导和管理、国际原子能机构的职责、请求国偿还费用的义务以及救援人员必要的特权、豁免和便利等方面。

(一)《援助公约》的缔约目的与缔约国的合作义务

缔结《援助公约》旨在建立一个确保全球核活动高度安全，防止核事故的发生和一旦发生核事故能开展迅速救援合作，并减轻灾难带来的严重后果的国际合作机制。成为该公约的缔约国后，各缔约国就有相互合作的义务以及与国际原子能机构进行合作的义务，合作的法律依据是《援助公约》第1条第1款，其目的是一旦发生核事故或辐射紧急情况，能够迅速提供援助，以尽量减少其后果以及对人和环境造成的放射性释放影响。《援助公约》第1条第2款、第3款分别规定了为给这种活动提供便利，各国可以达成双边或多边安排或二者相结合的安排。另外，缔约国有权请求国际原子能机构尽量按照《援助公约》的相关条款为各国的救援合作提供便利和支持。

(二)援助的主体规则

1. 援助的提供

根据《援助公约》，在发生核事故或辐射紧急情况后，国际社会提供援助的主体主要是请求方、援助方和机构。该公约分别规定了他们各自的权利义务，主要是请求方的请求权利、援助方的援助义务以及机构协调救援资源的职责。

《援助公约》第2条第1款规定了，在发生核事故和辐射紧急情况时，某一缔约国有权请求援助以及请求援助的条件和途径。首先，一旦缔约国发生了核事故

---

① 《国务院关于核准〈及早通报核事故公约〉和〈核事故或辐射紧急援助公约〉的决定》。

和辐射紧急情况,不管该事故或紧急情况是否发生在缔约国的领土、管辖或控制范围内,该国都有权请求援助。换言之,不在缔约国主权管辖范围内发生的核事故和辐射紧急情况也满足请求援助的条件。其次,缔约国请求援助的途径有:(1)直接向其他缔约国请求援助,只要是《援助公约》的缔约国,就可以相互直接请求援助。(2)通过机构向其他缔约国请求援助。由于机构起到了信息传递中枢的作用,则缔约国通过机构发出的救援请求会更及时且覆盖面会更广。(3)直接向机构请求援助。机构有权直接提供专家和设备。(4)酌情向其他政府间国际组织请求援助,这一途径扩大了寻求援助的范围。《援助公约》第2条第2款进一步规定了缔约国在发出援救请求时有义务详细说明所需援助的范围和种类,并按实际可能向援助方提供必要的情报,这样做的目的是方便援助方确定其能在多大程度上满足请求方的请求。同时,《援助公约》也规定了请求援助的缔约国不能详细说明所需援助的范围和种类的解决办法是双方协商决定。《援助公约》第2条第5款还进一步规定了请求方有权请求对受到核事故或辐射紧急情况影响的人员进行医疗救治和暂时安置到另一缔约国领土内。①

《援助公约》第2条第3款至第5款规定了援助方的援助义务。援助方的援助义务主要体现在:首先,对能否提供援助要迅速作出决定,鉴于核事故的突发性和后果的严重性,援助方的回应速度越迅速越好。其次,要直接通知请求缔约国或通过机构,通知内容是其能提供援助的范围和条件。这些范围和条件具体包括可动用的专家、设备和物资以及能够提供援助的其他条件,尤其是财务条件。②

根据《国际原子能机构规约》以及《援助公约》第2条第6款,机构在收到援助请求后主要能采取3项措施:一是应尽其所能提供专家和设备用于救灾;二是向成员国传递援助请求,主要是向可能拥有必要资源的国家和国际组织发出请求;三是如果请求方有需要,机构应协调国际范围内的援助资源。

2. 请求国对援助的指导和管理

为保证能协调、有序地开展救援,请求国有义务在其领土范围内对救援进行全面指导、管理、协调和监督,这又可以分为两个方面:一是针对救援人员。在救

---

① 《援助公约》第2条。

② 参见《援助公约》第2条。

援涉及人员配置的情况下，援助方应与请求方协商指定人员，援助方同时还应负责对所提供的人员和设备保持直接的业务监督。这种监督具体由指定人员和援助方有关当局合作行使；二是针对劳务和设施。请求国应尽其所能地提供当地的劳务和设施以确保援助能得到妥善和有效的管理。请求国还应保证对援助方为救援目的而进入某领土的人员以及物资、设备予以保护。请求国不得变动任何一方提供的救援设备和物资的所有权，并应保证予以归还。①

（三）国际原子能机构的职责

《援助公约》第2条第6款规定了国际原子能机构协调救援资源的职责，第5条(e)项在此基础上进一步具体要求机构与有关国际组织保持联络并有一份完整名单，以便获取和交换情报和资料以及在需要时向缔约方提供名单。此外，缔约国还可以根据该公约的规定请求机构做到以下两个方面：一是向各缔约国和成员国收集和传播情报；二是协助某一成员国或缔约国提出的请求，包括按第5条(b)项中的规定协助缔约国制订应急计划和相关法律、制订救援人员培训计划、协助传递救援请求和情报、协助缔约国制订辐射监测计划、程序与标准、协助缔约国进行有关辐射监测系统的可行性调查。②

（四）请求国偿还费用的义务

任何援助方可以对请求方的核事故和辐射紧急情况进行援助，而请求方不需要支付救援费用。这种免费是援助方考虑了下列情况：核事故和辐射紧急情况的性质和起源地；发展中国家的需要；无核设施国家的需要以及任何其他有关因素。

但当援助方提供的援助需要请求国全部偿还或部分偿还时，请求国有义务向援助方偿还由此发生的有关费用，主要是相关人员和组织提供的劳务开支费以及不由请求国直接支付但与援助有关的所有费用。如果援助方提出索偿，请求国应立即偿还费用，双方另有协议的除外。当然援助方可以随时考虑免除全部或部分

① 参见《援助公约》第3条。
② 参见《援助公约》第5条。

费用，也可以随时同意延期偿还全部或部分费用，特别是考虑到发展中国家的情况。①

（五）救援人员和物资的地位

由于核事故或辐射情况的紧迫性，为了便于援助方的相关人员和代表能迅速展开救援，请求国应给予上述人员必要的特权、豁免和便利，也应该对援助方提供的参与救援的设备和财物免征关税或其他课征。请求国给予的特权和豁免的情形是针对救援人员在履行其职务时的作为和不作为，请求国不予以逮捕或拘留，以及行使民事、刑事和行政管辖等法律程序；请求国还应当对上述人员因履行救援义务而免征关税或其他课征。此外，首先，请求国不能没收、抵押或征用援助方提供的参与救援的设备和财物；其次，请求国应当确保归还此类设备和财物；最后，请求国还应当为此类设备和财物的入境、停留和离境提供便利。②

《援助公约》其他条款还规定了索赔和补偿，援助的终止，与其他国际协定的关系，争端解决，公约的生效、修正、退约以及公约的保存人等内容。

三、评价

（一）《核事故公约》和《援助公约》的异同

《核事故公约》和《援助公约》都是在切尔诺贝利核事故之后迅速通过的，这是国际原子能机构针对该事故作出的及时、有力的反应。两个公约在同一会议上一起通过，并在以下方面具有共同点。首先，两个公约构成了国际应急准备和响应框架的法律基础。它们都对缔约国和机构在发生核事故和辐射威胁时规定了具体的义务，该义务均针对应急响应和准备方面。其次，两个公约都要求在应急期间广泛交换信息。最后，两个公约都突出了国际原子能机构的作用，但两公约又是互相独立的，其各自缔约的目的和强调的权利义务是不同的。《核事故公约》侧重核事故的信息通报义务以便其他国家能有所准备采取防范措施，而《援助公约》

---

① 参见《援助公约》第7条。
② 参见《援助公约》第8条。

重在强调请求国的援助请求、援助国的救援义务以及机构收到请求后采取行动的职责。两个公约实际上涉及发生核事故和受到辐射威胁后的两个重要的环节，相关人员和国家先得到信息和情报，然后展开救援，以达到缔结公约的目的，即防止发生核事故以及一旦发生核事故尽量减少其后果以及对人和环境造成的放射性释放影响。

（二）公约的特点

1. 体现了国际法基本原则

《援助公约》是一份针对国际救灾援助合作的法律文书，体现了国际法的合作原则、国家主权原则以及不干涉内政原则。首先，《联合国宪章》的宗旨之一就是"促成国际合作"，可以说这项原则对于应对许多重大国际问题都至关重要，包括对核事故和辐射紧急情况的援助。《援助公约》在第 1 条第 1 款就规定了各缔约国应按照公约条款进行合作并与国际原子能机构进行合作。合作原则是保证《援助公约》提及的援助救灾活动能够顺利进行的一个必要条件，因为参加人员包括多个行为体，通常有若干个国家，如援助国、过境国还有请求国以及其他国际组织。J. Toman 在全面研究与救灾有关的国际法时称合作原则是"推动国际救灾的一个根本性动力"①。其次，国家主权原则是国际法的重要原则。主权国家之间必须相互尊重领土主权以维持良好的国际关系。《援助公约》虽然对参与核事故和辐射紧急情况的救治的人员和设备的出入境和地位问题规定了特权、豁免和便利，但这也是主权国家在行使其主权权利。《援助公约》第 8 条第 1、2 款规定了援助人员出入请求国领土的问题，重要的是给予这些人员特权、豁免和便利；第 3 款规定了救援物资和设备入境免征关税和其他课征。最后，第 8 条第 7 款也明确规定了"凡享有特权和豁免的受益人，均有义务遵守请求国的法律和规章，还应有义务不干涉请求国的内政"，体现了国际法中的不干涉内政原则。

2. 形成了国际核事故应急的基本原则之二——援助原则

援助原则与通知原则一起构成了国际核事故应急的基本原则。在国际环境法领域中，除通知义务以外，还规定了援助义务。例如，1982 年《联合国海洋法公

---

① 《国际法委员会第六十届会议发生灾害时的人员保护秘书处的备忘录》，第 19 页。

约》第199条规定如果发生该公约第198条的情况，污染所在地区的各国应采取的应急计划是与相应的国际组织合作。为应对海洋环境污染事故，各国还应共同发展和促进各种应急计划。[①] 援助原则为核事故发生后展开国际救援提供了国际法依据。

3. 突出了国际原子能机构的作用

《援助公约》不但规定了在发生核事故和辐射紧急情况时一缔约国有义务应另一缔约国的请求提供援助，同时也规定了国际原子能机构的职责。加上《核事故公约》规定的传递核事故信息的职责，可以说国际原子能机构起到了一个多功能的应急响应中枢的作用。《援助公约》在第1条就规定了各缔约国相互进行合作并与原子能机构进行合作；第2条规定了国际原子能机构根据其《国际原子能机构规约》及《援助公约》的规定，对任一请求缔约国或成员国在核事故或辐射紧急情况下提出的援助请求作出响应。此外，各缔约国也有权利要求机构做一些情报收集和制订应急计划的工作：一是收集和传播跟救灾有关的情报，如可动用的专家、设备和物资、技术和研究成果等；二是协助各国制订应急计划和有关法律、培训或辐射监测计划。总之，国际原子能机构在核事故和辐射紧急情况救援的参与方中充分起到了通知、协调、沟通和技术支持的作用，是《援助公约》得以有效履行和救援活动能够顺利开展的重要保证。

(三) 公约的执行情况

1. 对《援助公约》的援引情况

《援助公约》生效后被首次援引是在1987年发生巴西戈亚尼亚市第6大道废料厂放射源事故之后。在《援助公约》的框架内机构和几个国家通过机构提供了援助，还有几个国家直接提供了援助。在随后的几年中，国际原子能机构应急响应中心协调以将援助对象的范围扩大，将一些只是机构成员国而不是《援助公约》签署国的国家也纳入援助对象的范围，如萨尔瓦多(1988年)、白俄罗斯(1991

① 国家海洋局海洋发展战略研究所编：《联合国海洋法公约》，海洋出版社2013年版，第135～136页。

年)、俄罗斯联邦(1992年)、爱沙尼亚(1993年)、车臣(1998年)①。

2. 国际原子能机构为执行公约采取的具体行动

很明显,要充分发挥《援助公约》的作用从而实现缔结公约目的的关键是要有有效的国家和全球响应安排,也就是说缔约国和国际原子能机构既要足够的应急准备,也要有快速的响应能力。如何能使这一整套安排良好地运转呢?为此,机构做了大量的工作,可以分为以下几个大类:一是制定安全标准、导则和技术工具;二是协助成员国构建应急响应系统,维护和测试其应急和响应安排;三是举办针对专业人员和从业人员的培训班和讲习班;四是举行演习,测试核事故或辐射紧急情况下的国际援助能力。

早在1958年机构就开始实施安全标准计划,并联合其他12个国际组织共同编写了《国际原子能机构安全标准》,这些标准是机构在其自身的工作中必须适用而且各国通过其对核安全和辐射安全的监管规定能够适用的标准。机构鼓励所有成员国都采用这些标准。

机构定期举行的培训核演习也是提高成员国应急响应能力的重要举措。培训是做好应急响应的关键。无论是参与救援的具体活动还是应急设备的操作都需要具备专门知识的专业人员和从业人员。为此,机构举办了内容广泛的培训班和讲习班,对相关人员进行培训。机构开展的第四项具体工作是定期举行演习,该演习又被称作"公约演习"(以下简称ConvEX),目的是检验《核事故公约》和《援助公约》运作安排的效果。通过演习,机构能有效评价和改善应急准备和响应的国际框架。演习根据复杂程度可以分为三级准备,最低一级是测试与成员国的应急通讯联系,包括响应速度,要保证一周7天全天24小时都可联系。中间等级是对国际应急准备和响应框架的各个部分进行测试,例如,是否能适当应用演练沟通程序和实践国际援助程序,在发生核或辐射紧急情况时评估工具是否准备妥当。最高一级的演习是全方位的,以评价在严重核事故或辐射紧急情况持续进行的情况下,国际应急响应安排和能力。

总之,国际社会想要在最大限度上减少核事故和放射性事件的后果,需要有

---

① Franz-Nikolaus Flakus、Larry D. Johnson:《有约束力的核安全协定:全球核安全法律框架》,载《国际原子能机构通报》1998年第2期。

效的全球和国家响应安排。国际原子能机构以国际法律文书为依据维持核事故国际应急准备和响应框架能够切实有效加强国家和国际层面的应急准备和响应能力。

第三节 《核安全公约》

一、背景

20世纪20年代,科学家们开始研究核物质,在经过一系列试验后,成功发现了核能。从此,世界和平与安全就笼罩在核阴影下。大国用它来制造核武器,并用作打败对手的终极秘密武器。原子弹爆炸所产生的杀伤力和破坏力空前巨大。第二次世界大战结束后核能并没有被全部销毁,而核武器成了大国间遏制对手的重要砝码。同时,人类的工业化不断发展,需要更多的煤、石油、天然气等化石能源来维持日常生产和生活,但随之出现了环境污染、土壤沙漠化、温室效应等一系列气候环境问题。这些问题迫使人们将目光投向了新能源。新能源以其环保性和可再生性等传统能源不具备的优势受到了人类的青睐。核能便是新能源家族中的一颗“未来之星”。核能发电是非常清洁的能源且总体营运成本低于火力发电。英国是世界上第一个拥有商用核电站的国家。法国、日本和德国等工业国家紧随其后,各自在国内开展了核电站建设。在此后的几十年间,越来越多的国家加入核能发电的行列。截至2017年7月,全球至少32个国家拥有在运核电厂。① 伴随着民用核能开发而来的头等大事便是核安全的问题。安全使用核能既涉及核安保中的避免核设施遭受恐怖主义袭击或成为恐怖主义工具等外部安全问题,也包括了核设施自身使用的安全问题。国际社会在核安全国际合作方面所作的努力大致形成了一套框架体系,主要包括三个方面的内容:技术和专门知识、国际上公认的不具有法律约束力的安全准则以及对国家有约束力的安全协定。② 前两种由于仅仅是技术规范或安全准则,因此仅能起到参考的作用,各国不会将其作

① 《核安全公约》缔约方第七次审议会议第3段。

② Franz-Nikolaus、Larry D. Johnson:《有约束力的核安全协定:全球核安全法律框架》,载《国际原子能机构通讯》1998年第2期。

为国际义务严格认真地履行。在发生了多起世界级的核安全事故之后，国际社会对核安全合作态度发生了根本的转变。美国三哩岛核电站放射性物质外泄事故、法国圣诺朗核电站反应堆堆芯部分损坏事故以及切尔诺贝利核电站核事故使世界各国高度关注和警惕核安全问题。各国意识到重大的核事故不仅会对本国环境和公众健康造成严重威胁，事故造成的核辐射还会跨越一国国界对邻国造成威胁。在任何一国国内发生的核事故都不再简单地被视作一国管辖范围内的事，核辐射会跨越国界对别国的人、土壤、水和空气等自然环境造成危害。面对严重的核事故，有些国家采取了极端的紧急措施，包括停止新建核电站和到期关闭现役的核设施，但大多数国家还是愿意继续发展民用核能技术，同时也意识到各国必须加强合作、高水平地维护核设施安全。如何提高核设施安全成了世界各国必须要面对和亟待解决的问题。国际社会不但需要深刻吸取核事故带来的惨痛教训，更需要总结经验才能在未来更安全地利用核能。然而单凭一国的国内立法和监管不足以保证核设施安全，各国需要在国际层面加强合作、交流分享技术和安全经验。为此，国际社会呼吁制定一个为各国接受的、涉及核安全各方面、有法律约束力的国际公约。《核安全公约》成为继《核事故公约》和《援助公约》之后核安全国际法体系的又一重要成员。

1992 年 2 月，在国际原子能机构理事会的授权下，成立了一个由法律和技术专家组成的“核安全公约专家组”，开启了制定核安全公约的进程。从 1992 年到 1994 年，专家组历时 7 次会议。1992 年 5 月召开的第一次会议有 45 个国家的近 90 名专家参会，主要围绕公约缔约方的主要义务、公约的审议机制以及国际原子能机构对缔约方会议提供支助服务和技术支持等问题进行了广泛而深入的讨论。在时隔不到 5 个月的第二次会议上，专家们一致希望尽早制定出一部“鼓励性的公约”。1993 年 5 月召开的第四次会议取得了突破性的进展，专家组在此次会议上就主要问题达成一致意见，从而加快了起草公约、形成单一文本的进程。1994 年 1 月 31 日至 1994 年 2 月 4 日，专家组召开的最后一次会议终于核准了该公约的文本草案，标志着起草工作结束。1994 年 6 月 17 日国际原子能机构在其总部维也纳召开外交会议，通过了《核安全公约》，并于同年 10 月 24 日生效。截至 2017 年 3 月，已有 80 个国家和国际组织成为该公约的缔约方。这是一部具有里程碑意义的公约，它与《援助公约》《联合公约》《核事故公约》一道形成了“核安全公约家族”,向核安全国际化迈出了重要的一步。《核安全公约》生效后仍处在不断完善的状态中。2011年国际原子能机构全体缔约国核准了全球“核安全行动计划”。2011年日本福岛第一核电站事故促使各国和国际组织采取的主动行动数量明显增加。在《核安全公约》的第六次审议方会议上瑞士对该公约第18条提出建议修正案。① 在众多提议和建议的基础上,2015年2月在维也纳召开了审议《核安全公约》(修正案)的外交大会,针对新建核电厂、现有装置的整个寿期等问题作出了新的规定。

二、主要内容

除序言外,《核安全公约》约文一共4章35条。第1章规定了公约的目的、定义和适用范围;第2章对各缔约方的义务作了规定;第3章是缔约方会议;第4章主要是最后条款及其他规定。该公约没有附件。

(一)缔约目的和适用范围

《核安全公约》第1章第1条阐明了其缔约目的是在世界范围内实现和维持高水平核安全。为了实现该目的,各缔约方应尽其所能,通过在其国内采取措施和在国际上进行与安全有关的技术合作,从这两个层面共同推动核安全。《核安全公约》将核安全主要分为了事前预防灾害发生和事后减轻灾害后果两个环节。对事前预防灾害发生规定的主要措施是在核设施内建立并维持有效的防御措施。首先,通过防御措施防止潜在辐射危害,保护个人、社会和环境免受来自这类设施电离辐射的影响;其次,要尽量减少具有放射性后果的事故发生,如果一旦发生此种事故,各缔约方应尽力减轻放射性辐射或放射性辐射威胁的后果。②

《核安全公约》第2章(a)小节规定该公约中所指的“核设施”是每一缔约方管辖下的任何陆基民用核动力厂,以及位于同一厂址、用于贮存、操作、处理与核电厂运行直接相关的放射性物质的相关设施。③ 这是公约的适用范围。《核安全

① 参见《核安全公约》缔约方第六次审议会议附件2。
② 《核安全公约》第1章第1条。
③ 《核安全公约》第1章第2条。

公约》的缔结即是为了维护这些核设施的安全。

(二)缔约方义务

《核安全公约》第 2 章为各缔约方规定了一系列义务以达到维护核设施高水平安全的目的。这些义务并非在起草过程中由专家组全新起草的,而是基本上沿用了早前已经取得国际共识的一些原则,主要涉及核设施的监督管理、安全管理和运行的基本概念等方面。例如,《核安全公约》中的缔约方义务就在很大程度上沿用了规定在国际原子能机构 1993 年出版的《核装置安全》中的核装置基本安全原则。① 按照《核安全公约》规定,缔约方维护核设施安全的主要措施有:

1. 立法、监管和行政措施

缔约方有义务在本国的法律框架内进行立法、监管和采取行政措施及其他步骤,使其国内法律规定与其承担的国际责任相一致。核设施安全是整体核安全的重要组成部分,《核安全公约》第 7 条规定了核设施的安全须有缔约方的立法保护。缔约方首先要建立一个监督和立法框架来管理核设施的安全,其次要对其进行维护。该法律框架涉及几个方面的制度构建:(1)安全法规:构建可适用于本国的安全要求和安全法规;(2)许可证制度:构建核设施运行的许可证制度,无许可证禁止核设施运行;(3)监管评价制度:对核设施进行监管性检查和评价,保证核设施的运行遵守法规和许可证;(4)强制执行制度:对上述法规和许可证采取中止、修改和吊销许可证等强制执行手段。② 为保证立法和监督框架的顺利实施,第 8 条规定了监管机构及其主要职责。第 9 条规定了核设施安全的首要责任由有关许可证的持有者承担且每一个这样的持有者都有义务履行该责任。③

2. 安全考虑

由于《核安全公约》是为维护核设施安全而缔结,因此缔约国维护安全义务部分采取了一般和特殊的分类方法,在一般安全考虑之外还将核设施的安全由单独的一节规定,包括了核设施的选址、设计、建造和运行等各个方面。

---

① 《核安全公约》。

② 《核安全公约》第 7 条。

③ 《核安全公约》第 8 ~ 9 条。

(1)基于一般安全考虑的若干措施

《核安全公约》第2章(c)节规定了缔约方采取基于一般安全考虑的若干措施,包括了6个方面的内容。①安全优先。安全优先作为一般安全措施的首要措施,是指一切从事与核设施直接有关活动的组织能制定与上述活动有关的优先政策,缔约方应对这些组织制定政策予以确保。②财政和人力资源。维护核设施需要有充足的资金和技术人员。缔约方应分配相应的财政资源以确保有充足的资金支持每一座核设施运行周期的安全,还应培训一批有相应资质的人员,保证有足够的技术人员维护每一座核设施在其服役期间的安全,当然也要同时考虑人员的工作能力和工作局限性。③质量保证。缔约方有义务采取步骤制订和执行质量保证计划,保证核设施的运行质量。④安全的评价与核实。缔约方有义务对核设施进行安全评价和核实。安全评价的范围包括了建造、调试和整个运行期间,形成的文件应归档,重要的安全资料应根据运行情况保持不断更新,监管机构的主管应予以审查;核实的手段应多样化,如分析、监视、试验和检查等。⑤辐射防护。除核设施安全外,《核安全公约》对核设施的工作人员和公众受到辐射引发的安全问题也作了规定。该公约规定,上述人员的照射量应保持在合理可行且尽可能低的水平,且任何个人受到的辐照剂量都不能超过本国规定的剂量限值。⑥应急准备。每一缔约方都有义务制订一套应急方案,不管其领土上是否有核设施。在其领土上有核设施的缔约方应制订核设施的厂内和厂外应急计划和定期演习计划;对于新投入运行的核设施,必须事先编制应急计划且已必须在进行过演习后监管机构方能同意其运行;对于可能直接受到核辐射紧急情况的相关各方,如本国居民和邻近该设施的国家,缔约方应采取适当措施确保个人和相关国家得到适当的信息以便能制订应急计划和作出应急响应。有些缔约方领土内没有核设施,但也有可能受到邻近核设施辐射紧急情况影响。对此,缔约方也应制订应急计划并进行编制和演习,以应对可能发生在其领土上的此类紧急情况。[①]

(2)核设施安全的相关措施

除上述的一般安全措施外,《核安全公约》第2章(d)节还对缔约方确保核设施安全的义务作了详细规定。这些义务主要包括核设施的选址、设计、建造和运

---

① 《核安全公约》第10~16条。

行有关的技术性安全措施。①选址。第 17 条是关于新建核设施的选址。《核安全公约》要求缔约方既要考虑影响其整个寿期安全的各种因素，也要充分评价该位置会对个人、社会和环境的安全造成的潜在安全威胁。该评价并非一劳永逸，根据实际情况可以在完成后再次进行。如果邻近该址的缔约方认为他可能受到此设施的影响，缔约方应与其磋商以便对方能评价和估计拟建核设施对其国土安全的影响。②设计和建造。第 18 条规定了新建核设施的设计和建造。首先，其设计和建造应能提供纵深防御以确保设施安全并能减轻放射后果；其次，相关的技术要经过检验和试验，达到可靠和合格水平；最后，其设计应充分考虑到要方便设施可靠、稳定运行和管理，尤其是人机接口部分。③运行。第 19 条规定了新建核设施的运行。按照运行的先后顺序，首先，缔约方要对核设施进行充分的安全分析和调试，符合设计和安全要求后缔约方才能批准。其次，缔约方应明确规定运行限制和条件。在设施运行期间，缔约方还要对核设施进行运行、维护、检查和试验且要配备与安全有关的一切领域的工程和技术支援。在设施的整个寿期，缔约方也有义务制订计划收集和分析运行经验，根据得出结果和结论采取行动。缔约方还有义务将其重要的经验与其他的运营单位和监管机构分享。最后，对正在运行核设施产生的放射性废物和乏燃料的处理和贮存应“顾及形态调整和处置”①。

3. 缔约方会议

《核安全公约》第 3 章规定缔约方会议。缔约方必须在该会议上提交本方履行公约义务的报告供同行审议。根据《核安全公约》规定，每一缔约方既有义务编写并提交国家报告，同时也有权利得到合理的机会讨论其他缔约方提交的报告并要求缔约方对报告作出解释。程序上，缔约方应在该公约生效后 6 个月内举行筹备会议，在此会议上确定第一次审议会议的时间。下次审议会议的时间在上一次的会议上决定，两次会议之间的间隔不得超过 3 年。②《核安全公约》同时规定了会议的程序安排、召开特别会议的条件、缔约方出席会议的义务、公约使用的语言、保密等事项。《核安全公约》规定，国际原子能机构应为缔约方提供秘书处，以及秘书处的职责。

---

① 《核安全公约》第 17～19 条。

② 《核安全公约》第 20～21 条。

4. 最后条款及其他规定

该公约的第4章是最后条款及其他规定,涉及分歧解决、公约的签署、批准、接受、核准和加入等事项,以及公约的生效、修正、退约、作准文本以及公约的保存人等事项。

5.《核安全公约》修正案

2011年3月11日本地震引发福岛第一核电站7级核事故,造成严重的核泄漏。此后,世界各国纷纷加强了在国家、地区和国际层面的核安全工作。2015年2月9日,在奥地利维也纳召开了审议《核安全公约》(修正案)的外交大会。此修正案有两点主要内容:一是对新建核电厂的设计、选址和建造提出了更高的标准。与之前的标准相比,新标准要求核电厂在调试阶段和运行过程中要防止发生事故,最重要的是要采取措施避免造成长期场外污染。同时,对核电厂的义务作出了更详细的规定,辐射物的释放包括了早期放射性释放、大规模的和需要采取长期防护措施和行动的释放。二是在现有装置有效使用期间要对它们定期展开全面系统的安全评估,以便不断改进,直至实现《核安全公约》确立的"防止发生具有放射性后果的事故和一旦发生事故要减轻事故后果的目标"①。

三、评价

1. 公约确立的原则

《核安全公约》是核安全领域最重要的国际公约,也是一份对缔约方有约束力的多边协定,其重点是鼓励缔约方通过行动履行具体的安全义务以实现《核安全公约》拟定的高水平核安全目标。任何主权国家都有权成为缔约方,且该缔约方不一定同时是国际原子能机构的成员。此外,一些由主权国家组成的具有一体化性质的区域性组织,如欧盟,也可以成为缔约方。各国一旦加入就需履行其作为缔约方的义务。为此,《核安全公约》确立了几个重要的原则:(1)由主权国家承担核设施安全的原则;(2)主权国家对核设施的安全仅需做出安全原则的承诺,而不需要做出安全标准的承诺;(3)通过"同行评审"加强国际合作的原则。

首先,《核安全公约》在序言中"重申核安全的责任由对核设施有管辖权的国

① 《关于落实〈核安全公约〉防止事故和减轻放射性后果之目标原则的维也纳核安全宣言》。

家承担”,这实际上强调了核安全的责任落在相关国家的原则。其次,《核安全公约》在序言中要求缔约国作出的安全承诺仅是“适用核设施的安全基本原则”,并非要承诺拿出具体的安全标准。最后,“同行审议”是《核安全公约》的创新之处。这种评审是缔约方履行《核安全公约》义务的方法,在《核安全公约》推行的整个环节上,缔约方的“同行审议”是最核心的部分。缔约方通过在审议会议上介绍国家关于核安全的报告并答复其他缔约方提出的问题来帮助自己实现国内的高水平民用核计划并在世界范围内促进高水平核安全。每一次国家报告的内容是以前一次的为基础,主要内容是根据前一次审议会议结果采取的后续行动。评审会议定期举行,但两次会议间隔不超过 3 年。第一次审议会议于 1999 年 4 月 12 日至 23 日在维也纳举行,由机构为缔约方会议提供服务。

2. 公约的优点和不足

作为民用核能反应堆安全领域的国际性法律文件,加入《核安全公约》能为缔约方带来诸多好处。对于拥有核设施的缔约方,《核安全公约》能使其通过编写国家报告和审议他国国家报告形成一个“集体机制”,持续改进本国的核安全;对于资源有限的缔约方,公约能使其得到援助机会来帮助其发展国内的核设施基础结构;对于刚启动核计划的缔约方,公约能使其有充分机会获得全球核安全方面的丰富经验。

尽管《核安全公约》对缔约方有诸多好处,但是就其约文而言仍存在如下的问题。

首先,是关于公约的适用范围。公约的适用范围是任何陆基民用核动力厂,以及位于同一厂址、用于贮存、操作、处理与核电厂运行直接相关的放射性物质的相关设施。① 这样的规定不仅将用于军事目的的核设施排除在外,也将适用于外层空间的核动力源排除在外。

其次,是关于公约的法律效力。《核安全公约》在序言中明确提及这是一份“鼓励性”公约,旨在鼓励各缔约国积极开展合作。因此,公约要依赖缔约方的有效参与才能发挥其应有的作用。加入《核安全公约》的缔约方数目越多,《核安全公约》作为一种确保全球核安全的法律框架发挥的作用就越大。《核安全

---

① 《核安全公约》第 2 条。

公约》虽然具有法律约束力，但由于其“鼓励”的性质，该公约并没有对违约行为作出相应规定。国际原子能机构大会一再促请尚未成为公约缔约方的国家加入公约，特别是有核能开发计划的国家，这也需要缔约方与这些国家加强沟通与合作，使其确信加入《核安全公约》对其是有益的。在2019年9月19日召开的关于“核安全和辐射安全”第七次全体会议通过的决议第14段写明，“促请所有尚未成为《核安全公约》缔约方的成员国加入该公约”①。

《核安全公约》的第三个不足之处是关于安全等级。在对安全问题的关注方面《核安全公约》第10条规定了“安全优先”，但是从上下文来看，《核安全公约》多使用“各缔约方应采取适当的步骤”这样的措辞。由此可见，《核安全公约》对安全只是给予了“应有的优先”，而非“最高的优先”，没有硬性规定缔约方的法律义务。福岛第一核电站事故之后，缔约方通过召开特别会议共享和深刻吸取教训并采取行动加强核设施安全。瑞士提出对《核安全公约》进行修正，并提交了修正INFCIRC/449号文件所载《核安全公约》第18条的正式提案②，旨在对该公约规定的“防止具有放射性后果的事故并在事故发生时减轻后果”的目标更具体、细化、更具可操作性。

此外，《核安全公约》还存在一些问题，如对《核安全公约》的宣传，缔约方在实施《核安全公约》的过程中面临的一些挑战等。后续的缔约方审议会议将对这些问题持续改进，以更好地使缔约方履行义务。随着每一次缔约方会议的成功举行，《核安全公约》将会更好地实现缔约目的从而为全球核安全作出更大的贡献。

第四节 《乏燃料管理安全和放射性废物管理安全联合公约》

一、背景

与乏燃料和放射性废物安全相比，国际社会更加重视核设施安全、核事故和放射性事故救援。国际社会经过多年的努力，缔结了一系列与核安全和核事故救

① 《核安全和辐射安全2019年9月19日第七次全体会议通过的决议》第14段。

② 《核安全公约》缔约方第六次审议会总结报告第42段。

援有关的国际公约。不过,核能造成的放射性伤害具有扩散性、持久性与衍生性等特点。这些特点决定了核能的安全工作不能有任何环节的疏漏,因此确保乏燃料和放射性废物安全同样是在世界范围内实现和保持高水平核安全的重要组成部分。放射性废物主要在两个方面产生:一是运行核反应堆会产生乏燃料;二是核技术用于发电之外的其他应用,如医学诊断和治疗、应用于工业或农业领域的放射性同位素,这些应用都会产生放射性废物。如果不对放射性废物进行恰当管理,其造成的污染会迅速并在未来很长一段时间内持续对人类健康和环境产生严重影响。《联合公约》的成功缔结标志着在乏燃料管理安全和放射性废物安全领域有了第一部具有法律约束力的国际公约。在该公约缔结之前,一些国际法律文书已对乏燃料和放射性废物的国际合作进行了规定。早在1987年,巴西戈亚尼亚放射源丢弃事件就引起了世界各国的强烈关注。在这起事故发生之前,各国对工业和医学领域所用辐射进行管理的法律规则相对薄弱,有的国家甚至没有有效的国内立法和监管。国际社会敦促国际原子能机构引入更严格的放射源安全标准,其目的也是让更多的国家重视这种情况给人、土壤和空气带来的严重伤害。几个国际组织共同提出了第115号国际基本安全标准并被国际原子能机构采用。① 1992年联合国环境与发展大会通过的《21世纪议程》第22条规定了对放射性废料实行安全和无害环境管理。1995年国际原子能机构在总结并吸取了近半个世纪以来放射性废物管理经验教训的基础上发布了放射性废物管理9条基本原则②,其中第3条原则规定了放射性废物管理必须考虑对超越国界人员的健康造成的影响。1996年10月24日生效的《核安全公约》在其序言(ix)中指出,如果国际社会就确认制定放射性废物管理安全基本原则的工作达成广泛一致,便有必要立即开始制定有关放射性废物安全管理的国际公约。③ 在这之后,国际原子能机构于1997年9月5日在维也纳召开的外交会议上通过了《联合公约》。该《联合公约》于1997年9月29日在维也纳开放供签署,并于2001年6月18日生效。2019年9月18日西非国家贝宁成为《联合公约》的第84个缔约方。中国政府于

---

① Hansen, Kirstie:《巴西第六大道上的世界课堂》,载《国际原子能机构通报》2008年第1期。

② 王俊峰:《放射性废物处理与处置》,中国原子能出版社2012年版,第21~23页。

③ 《核安全公约》序言ix条。

2006年9月13日交存加入书,同年12月12日公约对中国生效。①

二、主要内容

由于乏燃料管理和放射性废物管理都是为了相同的安全目标,所以将两方面内容缔结成一个联合公约。《联合公约》共7章,44条。序言提及了缔约的重要原因,第1章规定了目标、定义和适用范围,第2章和第3章分别规定了公约的两个主题——乏燃料和放射性废物的安全管理,第4章是一般安全规定,第5章是其他规定,第6章是缔约方会议,第7章是最后条款及其他规定。

(一)目标、定义和适用范围

《联合公约》第1章第1条规定了三大缔约目标:首先,要通过国内和国际共同努力在全世界范围内实现乏燃料和放射性废物管理的高水平安全并要努力保持这种高水平安全;其次,要有防止乏燃料和放射性废物管理所带来的潜在危害的有效防御措施,以保护现在和将来个人、社会和环境都免受电离辐射的有害影响;最后,要防止在乏燃料或放射性废物管理的任何阶段发生有放射性后果的事故,如果一旦发生事故应竭尽所能减轻事故后果。《联合公约》在序言中明确了该目标既适用于乏燃料管理也适用于放射性废物管理。②

《联合公约》第1章第2条对本公约使用的一系列术语下了定义,如"关闭""退役""处置""核设施""放射性废物""放射性废物管理""乏燃料""乏燃料管理""乏燃料管理设施"等。

《联合公约》第1章第3条规定了本公约的适用范围,主要有以下几个方面:(1)乏燃料管理安全,主要是民用核反应堆运行产生的乏燃料,涵盖与乏燃料装卸和贮存有关的一切活动,场外运输不包括在内;(2)放射性废物管理安全,主要是民用应用产生的放射性废物,涵盖与放射性废物的装卸、预处理、处理、整备、贮存、处置有关的一切活动,场外运输不包括在内;(3)针对军用或国防计划范围内的乏燃料或放射性废物管理有两种适用方式,缔约方有两种适用《联合公约》的方

① 《联合公约》暂不适用于我国澳门特别行政区。

② 参见《联合公约》第1条。

式，一是在缔约方宣布其适用公约的情况下可以适用《联合公约》，二是其已永久地转入纯民用计划并在该计划管理的情况下也属于《联合公约》的适用范围；(4)受监管活动产生的排放物；(5)有关弃用密封源的具体规定。①

(二)具体安全规定

《联合公约》从第4条到第17条以平行结构规定了乏燃料和放射性废物两个主题的管理安全，其中第4条至第10条涉及乏燃料安全规定，第11条至第17条涉及放射性废物安全规定。《联合公约》对二者的共同规定有：一般安全要求，已存在的设施，拟议中设施的选址，设施的设计和建造，设施的安全评定，设施的运行。只有最后一条不同，前者是乏燃料的处置，后者是关闭后的制度化措施。

《联合公约》对所有缔约方规定的“一般安全要求”是各方应采取适当步骤，以确保在乏燃料管理和放射性废物管理的所有阶段中，个人、社会和环境不会受到放射危害及其他危害。②

《联合公约》对所有缔约方在公约对其生效时“已存在的设施”规定了两点义务：一是所有缔约方都应采取适当步骤审查已存在的任何乏燃料和放射性废物管理设施的安全性，二是改进提高此类设施的安全性。③

《联合公约》对所有缔约方拟议中“设施的选址”规定的义务包括两个方面：一是选址要充分考虑会对两类管理设施场址运行寿期内的安全造成影响的所有因素以及放射性废物管理设施关闭后场址条件可能会发生的演变；二是要评价两类设施对个人、社会和环境的安全可能造成的放射影响，并有义务向公众提供此类设施安全方面的信息；邻近缔约方如果受到乏燃料管理设施的影响，缔约方应与其磋商并提供相关数据，而放射性废物管理设施无此要求，但须审查以往实践的结果。④

《联合公约》对所有缔约方“设施的设计和建造”规定的义务是从设计阶段就要考虑到两类管理设施退役后的概念性计划、要有技术准备措施；拟采用的工艺

---

① 参见《联合公约》第3条。
② 《联合公约》第4条、第11条。
③ 《联合公约》第5条、第12条。
④ 《联合公约》第6条、第13条。

技术得到经验、试验或分析的支持；对两类管理设施的设计和建造能提供合适的措施，其目的是要限制对个人、社会和环境的安全可能造成的放射影响。①

《联合公约》对所有缔约方“设施的安全评价”分为建造前的安全和环境评价和运行前的安全评价，评价所涵盖的时间跨度是两类管理设施的整个寿期。此外，关于放射性废物管理设施的安全评价，还应当在建造前就要考虑到关闭后的阶段。②

两类已建成的管理设施若要投入运行，首先，要通过评价才能获得运行许可；其次，要达到调试计划的设计和安全要求。缔约方对设施的运行限制和条件要作出规定，必要时加以修订；设施常规的活动包括运行、维护、监测、检查和试验；许可证持有者有义务及时向监管机构报告安全重要事件；缔约方还有义务利用两类设施运行期间获得的信息编制其关闭计划且在必要时更新，同时还要将该计划送监管机构审查。如果缔约方根据本国立法和监管框架指定了供处置的乏燃料，对其处置的规定与放射性废物处置的规定相同。③ 最后，放射性废物处置设施在关闭后，缔约方有义务保存该设施的所在地、设计和存量的记录，需要时还要采取制度化的控制措施，如果探测到放射物异常释入环境，在必要时需加以干预。④

（三）一般安全规定

《联合公约》第 4 章是一般安全规定，一是规定了缔约方为履行本公约而制定的国内法、监督和行政管理措施；二是对监管机构、许可证持有者的责任、人力与财力、质量保证、运行辐射防护、应急准备和退役等作了相应的规定。

（四）同行评审过程

同行评审过程是本《联合公约》的另一重要内容，包含三个步骤：首先，缔约方向所有其他缔约方提交其关于如何履行《联合公约》义务的国家报告；其次，在此基础上缔约方通过书面提问和答复制度寻求其他缔约方就其国家报告进行澄清；

① 《联合公约》第 7 条、第 14 条。
② 《联合公约》第 8 条、第 15 条。
③ 《联合公约》第 9 条、第 16 条。
④ 《联合公约》第 10 条、第 17 条。

最后,缔约方在审议会议期间举行的国家组会议上介绍和讨论其国家报告。

(五)最后条款和其他规定

《联合公约》第7章是最后条款和其他规定,包括分歧的解决,签署、批准、接受、核准和加入,公约的生效、修正、退约,公约的保存人和作准文本等程序性事项。

三、评价

(一)公约的特点

1. 公约的运作方式

缔约方召开会议对各方提交的国家报告进行审议是推动《联合公约》实施和不断地朝高水平安全目标迈进的方式。从2003年11月3日到2018年5月21日,缔约方一共召开了6次审议会议。同行评审的主题一般分为两个方面,一是缔约方陈述自上一次审议会议以来取得的进展,缔约方在参加评审的过程中会被提问且有义务作出回答,缔约方在审议会上陈述的进展主要也是根据上一次审议会议其他缔约方提出的建议而有针对性地实施的;二是缔约方强调仍然存在的挑战,并在下一次评审会议提交的国家报告里论述针对这些问题已经采取的实际措施。通过已经召开的6次会议,缔约方常常发现存在各种挑战。各国通过编写国家报告和参加会议也日益提高了对这些挑战的认识,同时《联合公约》也提供论坛供各国交流克服这些挑战的知识和经验。

2. 缔约方的义务及受益方式

虽然《联合公约》与《核安全公约》一样都是"激励性"公约,但它同样也是有法律约束力的国际协定,因此缔约方一旦加入公约就有如下的义务:一是要在本国的法律框架内建立一套法律和监管框架;二是要编写国家报告,详细列明为履行《联合公约》中的义务所采取的措施;三是必须自费参加每3年一次的缔约方审议会议;四是有义务根据同行评审提出建议,采取实际改进措施并载入下一次国家报告。此外,缔约方接受国际同行评审工作组的访问不是《联合公约》规定的义务,但是缔约方在自愿的基础上可以这样做并公开发表他们的报告。

那些有大规模核电计划的国家和将辐射源广泛地运用于医学、工业和农业等领域的国家应加入《联合公约》。成为公约的缔约方后，至少将会在如下方面受益：(1)共享专门领域的资源。缔约方编写国家报告不仅是进行自我评定，同时也让其他缔约方有机会提出建议。通过自我审查与他方建议的模式，缔约方不仅能共同不断优化乏燃料和放射性废物管理的国际方案，而且还能共享这些领域的专门知识。(2)树立负责任的国家形象。各国加入《联合公约》就意味着向公众作出该国的乏燃料和放射性废物管理安排将遵守国际标准的承诺。此外，各国参加缔约方审议会议也是展现其国家承诺的一种方式，有助于各国获得公众信任，在国际社会树立起良好的国家形象。(3)获得援助机会。目前，越来越多的国家致力于发展民用核能，但并非每个国家都有充足的资源改进基础设施，对那些仅拥有有限资源改进基础设施的国家，加入《联合公约》将有机会得到更多的技术和资金援助。

(二)公约的不足

缔约方第六次审议会议的《最后总结报告》中提到自第五次审议会议以来，各缔约方都报告在执行国家计划方面取得了良好进展和显著成就，但《联合公约》仍存在一些不足之处。首先，《联合公约》缔约方的数量仍不够多。2019 年 9 月在贝宁加入《联合公约》后缔约方增加到了 84 个，但一些原子能机构成员国还未成为《联合公约》的缔约方，这其中还包括一些《核安全公约》的缔约方和已表示支持《放射源安全和安保行为准则》的缔约方。① 要实现《联合公约》的目标需依赖缔约方的同行评审机制，而强有力的同行审议过程需要所有缔约方积极参与，也即加入《联合公约》的缔约方数目越多，同行审议的效果就会越好，《联合公约》也就能更好地实现其目标。因此，各缔约方需要集体努力去鼓励那些尚未成为《联合公约》缔约国的国际原子能机构成员尽早加入。其次，目前各国在实施《联合公约》的过程中也面临许多挑战。自缔约方第五次审议会议以来，各国在人力资源和资金可靠性、加强公众参与合作以赢得公众的信任和接受、初期阶段制定整体和可持续管理战略以及弃用密封源管理等方面取得了长足的进步，但同时也面临

① 《联合公约》缔约方第六次审议会议第 86 段。

相应的挑战。缔约方面临的挑战主要有以下几个方面:(1)人员保障:缔约方若想启动核计划或扩大规模仍然面临人力资源不足和专业人员是否能一直持续从事此项工作的问题;(2)加强公众参与:在实施公众参与的过程中,一些缔约方在其国家报告中表明该国面临建立并维持公众参与和合作机制方面的困难;(3)资金保障:一些缔约方在其国家报告中提出没有充足的计划资金和退役资金用于乏燃料和放射性废物管理;(4)具体技术:这主要是针对弃用密封源的安全管理。一些国家仅有贮存安排而没有提出解决方案。一些缔约方在发展密封源的钻孔处置设施方面取得了进步,但该设施的许可证审批也是缔约方将面临的一个重要问题。

(三)未来的努力方向

缔约方的第六次审议会议还确定了以下总括性问题,这些问题涉及的范围较广,主要有以下的方面:(1)实施国家乏燃料和放射性废物管理战略;(2)乏燃料长期管理的安全影响;(3)加强监管的有效性以应对与实施国家战略有关的挑战;(4)将弃用密封放射源的长期管理和处置联系起来;(5)遗留场址和设施的治理。

第六章　核损害赔偿的国际法制度

关于民用核能的利用要追溯到20世纪50年代,美国首先将核能利用的范围从军事领域转向民用。在未发生系列核事故(如美国三哩岛核事故、苏联切尔诺贝利核事故、日本福岛核事故)之前,核能被公认为是既高效又清洁的新能源。在人类能源结构中,核能被誉为最具潜力的替代传统能源(如煤炭)的新型能源。但在具有世界影响性的三次系列核事故后,人们对核能的态度呈现"谈核色变"的趋势。因此,说核能再怎么高效都不为过,但称其为清洁能源,恐怕要遭受诸多质疑。究其原因在于,核能是科学技术发展的产物,然而科学技术发展自身又难以跳出"科学不确定性"的枷锁和囹圄,即核能科技的发展一方面,可以降低核事故的发生率,使核风险得到抑制;另一方面,又会增加未知的核风险,提高了核事故的发生率,进而发生核安全问题。从民用核能发展至今,已发且能称得上核事故的也仅有前述3起,因此就核事故的发生率来说,其发生率是非常低的。据专家估计,一个常年运转的核反应堆的年事故率为十万分之一到十亿分之一之间。① 这也得益于迅速发展的核能科技给予相当程度的保障。但从每起核事故造成的损害来看,其损害具有人类灾难性,如最近一次发生的日本福岛核事故。据日本政府估计,截至2016年年底,日本福岛核事故造成的核损害约为22万亿日元(约合1986亿美元)。②

从风险的遏制和遏止的角度出发,最好的控制核风险的手段莫过于放弃核能的使用。但这种放弃又有可能带来其他风险的产生,例如,摒弃核能在人类能源结构中的比重,那么人类的能源结构将主要是煤炭能源,这样的结果将会产生大量新的环境污染(二氧化硫等污染物质排放所至)和资源破坏(大量煤炭资源的开采所至)风险。因此,可以说核能发展与否已呈现一种矛盾的态势。但从核能利用和核能科技发展的国际走势来看,大力发展核能已成为一种趋势和大多数国家的共识。

就民用核能利用方面的核安全问题而言,不论从应然层面还是实然层面上讲,均离不开两个需要破解的课题:一是核事故的预防,二是核损害的补救。只有将这两个课题均予以破解,才能使得核能的使用朝向安全的方向发展,否则核安全问题将被核风险摆布。前者的破解亟待核能科技的进步,而后者则依赖核损害民事责任的架构。由于本书的研究内容是法学层面的,因此暂不囊括核能科技方面的探讨,而仅就核损害补救层面的法律问题进行研究论述。核事故发生引发的核损害赔偿系属侵权损害赔偿,综观世界各国的民事侵权制度,如果沿用一般侵权责任制度则难以调整因核事故而造成的核侵权损害纠纷。可略举几个原因:第一,一般侵权损害赔偿责任的构成需要满足4个构成要件,即有损害行为、有损害结果、损害行为与损害结果有因果关系、行为人有过错。然而,在核损害赔偿案件中,受害人很难举证证明核设施营运人主观上有过错本身就存在客观不能,或者核设施营运人本身就没有过错。如果按照一般侵权损害赔偿的原理,受害人将很难得到赔偿。第二,核事故造成的核损害存在巨额性,如日本福岛核事故中造成的核损害。一般侵权损害赔偿原理强调对受害人的损失填补,即完全赔偿受害人

---

① G. M. Jarvis M. B. E. , *Financial Responsibllity for Nuclear Damage*, Chitty's Law Journal, p. 286 (1965).

② 郭浩:《福岛核事故6周年:日本对核电失去信心了吗?》,载网易科技网2019年9月1日,http://tech.163.com/17/0318/10/CFQ7LEM600097U81.html。

的损失。这种制度将形成负面的倒逼机制,即抑制核事业的投资人向核能行业投资。理由很简单,一旦发生核事故,则有可能破产。第三,站在核供应商和建筑商的角度,按照一般侵权损害赔偿归责原则,如果其在提供核产品过程中,主观上存在过错,则将会被追责。这种后果将使核供应商或建筑商不愿再研发和提供核产品,从而也会抑制核事业的发展。因此,要实现这种一方面能够激励投资者,促进核能事业发展,另一方面又要保护受害者得到及时、充分且合理的赔偿的愿景,就需要构建出一个专门适用于核事故损害赔偿的民事责任制度。

然而,核事故损害不像传统的侵权损害那样局限于某个时间、地点或确定的当事人之间,它具有跨区域性、持续性和不确定性特征。鉴于核电迅速发展的事实和核事故的特殊性,一些国际组织已经意识到仅依靠国内的核损害赔偿民事立法已经难以解决具有跨国性的核损害赔偿问题。进而必须从国际法的角度出发,制定具有区域性甚至全球性的核损害民事责任国际公约。综观核损害民事责任国际公约,业已成型的公约主要有三大体系,即《巴黎公约》体系、《维也纳公约》体系和《核损害补充赔偿公约》体系。之所以称之为体系,是因为这些公约并非单纯地表现为一个公约文件,而是随着时间的推移,形成了系列公约文件,在形式上具有体系性特征。具体而言,《巴黎公约》体系包括《关于核能领域中第三方责任的公约》及其修订议定书(以下简称《1960 年巴黎公约》)、《关于核能领域中第三方责任的 1960 年 7 月 29 日巴黎公约的补充公约》及其修订议定书(以下简称《布鲁塞尔补充公约》)。《维也纳公约》体系包括《关于核损害民事责任的维也纳公约》(以下简称《1963 年维也纳公约》)、《修正〈关于核损害民事责任的维也纳公约〉的议定书》(以下简称《1997 年维也纳议定书》)。《核损害补充赔偿公约》即指 1997 年制定的《核损害补充赔偿公约》。另外,为了协调《巴黎公约》体系和《维也纳公约》体系的关系,还有一个 1988 年通过的《关于适用〈维也纳公约〉和〈巴黎公约〉的联合议定书》(以下简称《1988 年联合议定书》)。

第一节 《巴黎公约》体系

一、背景

尽管核能从军事领域转向民用领域是从美国开始,但制定具有区域性的核损害民事责任公约并非由美国(美国制定的是适用于本国范围内的《普莱斯—安德森法案》)或美国加入的国际组织主导。① 西欧国家将核能运用到民用领域主要是通过核能来发电。但认识到核事故具有跨域性的特征,并且基于一般侵权法还根本无法解决第三方核责任这种特殊问题。因此,为确保遭受核事故损害的人员得到适当和公正的赔偿,同时又采取必要的措施,确保不会因此而阻碍为了和平目的而进行的核能生产和应用。1960 年 7 月 29 日,在欧洲经济发展组织②的主持下首先制定了地区性的《关于核能领域中第三方责任的公约》。由于制定地点在法国巴黎,故又称之为《1960 年巴黎公约》。《1960 年巴黎公约》正式生效是在 1968 年 4 月 1 日。从该公约的开篇可知其缔约国包括德意志联邦共和国、奥地利共和国、比利时王国、丹麦王国、西班牙、法兰西共和国、希腊王国、意大利共和国、卢森堡大公国、挪威王国、荷兰王国、葡萄牙共和国、大不列颠及北爱尔兰联合王国、瑞典王国、瑞士联邦及土耳其共和国 16 个国家。

由于《1963 年巴黎公约》存在一定的缺陷,主要是基金不足的问题,该公约的大部分缔约国(除希腊、葡萄牙和土耳其以外的 13 个)于 1963 年 1 月 21 日签订了《关于核能领域中第三方责任的 1960 年 7 月 29 日巴黎公约的补充公约》。因其订立于比利时的布鲁塞尔,故又称其为《布鲁塞尔公约》。该公约于 1974 年 12 月 4 日正式生效。

上述两个公约形成了《巴黎公约》体系的主体,之后根据法律适用的需要和实践现状的变化,又形成了相关的修订议定书。如为了确保有更多的财务保证,实现为更大范围的受害者提供赔偿,同时使《巴黎公约》体系与国际核责任法律体系(主要是《1997 年维也纳议定书》和《核损害补充赔偿公约》)相互协调。于 2004 年形成了《修订〈1960 年巴黎公约〉议定书(草案)》。但由于当时欧盟一体化进程中,根据欧盟的新规,未经欧盟委员会的批准,其成员国不能自行缔结条约,因此该议定书并未正式生效。另外,由于《布鲁塞尔公约》是《1960 年巴黎公约》的补

① 美国加入欧洲经济合作与发展组织是在 1960 年 12 月 14 日之后。

② 欧洲经济发展组织于 1948 年 4 月 16 日由西欧十多个国家成立。在 1960 年 12 月 14 日,加拿大、美国及欧洲经济合作组织的成员国等共 20 个国家签署了《经济合作与发展组织公约》,决定成立经济合作与发展组织,替代欧洲经济发展组织。在公约获得规定数目的成员国议会的批准后,《经济合作与发展组织公约》于 1961 年 9 月 30 日在巴黎生效,经济合作与发展组织正式成立。

充公约,《1960 年巴黎公约的修订》必然促使《布鲁塞尔公约》的修订。在《1960 年巴黎公约》的修订工作启动两年后,形成了《修订〈布鲁塞尔补充公约〉议定书》。但基于欧盟新规的规定,该议定书亦未生效。

二、主要内容

鉴于《巴黎公约》体系中包括的公约文件较多,除《1960 年巴黎公约》外,其他公约文件要么为《1960 年巴黎公约》的补充公约,要么为该公约的议定书或补充公约的议定书,如果一一展示不易向读者展示公约体系的全貌和前后的差异。是故,本书写作时采用归纳法,将同属于一个内容的条约归集到一个内容项目之下。

(一)基本原则①

1. 无过错责任原则

依传统侵权原理,加害人承担侵权责任需要主观上有过错(故意或过失),即有过错才承担责任,无过错则不承担责任。与过错责任相对的是无过错责任,又称严格责任。在无过错责任原则下,加害人主观上是否存在过错不作为其承担侵权责任的构成要件,简言之,责任的构成与加害人主观方面无关。但加害人主观上的过错可能成为裁判者自由心证的依据,如在加害人确无主观过错的情况下,判处加害人承担较轻的责任,反之则承担较重的责任。无过错责任原则的适用范围一般出现在特殊侵权中,一般侵权责任仍然采取过错责任原则。核事故损害系属特殊侵权的范畴,其归责原则采无过错责任原则。之所以采这种安排,主要原因还在于核事故损害的特殊性,如隐蔽性(潜伏性)、科学技术性。然而受害人一般为普通公众,一旦发生核事故,受害人举证证明加害人(核设施营运人/核运营者)主观上有过错非常困难,甚至可以说是根本无法证明。尽管证明的是加害人的主观方面,但实际的调查取证并不是停留在对加害人主观态度上的考察,而是需要通过查清核事故的前因后果来判断加害人的主观态度。从公平目标出发,如果课以受害人根本无法完成的义务,则难以保护受害人的合法权益。在整个《巴黎公约》体系中,不论是《1960 年巴黎公约》,还是《布鲁塞尔补充公约》,或是它们

---

① 特别提示:基本原则系属本书对公约内容的归纳,并非公约中直接规定为原则。

的修订议定书，都秉持了无过错责任原则，即不考究运营者的主观过错。但该体系并不直接言明运营人承担无过错责任，而是通过免责事由的范围来推定运营人承担无过错责任的。《1960年巴黎公约》规定，只有在“核装置的营运人对直接由武装冲突、敌对行动、内战、暴乱等行为引起的核事件所造成的损害不承担责任，除非它的核装置设置在其领土的缔约国的法律另有规定，对于直接由异常巨大的自然灾害引起的核事件所造成的损害也不承担责任”。2004年的《巴黎公约议定书》取消了营运人对“直接由异常巨大的自然灾害引起的核事件所造成的损害也不承担责任”的免责事由。《布鲁塞尔补充公约》及其议定书均未对此作出改变。

2. 唯一责任原则

唯一责任原则，又称责任集中原则，是指核设施营运人独自承担核事故造成损害的责任，其他任何非核设施营运人对该损害一律不负责任。① 其实唯一责任原则的提出主要是解决两大主体之间对核责任的承担问题，即运营人和供应商之间。在公约没有作出由核运营人承担唯一责任之前，供应商的责任承担可以依据产品质量法、侵权责任法的规定来调整。如果依据产品质量法或者侵权责任法的规定，那么在供应商提供的核产品（如核材料、核设施、核技术等）存在瑕疵或缺陷时，供应商将承担相应的法律责任。这可以促使核供应商提高审慎义务，改进技术，从而降低甚至遏止核事故的发生。但从已经发生的3起核事故来看，在一起核事故中造成的对第三方的核损害要比核产品本身的损害要大得多。同时，核供应商提供的核产品的价值也小于一起核事故造成的所有损失。因此，让一个仅提供较小价值的核供应商来承担巨大的赔偿责任，从法律公平和归责的角度看似乎是应该的，但从实际的反馈来看，则体现为供应商拒绝提供核产品。从促进核事业发展的角度看，则又是不利的。因此最终责任由核运营人来承担唯一的责任成为公约的共识。《1960年巴黎公约》第6条规定，要求你赔偿由于核事件造成的损害的权利，只可以对按照本公约对损害负有责任的运营人行使，且除该条中另有规定外，任何非运营人对核事件造成的损害一律不承担责任。而且运营人的追索权只有在两种情况下才可行使：“（一）如果核事件是由于蓄意要造成损害的行为或失职所产生，则对有此行为或失职的人有追索权；（二）如果合同上有明文规定

① 参见陈建：《核损害赔偿责任制度研究》，法律出版社2019年版，第88页。

的,则在该规定的范围内有追索权”。在该公约体系中的《布鲁塞尔补充公约》或者相关的修订议定书均保持不变。

3. 责任限制原则

责任限制原则,是指核设施营运人对一次核事故造成的核损害,在一定的索赔期限内承担一定限额的赔偿责任。[①] 责任限制包括两个层面的问题:一是索赔期限,二是赔偿额度。笔者认为,之所以有这样的安排主要出于两种考虑:一是在无过错责任归责原则和唯一责任原则下,核运营人已经承担了较沉重的责任,为打消核运营人担心企业因核事故而背负沉重债务甚至破产的“企业忧虑”;[②]二是全面看待核事业产生的外部效应。尽管核事业存在核事故发生的风险,但核事业为人类能源结构的改变功不可没。因此,其正外部性应当重视,其负外部性应当适当容忍。在索赔期限方面,《1960 年巴黎公约》第 8 条规定客观诉讼时效和主观诉讼时效。关于客观诉讼时效,如果在核事件发生后 10 年内不提出诉讼,则本公约规定的要求赔偿的权利即告丧失,但是,如在其领土内设置有负有责任的运营人的核装置的缔约国,已采取措施来弥补该运营人承担的关于 10 年期满以后或更长一段时间内提出的赔偿诉讼,则该缔约国可以用立法确定一个比 10 年更长的期限。但是,这种时效期限的延长,不得影响在 10 年期满就丧失生命和人身损害对运营人提出起诉的任何人根据本公约要求赔偿的权利。在核事件发生时核物质已经被盗、丢失、丢弃或抛弃而且尚未重新取得,按照本条第一款所确定的期限,应从该事件发生之日起算,但此期限决不能超过被盗、丢失、丢弃或抛弃之日算起的 20 年。对于主管诉讼时效“国家立法可以规定一个时效期限或诉讼时效期限,该期限自遭受核损害者已经知道之日或有正当理由认为应该了解到受到损害和运营人的责任之日算起不少于 2 年,但不超过本条第一款和第二款规定的期限”。在 2004 年的《巴黎公约议定书》中延长了诉讼时效。客观时效将生命丧失和人身伤害的诉讼时效延长到 30 年,其他损害则保持 10 年不变。主观时效从“不少于 2 年”变为“至少 3 年”。同时还取消了关于核物质被盗、丢失、丢弃和抛弃情况诉讼时效可以延长的规定。《布鲁塞尔补充公约》及其议定书未对诉讼时效加

① 参见陈建:《核损害赔偿责任制度研究》,法律出版社 2019 年版,第 92 页。

② 参见李雅云:《核损害责任法律制度研究》,载《环球法律评论》2002 年第 3 期。

以规定。

在赔偿额度方面,《1960年巴黎公约》第7条规定了最高责任额"营运人对核事件造成的损害的最高责任额应是本公约签订日确定的15,000,000欧洲货币协定计算单位;[①]但规定任何缔约国考虑到运营人得到保险或其他保证金的可能性,可以用立法确定一个比这个数大些或小些的金额,不过,在任何情况下都不得少于5,000,000计算单位的数额"。《布鲁塞尔补充公约》提高了最高责任额"每次事件提供上限为一亿二千万计算单位的数额",并提出三级赔偿机制"(一)从保险费或其他财政保证金中提供,上限至少为500万计算单位数额,此数额将由承担责任的运营人的核装置在其领土内的缔约国以立法规定;(二)介于五百万至七千万计算单位之间的数额,将由核装置在其领土内的缔约国在公共资金中使之获得。(三)介于七千万至一亿二千万计算单位之间,按第12条规定的份额公式将缔约国在公共基金中使之获得"。2004年的《巴黎公约议定书》将责任限额再次提高,并作了颠覆性修改,即将原来对运营者规定的最高限额改为最低限额:"(1)运营者对一次核事件造成的核损害责任额,从1.5亿SDR提高至7亿欧元;(2)风险较低的装置和核材料运输中的责任额,从500万SDR分别提高至7000万欧元和8000万欧元"。[②]

4.强制财务保证原则

在核责任领域,财务保证主要是指核设施营运人(可包括政府)提供一定限额的资金,专门用于对受害人进行及时、充分、有效救助的法律制度。[③] 强制财务保证则是强制性要求核设施营运人提供一定额度的资金或该国认可的其他财务保证形式。通行的做法是核设施营运人按照其最高限额提供强制性责任保险,对于国家来说,其做法则是提供某种基金或者直接政府兜底。之所以设置财务保证,其主要目的还是在于当发生核事故损害时能够及时、充分和有效地对核受害人进行赔偿,同时还不至于造成核设施营运人破产。之所以会以强制性的方式出现,还在于核设施营运人作为理性的市场经济主体,是否投保第三方核责任险受多方

---

① 该计算单位在1982年改为特别提款权(Special Drawing Right,SDR)。

② 傅济熙:《核损害的民事责任与赔偿》,原子能出版社2003年版,第45页。

③ 参见王蓓:《核损害赔偿中的财务保证方式探讨》,载《中国核工业》2012年第1期。

面因素的制约和影响。在条件不同时,可能会出现不予投保第三方核责任险的情形。这种情形既不利于保护受害人的利益,也不利于促使核事业的健康发展。政府提供财务保证的强制性主要体现在国际公约中,由国际公约予以规定,但往往会以国内法的方式具体体现出来。核营运人的财务保证额度一般与其赔偿限额匹配,即不低于其赔偿的最低限额。《1960 年巴黎公约》第 10 条规定"为了有能力承担本公约规定的责任,运营人必须具有并保持按第 7 条确定的数额以及政府主管当局所指定的形式和条件的保险费或其他财政保证金",也就是说如果运营人提供的核保险的保额达到了其承担责任的最低限额,那么该运营人无须再提供其他国家认可的财务保证,反之亦然。但就实际运行而言,核运营人基本上都是按照其责任限额足额投保了第三方核责任险。因为对于具有较高利润回报的运营人来说,仅仅千分之几的保费并不在话下。另外,《1960 年巴黎公约》还规定"在运输期间,不得中断或取消提供的保险费或其他财政保证金",从而确保在途运输中核责任持续投保。这笔保费或其他保证金具有专属性,仅能用于赔偿核事件造成的损害,且不包括核物质的损害。2004 年的《巴黎公约议定书》中又增加了两条内容,"(1)要求实行无限责任制的缔约国立法规定,其运营者应持有不低于该议定书所规定的责任限额的财务保证;(2)当运营人没有保险或其他财务保证,或其数额不足以支付赔偿要求时,缔约国应保证为核损害提供赔偿并达到该议定书规定的责任额"。这为实行无限责任的国家提供了指引。《布鲁塞尔补充公约》及其议定书仍秉持该原则不变。

5. 单一主管法院管辖原则

单一主管法院管辖,是指无论受害人居住地是否和核事故发生地适用同一司法管辖权,均由指定的唯一一家主管法院管辖。① 核损害是指通过核辐射对人体、财产或环境造成的损害,然而辐射会随着环境要素,如大气、水等介质跨域传播,因此,核损害的发生地就不局限于一个地方。如果按照一般管辖原理,核损害发生地均有管辖权。但多地法院具有管辖权时则可能造成在一起核事件中,赔偿标准不统一,赔偿程度不平衡等问题。在实行限额责任的前提下,核运营人或者国家能够提供的赔偿额度是固定的。只有由一个法院审理时才能最大限度地保证

---

① 参见陈建:《核损害赔偿责任制度研究》,法律出版社 2019 年版,第 101 页。

赔偿分配的公平性。《1960年巴黎公约》第13条规定，“除本条另有规定外，只有在其境内发生核事件的缔约国法院拥有审判权”，另有规定是指“当核事件发生在缔约国领土之外，或当核事件的地点不能确切地段定时，对该项诉讼的审判权属于应负责任的核装置国在其境内的缔约国法院”。当出现审判权属于一个以上缔约国的法院时，审判权的归属有特别规定“(一)核事件有一部分发生在任一缔约国的领土之外，有一部分发生在一个缔约国的领土之内，则审判权属于后一个国家的法院；(二)在其他任何情况下，根据有关缔约国的请求，由第17条所载之有关国际法院决定的同该事件有最密切关系的缔约国的法院进行审判”。总之，具有审判权的法院必须是缔约国的法院，非缔约国法院不享有审判权。2004年的《巴黎公约议定书》对司法管辖权作了一定补充，但仍保持单一主管法院管辖的原则不变，其规定“对于发生在缔约国专属经济区的核事件，只要该国事前已经将专属经济区通知公约保存人，则享有对此事件的管辖权；对专属经济区的划界有争议时，其管辖权将属于与核事件的后果关系最为密切的国家”。[①]《布鲁塞尔补充公约》及其议定书仍保持该原则。

(二)具体规则

1.适用范围

此处所指适用范围应作广义理解，不仅指公约适用的地理范围，还包括公约所调整的对象。一是公约适用的地理范围。《1960年巴黎公约》规定，“本公约不适用于非缔约国领土内发生的核事件，或者其境内受到的核损害。但是，承担责任的营运人的核设备在其领土内的缔约国的立法另有规定，以及第6条第五款中所载之有关权利，不在此限”。这一方面将适用的地理范围限定在缔约国领土内发生的核事件或遭受的核损害，另一方面又允许缔约国通过国内立法的方式将适用的地理范围扩大。因此，从适用的地理范围看，《1960年巴黎公约》具有地域性。2004年修订的《巴黎公约议定书》中，将适用的地理范围进行了扩大，即满足三项条件之一的，公约的适用范围可扩大到任何非缔约国领土或海域内、在该非缔约国注册的船只上或飞机上收到的核损害。这三项条件为：(1)该国为《1963年维

① 参见傅济熙：《核损害的民事责任与赔偿》，原子能出版社2003年版，第46页。

也纳公约》和《1988 年联合议定书》的缔约国;(2)该国领土或海域内没有核设施;(3)该国国内已生效的核责任立法为其他国家提供对等互惠利益,且该立法适用的法律原则与《1960 年巴黎公约》中的法律原则一致。在随后修订的《布鲁塞尔补充公约》中,其适用的地理范围修改为与《核损害补充赔偿公约》一致,即核损害发生在缔约方领土内,或在缔约方领海外的海区或海区上空,或在与勘探或开发专属经济区或大陆架自然资源有关的缔约方的专属经济区内或其上空或缔约方的大陆架上。二是公约调整的核损害的范围,即哪些核损害受公约的调整或根据公约哪些核损害可以依法获得赔偿。《1960 年巴黎公约》并不直接规定核损害的范围,而是在营运人责任重体现核损害的范围,即"任何人身伤害或死亡;由核装置中的核燃料、放射性产物或放射性废物引起的核事件造成的任何财产破坏或损失,或者是由来自该核装置的核物质引起的核事件造成的任何财产破坏或损失",但又有除外规定,即不包括"核装置本身,以及在核装置现场使用的或者拟使用的同该核装置有关的任何财产;在发生核事件时的装有核物质的运输工具"。关于除外损害,主要考虑公约是调整对第三方造成核损害的赔偿。而且,如果将除外的核损害纳入其中的话,将大大稀释对受害人的救济程度。2004 年的《巴黎公约议定书》通过直接规定核损害定义的方式来体现其范围,包括"生命丧失或人身伤害;财产损失或损害;受损坏的环境恢复措施费;由于环境的明显损坏引起的收入损失;预防措施费;因环境损坏造成的其他经济损失"。该核损害的定义与《1997 年维也纳公约》关于核损害的定义基本一致。

2. 在途责任

在途责任,是指核物质在两个核装置之间运输过程中发生核事故损害时的责任。这种责任与核装置发生核事件造成核损害时的责任有所差异,它涉及核物质运输前、运输中和运送到不同主体之间责任的转移。尽管适用唯一责任原则,但在途中涉及三个主体,因此还需针对在途责任进行细化。《1960 年巴黎公约》规定由核装置运营人承担唯一责任,但在运输的方向上作了区分。第一种是由核装置运出的运营人承担唯一责任的情形:"(一)是在另一核装置的营运人根据一项书面合同的明文规定,对涉及核物质的核事件承担责任之前;(二)如无这类明文规定时,是在另一核装置的营运人接管该核物质之前;或该反应堆的人接管该核物质之前;(三)在核物质打算用于作为运输工具的一部分的反应堆的情况下,在正式授权运行该反应堆的人接管该核物质之前；但是(四)在核物质已经运给非缔约国领土内的某个人时，是在该核物质到达该非缔约国领土而尚未从运输工具上卸下之前”。第二种是由运往核装置的运营人承担唯一责任的情形：“(一)是在根据一项书面合同的明文规定，他已自另一核装置的营运人手中接受对涉及这项核物质的核事件承担责任之后；(二)如无这类明文规定，是在他接管这项核物质之后；或(三)在他已从运行作为运输工具一部分的反应堆的人手中，接管这项核物质之后；但是，(四)在核装置的营运人书面同意下，已将核物质自非缔约国领土内的某个人那里送出时，只是在核物质已经装上了把它自该国领土运出的运输工具之后”。两种情形在时间节点上恰好相反。之后的2004年《巴黎公约议定书》对第二种情形作了补充，只有在接管核物质的运营人对该核物质有直接经济利益关系的情况下才被要求承担唯一责任。《布鲁塞尔补充公约》及其议定书仍保持该做法。

3. 共同责任/连带责任

共同责任或连带责任并不与唯一责任原则相互冲突，这涉及一起核事故由两个或两个以上核运营人承担责任的情形。《1960年巴黎公约》规定，“如果根据本公约损害要由两个以上核装置营运人负责，这些营运人应共同和分开来承担责任；但是，当核事件发生在运送核物质的过程中(不论其发生在同一运输工具上，或在因运送而加以贮存时发生在同一核装置中)，并造成牵涉到不止一个营运人的责任的核损害时，则这些营运人所负责任的最高金额为按照第7条为其中任何一人规定的最高额；同时就核事件而言，不得要求任何一个营运人支付多于第7条对其规定的数额”。对于非在途责任，最终受害人得到赔偿的金额为每一运营人最终承担责任之和。也就是说，有可能出现一起核事故的赔偿总额大于《1960年巴黎公约》第7条规定的最高责任额。然而，对于在途责任，最终受害人得到赔偿的总金额却不得超过《1960年巴黎公约》第7条规定的最高责任额。关于共同责任或连带责任的规定，《布鲁塞尔补充公约》及其议定书对其未作修改。

4. 缔约国公共基金的筹集

《1960年巴黎公约》仅制定了每次核事件造成损害时需要支付赔偿总额的最

高责任额,并未就赔偿事宜制定规则,而是将其交由缔约国国内立法来完成。[①] 但这并未形成阶梯式的赔偿机制,对此《布鲁塞尔补充公约》第3条提出了"三级赔偿机制",在第三级赔偿中涉及在介于7000万到1.2亿欧元的数额时,需要缔约国提供公共基金。基金的筹集采用结合国内生产总值(GNP)和反应堆热功率两个指标的方式来计算各个缔约国应支付的基金数额。基金的第一个50%,根据核事件发生的前一年,经合组织官方公布的每个缔约国现行国民生产总值及所有缔约国现行价格的国民生产总值的比率。基金的另一个50%,根据位于每个缔约国领土内反应堆的热功率和位于所有缔约国的领土内反应堆总热功率的比率。两个之总和即为基金数。在该公约的议定书中,作了两处修改,一是将原国民生产总值标准改为国内生产总值标准;二是修改了两部分基金所占的比例,将原国民生产总值和反应堆热功率5∶5的比例调整为3.5∶6.5,该调整有利于没有核工业的国家加入。

三、评价

(一)积极作用

1.《巴黎公约》体系为首创之核损害赔偿国际公约

随着核利用从军事领域向民用领域展开,核事业的发展已然是一种替代传统能源,推动传统能源革新的重要行业。但核事业的发展在给人类带来正外部效应的时候,其负外部效益也相伴而生。核事故发生的概率很低,但低概率的核事故一旦发生,则可能是具有人类灾难性的。而且这种灾难性不以人的意志为转移,核损害会借助环境要素呈现跨域性特征。因此,在肯定核事业正外部性的同时,还不能忽视其负外部性;在承认其灾难性的同时,还不能忽视其跨域性。是故,建立一个既有利于核事业发展,又保护核损害受害人的利益,还考虑核损害跨域性特征的法律文件实属必要。然而,举一国立法之力是难以实现前述目的的,还应将落脚点归于国际公约。欧洲经合组织在考虑到核事故特征的同时又兼顾和平

---

① 《1960年巴黎公约》第11条规定,在遵照本公约规定的条件下,赔偿的性质、形式和赔偿程度以及其公平分摊办法,都应由国家法律来规定。

核事业发展与保护受害人利益的前提下,率先制定了《1960年巴黎公约》。该公约成为《巴黎公约》体系的第一部重要公约,在核损害赔偿国际公约领域属首创之举。这一定程度上也启发了《维也纳公约》体系和《核损害补充赔偿工业》体系的建立,具有开先河之效。

2.《巴黎公约》体系促进核事业的发展和能源革新

核安全之问有二:一是核事故的预防,二是核损害的救济。前者更多地受限于核能技术的发展,而后者则需要制度的保障。此二者的解决才能真正推动和平利用核事业的健康发展。《巴黎公约》体系中的"责任限制""强制性财务保证"等原则和其他具体规则,有利于打消核事业投资者的"企业忧虑",体系中的"无过错责任""唯一责任"等原则和其他规则,有利于保护核损害受害人的利益。就制度层面而言,《巴黎公约》体系给了核事业投资人一个定心丸,同时也保护了核损害受害人。因此,该体系势必在促进核事业发展和能源革新上起到积极作用,例如,核事业发展最为发达的法国即为该公约体系的缔约国。

3.《巴黎公约》体系提出了若干创新性制度

欧洲经合组织的大多成员国的民法体系都比较完整和成熟,如德国。核损害赔偿系属侵权损害赔偿,如果沿用传统的民事侵权损害赔偿原理,则很难适应核事故损害的特征,如核事故损害具有跨域性、持续性、巨额性等特征。在传统的侵权原理之下,则可能会出现:核运营人因一次核事故造成资不抵债而破产,而且若干核损害受害人无法获得充分的赔偿;核损害受害人因难以举证核运营人存在主观过错而败诉;他国的核受害人难以获得赔偿等。鉴于核事故的特征和传统侵权损害赔偿难以适应,《巴黎公约》体系率先制定了若干创新性制度,而且沿用至今。例如,无过错责任原则解决了核受害人举证难的困扰;唯一责任原则平衡了核供应商与核运营人的利益;责任限制原则打消了核工业投资者的"企业忧虑";强制性财务保证原则既保障核运营人不会因一次核事故而破产,又可以对核受害人进行及时、有效且充分的赔偿;单一主管法院管辖原则有利于促进受害人获得公平的救济;公共基金的筹集有利于扩大赔偿资金的来源,增强核损害赔偿的力度,使核受害人获得更加充分的赔偿。这些创新性制度不仅造就了《巴黎公约》体系的领先性,而且为后来《维也纳公约》体系和《核损害补充赔偿公约》体系所沿用,同时还为其他国家的国内立法提供了借鉴。

(二)不足之处

1.区域限制性强

区域性是《巴黎公约》体系的一大特征。单纯评价该公约的区域性是难以作出好坏之分的,但如果站在非欧洲经合组织成员国和核事故的受害人角度看,本书认为该公约体系的存在区域限制性太强的不足。

首先,站在非欧洲经合组织成员国的立场,尽管《巴黎公约》体系的建立看到了核事故的跨域性,需要在国家之间建立国际性的条约。但该公约仅对欧洲经合组织的成员国开放,非成员国不能成为该公约的缔约国。在《1960 年巴黎公约》第21 条第 1 款提到,凡不是本公约签约国的任何成员国政府均可向组织的秘书长发出通知,参加该公约。对此,有意愿加入该公约体系的非经合组织成员国的国家均被拒之门外。而且,对于该公约的补充公约《布鲁塞尔补充公约》也规定,只有《1960 年巴黎公约》的缔约国,才能成为或继续成为本公约的缔约国。因此,对于不赞同或不愿加入《1960 年巴黎公约》,但愿意加入《布鲁塞尔补充公约》的国家也无法加入其中。故而,可以说《巴黎公约》体系具有明显的封闭性,区域限制非常强。

其次,站在核事故受害人的角度。《巴黎公约》体系适用的地理范围,从形式上体现为扩张性。从《1960 年巴黎公约》制定之初的“本公约不适用于非缔约国领土内发生的核事件,或者其境内受到的核损害”,2004 年修订的《巴黎公约》议定书将适用的地理范围进行了扩大。但适用范围的扩大又桎梏于多项限制条件。2004 年修订的《巴黎公约》议定书规定,需要满足三项条件之一时才可扩大适用范围:(1)该国为《1963 年维也纳公约》和《1988 年联合议定书》的缔约国;(2)该国领土或海域内没有核设施;(3)该国国内已生效的核责任立法为其他国家提供对等互惠利益,且该立法适用的法律原则与《1960 年巴黎公约》中的法律原则一致。在随后修订的《布鲁塞尔补充公约》中,其适用的地理范围修改为与《核损害补充赔偿公约》一致,即核损害发生在缔约方领土内,或在缔约方领海外的海区或海区上空,或在与勘探或开发专属经济区或大陆架自然资源有关的缔约方的专属经济区内或其上空或缔约方的大陆架上。然而不满足这三项条件之一的国家还很多。那些既不是公约的缔约国,又不满足这三条件之一的国家的核受害人,则难以获得国际法上的救济。因此,从保护受害人的角度而言,公约的限制性过强不利于受害人的保护。

2. 事发触动、事后筹集的公共基金筹集机制不利于核损害救济的及时性

《巴黎公约》体系规定的公共基金包括两类:一类是核装置国国内筹集的资金,另一类是缔约国筹集的资金。本书仅指第二类,即缔约国筹集的资金。该公约体系中,由《布鲁塞尔补充公约》明确规定了"三级赔偿机制",第三级赔偿中的公共基金由缔约国筹集。第三级赔偿基金在满足一定条件时才进行筹集,即"要求其法庭拥有审判权的缔约国在核事件所造成的损害将会超过或可能超过7000万计算单位时,立即就核事件及其情况通知其他缔约国。这些缔约国应毫不延误地作出所有必要的安排"。简言之,缔约国筹集的公共基金系属事发触动,事后筹集。而且,这种事发触动还要求在进入司法程序且经过一定评估后才可能触动。然而,核损害赔偿并非在核事故发生后且进入司法程序时才会存在。其实核损害赔偿存在阶段化的特征,包括事故预警阶段、事故阶段和事故后阶段。① 在这3个阶段都陆续会产生赔偿事宜。公约体系规定的事发触动、事后筹集的方式实质是一种滞后救济,而这种滞后救济难以适应核损害救济及时性的要求。

3. 预防措施的事后批准不合理

《巴黎公约》体系使缔约方认识到核损害定义在公约中存在的重要性,故在2004年修订《1960年巴黎公约》议定书时增加了对核损害的定义,其中一个即为"预防措施"。议定书将"预防措施"定义为核事件或造成核损害的严重和紧急威胁的事件发生后,经采取措施的国家的法律所要求的主管部门批准,任何人员为了防止或最大限度地减小损害而采取的任何合理措施。从定义可知,任何人员采取合理措施防止或减小损害的措施的合理性判断,需要有关主管部门批准,否则将不会纳入核损害的范围。进一步讲,这些采取防止或减小损害措施的人员将可能得不到赔偿。在这种事后批准的模式下,作为市场主体的理性经济人将很难积极参与到防止或减小核损害的队伍中去。然而,核事故的发生与否或者损害的大小,在一定情况下预防措施的施用将会对其产生决定性的作用。因此,采取预防

① 陈建:《我国核损害赔偿责任制度缺陷及立法建构》,载《大连理工大学学报(社会科学版)》2019年第3期。

措施还需批准的方式不合理,这难以应对防止和减少核事故的紧迫性、及时性。

4. 重事后赔偿,轻事中赔偿

从公约体系的安排来看,对遭受核损害的受害人的救济是通过司法程序完成的,如大篇幅地对诉讼时效、司法管辖和判决执行等司法问题进行阐释。而对于其他救济方式或途径,公约体系只字未提。然而,司法救济是被动的救济方式。只有当受害人启动诉讼时,司法程序才开始。反之,受害人不提起诉讼,司法程序则不会能动的展开。从这种滞后的时候救济方式可以看出,公约体系坚持的是一种重事后赔偿,轻事中赔偿的态度。如前所述,核损害赔偿具有阶段性特征,在不同阶段均有可能产生赔偿活动。在前两个阶段的核损害赔偿对于防止和损害的扩大,减小核损害的损失具有不可估量的价值。遗憾的是,公约倾向于事后赔偿,忽视了事中赔偿。

5. 损害赔偿限额过低、未体现动态性

从《1960 年巴黎公约》到 2004 年的《巴黎公约议定书》,公约体系先后对一次核事故中核营运人的赔偿限额进行了调整。但从 2004 年至今,公约体系对此限额未作任何调整。这也是学者们经常批判的一个问题,即核损害赔偿限额与经济发展不匹配,核损害赔偿限额过低。此问题源于公约体系并未规定限额标准的动态管理机制。一旦发生核事故,将可能出现由于限额过低导致受害人难以获得充分赔偿的情况。

(三) 应对

在民用核侵权损害赔偿的国际立法领域,《巴黎公约》体系具有开先河的作用。该体系创新性地提出了若干基本原则和规则,被其他国际公约和国家国内立法所沿用,但公约体系中存在诸多不足之处仍需改进。

由于该公约体系具有非常强的区域限制性,如果要加入该公约,或者受害人在核事故中想获得公共基金的赔偿,要么先加入欧洲经合组织,然后申请加入该公约,要么满足签署规定的三个条件之一。但从国际社会的反应观之,该公约体系的缔约国不但没有增加,反而在《布鲁塞尔补充公约》制定时,有部分国家并未加入。其他非欧洲地域范围内的国家由于客观地理条件限制,也并不会选择加入该公约体系。区域限制性阻碍了其他试图加入《核损害赔偿国际公约》的国家,进而在全球范围内难以形成一个应对核事故损害的全球性集合体。这在一定程度上推动了国际社会反思是否有必要再新建立一个具有全球性的核损害赔偿国际公约。在这种反思下,具有全球性的核损害赔偿公约——《维也纳公约》诞生。

在《巴黎公约》体系中规定了若干需要由缔约国国内法细化的地方,如在适用范围上,《1960 年巴黎公约》规定承担责任的运营人的核设备在其领土内的缔约国的立法另有规定,不在此限;任何缔约国有权用法令规定设置在其领土内的核装置的运营人的责任。这在一定程度上促进了公约的缔约国开展国内立法,出现了国内核能领域的立法高潮。

第二节　《维也纳公约》体系

一、背景

《1960 年巴黎公约》在地理适用范围上呈现区域限制性强的特征,该公约仅对欧洲经合组织的成员国开放,非成员国不能成为该公约的缔约国。然而随着民用核技术的快速发展,世界多国已经意识到核能为一种可替代其他能源的高效能源。核能的开发利用已不再专属于欧洲地区,美洲、亚洲等其他洲的国家也开始发展核事业。核事业在全球范围内开展,意味着核事故的发生可能是全球性的。核事业的健康发展能够解决能源危机问题,但其存在一个前提,即核安全。核安全的保障一方面依赖于技术,另一方面还不能忽视对核事故损害的救济。对于后者,国际原子能机构与欧洲经合组织一样,也认识到核损害民事责任的重要性,有必要制定全球性的国际公约来调整核损害赔偿法律关系,保护核受害人。因此,1963 年 5 月 21 日,在国际原子能机构的主持下签订了《关于核损害民事责任的维也纳公约》,由于签订地在维也纳,故又简称为《1963 年维也纳公约》。该公约于 1977 年 11 月 12 日生效。

该公约的制定参考了《1960 年巴黎公约》的内容,也认识到《1960 年巴黎公约》区域限制性强的缺陷。该公约开篇提出立约之目的:“各缔约国认识到有必要制定一些最低标准,以对某些和平利用核能所造成的损害,提供财政上的保证。确信关于核损害的民事责任的公约也将有助于发展国与国的友好关系,不论这些国家的宪法和社会制度有何不同。决定为上述目的缔约此公约。”

为对扩大适用范围、增加核装置运营者的责任金额以及保证充分、合理赔偿的加强措施作出规定,1997 年 9 月 12 日,《关于核损害民事责任的维也纳公约》进行了第二次修订,形成了《〈关于核损害民事责任的维也纳公约〉的议定书》,即《1997 年维也纳议定书》。于 2003 年 10 月才正式生效。

二、主要内容

(一)基本原则

《维也纳公约》体系也秉持了《巴黎公约》体系的基本原则,仍然可以归纳为前述 5 个基本原则:无过错责任原则、唯一责任原则、责任限制原则、强制财务保证原则、单一主管法院管辖原则。而且两大公约体系基本原则内容的表达上基本一致。

1. 无过错责任原则

在核损害赔偿侵权责任的归责上,《维也纳公约》采取无过错责任原则。在《1963 年维也纳公约》第 4 条第 1 款即规定运营者对核损害的责任是绝对的。对此,核受害人在举证证明运营者侵权责任的构成上,无需再证明其主观过错与否。但运营者可以在以下两种情况下免责:第一种,如果运营者证明核损害完全或部分地是由于受到损害的人的重大疏忽,或者由于此人蓄意造成损害的行为或失职所产生,如果主管法院的法律有此规定,它可以全部或部分地免除运营者对此人所受损害给予赔偿的义务。第二种,运营者对直接由武装冲突、敌对行为、内战或暴乱等行为引起的核事件所造成的核损害一律不负任何责任。第三种,运营者对特大自然灾害直接引起的核事件所造成的核损害不负任何责任,除非装置国的法律有相反的规定。《1977 年维也纳议定书》保留了无过错责任原则的规定,但删除了前述第三种可以免责的情形。

2. 唯一责任原则

《1963 年维也纳公约》采用列举加兜底的方式阐释了运营者是核损害的唯一责任人。该公约第 2 条第 1 款至第 4 款列举了运营者承担责任的情形,第 5 款则规定“除本公约另有规定外,运营者以外的任何人员对核损害一律不承担责任”。而该公约的“另有规定”是指公约的第 10 条“运营者只有在下列情况下才有追索偿还的权利:如果书面合同上有明文规定;或者如果核事件是由于蓄意造成损害的行为或失职所产生,则对有此行为或失职的个人有追索偿还的权利”。《1977 年维也纳议定书》坚持了运营者为一次核事故的唯一责任人,同时保留了运营者追索权的两种情形。

3. 责任限制原则

责任限制原则也包括两个方面,即限额和诉讼时效。对于限额问题,虽然《1960 年巴黎公约》也规定了责任限额,但其规定的是赔偿的上限。而《1963 年维也纳公约》规定的是赔偿的下限。从救济的角度看,更有利于保护受害人的利益。该公约规定运营者对每一核事件的赔偿可以由装置国限制为不得少于500 万美元(不包括法院在核损害赔偿诉讼中判定的任何利息或费用)。这在很大程度上授予缔约国通过制定国内法的方式来调节赔偿限额的权利。也为那些采用无限责任制的国家,如日本、瑞士、德国,提供了加入的便利,即设置底限赔偿额,上限不固定。《1997 年维也纳议定书》继续保留了最低限额的设置,但对最低限额作了大幅度调整。该议定书除了提高限额外,还对不同情况作了灵活处理。首先,关于提限方面,运营者对任一核事件的责任可由装置过限定为:(1)不少于 3 亿特别提款权;(2)不少于 1.5 亿特别提款权,条件是在超过此数额到高至至少 3 亿特别提款权之间的数额,应由装置过提供公共资金赔偿核损害;(3)对于从本议定书生效之日起最多为 15 年这一期间内发生的核事件,不少于 1 亿特别提款权的过渡数额。可规定少于 1 亿特别提款权,条件是装置国提供公共资金来赔偿较少数额与 1 亿特别提款权之间的核损害。其次,分情况灵活处置。考虑到所涉核装置或核物质的性质以及由此发生的事件的可能后果,装置国可规定一个较低的运营者责任数额,但在任何情况下,所规定的数额均不得少于500 万特别提款权,同时装置国要确保提供最高达 3 亿特别提款权的公共资金。这为利用低风险或低功率核装置或核物质的那部分运营者降低了财务成本,使这部分资金敢于投入到核领域中。关于诉讼时效问题,《1963 年维也纳公约》规定的客观诉讼时效为 10 年,如果在核事件发生后 10 年内不提出诉讼,该公约规定的要求赔偿的权利即告丧失),但对于因所涉及的核材料在核事件发生时系遭偷窃、丢失、丢弃或抛弃时,客观诉讼时效则放宽至20年(从核事件发生之日算起)。该公约还规定了不少于3年的主观诉讼时效(自遭受核损害者了解到或本来就应当了解到这次核损害和运营者对核损害负有责任之日算起)。《1997年维也纳议定书》对诉讼时效作了重大修改。一方面,就生命丧失和人身伤害而言,核事件发生之日起30年,要求赔偿的权利即告丧失;另一方面,删除关于"因所涉及的核材料在核事件发生时系遭偷窃、丢失、丢弃或抛弃时"的客观诉讼时效规定。其他损害的诉讼时效仍保持10年不变。同时还将原来的主观诉讼时效从不少于3年确定为3年。①

4.强制财务保证原则

《维也纳公约》体系中关于运营者的财务保证也具有强制性特征。该公约第7条要求:"运营者必须按照装置国所规定的数目、类别和条件保存保险费或其他财政保证金,以抵偿其对核损害所负的责任"。《1997年维也纳议定书》继续保留强制财务保证的规定,但又补充规定了"在保险或其他财政保证资金不能充分满足索赔时,装置国应提供必要的资金确保支付在已确定的核损害方面向运营者索赔",这个规定的前提是不超过3亿元的限额。以此类推,对于低风险的核装置或核物质所提供的财务保证,如果发生运营者提供的那部分财务保证不足以支付限额内的赔偿时,装置国要在限额内予以补充。虽然在形式上与《巴黎公约》体系中的"三级赔偿机制"不同,但实质上是相同的,即国家提供公共资金予以兜底。

5.单一主管法院管辖原则

《1963年维也纳公约》作了原则性规定:"除本条另有规定外,只有在其境内发生核事件的缔约国法院拥有诉讼的审判权"。"另有规定"是指"当核事件发生在任何缔约国领土之外,或当核事件的地点不能确定时,对该项诉讼的审判权属于应负责任的运营者所属装置国的法院。当审判权属于一个以上缔约国法院时,如果核事件有一部分发生在任一缔约国领土之外,有一部分发生在一个缔约国领土之内,则审判权属于后一个国家的法院;如果在其他任何情况下,审判权属于主管法院的各个缔约国之间的协定所确定的某一缔约国法院"。总之,审判权属于

① 《1997年维也纳议定书》第6条第3款规定,如果自遭受损害人员了解到或本应了解该损害负有责任的运营者之日起3年内未提出诉讼,依据该公约要求赔偿的权利应服从主观法院法律规定的时效或时效的消灭。

某一缔约国的某一法院享有。《1997年维也纳议定书》对法院管辖的规定作了加项,即增加了"当核事件发生在一缔约方专属经济区区域内,或如果尚未建立此种专属经济区,倘若建立此种经济区,在不超出该界限的区域内,对于与该核事件造成的损害有关诉讼的管辖权,为了本公约的目的应只属于该缔约方法院"。另外对于有一个以上法院都有管辖权时,还兜底性地提出"若干法院有管辖权的缔约方应确保这些法院中只有一个队任一核事件具有管辖权"。

(二)具体规则

除基本原则外,《维也纳公约》体系的具体规则与《巴黎公约》体系有极为相似、甚至相同的地方。

1. 适用范围

首先,关于适用的地理范围。在《1963年维也纳公约》中并没有具体规定公约适用的地理范围。但从司法管辖权的规定来看,核事件部分发生在缔约国领土之外,部分发生在缔约国领土之内时,审判权属于缔约国法院。既然如此,则审判过程中将必然会适用该公约的内容。是故,可以研判,该公约的适用范围不是以缔约国的范围来确定的,而是以是否发生与缔约国有关联的核事件来判定的。这个研判在《1997年维也纳议定书》中得到了验证。该议定书第1A条明确规定,本公约适用于任何地方所遭受的核损害。但授予缔约国排除权,即"装置国的立法可从本公约适用中排除(a)在非缔约国的领土内;(b)在非缔约国按照国际海洋法建立的任何海区内"。其次,关于所调整的核损害范围。《1963年维也纳公约》关于"核损害"的定义可以将核损害的范围总结为两类直接损失:(1)丧失生命、任何人身损害或对财产的损失破坏;(2)主管法院的法律规定范围之内的任何其他损失或破坏。《1997年维也纳议定书》除保留原两类损失外,还将核损害扩大至间接损失,包括:(1)因生命丧失、人身伤害、财产损失损害引起的经济损失;(2)环境恢复措施费;(3)因环境明显损坏引起的收入损失;(4)预防措施费以及由此类措施引起的进一步损失或损害;(5)环境损坏所造成的损失以外的任何其他经济损失。

2. 在途责任

《维也纳公约》体系与《巴黎公约》体系一样,都对运输的方向上作了区分,以不同的运输方向来确定运出和运入核物质的核装置运营人的责任。从《1960年巴黎公约》和《1963 年维也纳公约》关于在途责任的具体规定来看,两公约的规定是一致的,且在《1997 年维也纳公约》中予以保留,可参阅本书前述相关内容,在此不赘述。

3. 共同责任

《维也纳公约》体系规定,当核损害是由该公约所涵盖的核事件和由该公约所未涵盖的电离辐射发射共同造成的情况时,本公约中的任何规定都不得限制或影响在电离辐射发射方面可能负有责任的任何人员对受到核损害的任何人员的责任或被追索或承担共同过失的责任。

4. 赔偿顺序和限额修订

《1997 年维也纳公约》增加了核损害赔偿的顺序规定和限额的动态管理规定。在赔偿的顺序上,如果需赔偿的损害总额超过或可能超过运营者对于任一核事件的提供的最大赔偿数额时(该公约第 V 条第 1 款),赔偿应优先分配给关于生命丧失或人身伤害的索赔。在限额的管理上,公约实行动态管理。如果 1/2 的缔约方表示希望修正责任限额的,国际原子能机构总干事应召集缔约方会议进行此种修正,且修正案应由出席会议并参加表决的缔约方的 2/3 多数通过,但表决时至少应有 1/2 的缔约方出席。

三、评价

(一)积极作用

1.《维也纳公约》体系首开全球性的核损害赔偿公约先例

虽然《巴黎公约》体系也系属国际公约,但由于其区域限制性强,因此全球性的特征不能体现出来。然而,《维也纳公约》体系具有全球性特征,该特征主要体现在两个方面:一是公约适用的地理范围;二是加入公约的主体范围。首先,关于公约适用的地理范围。《1997 年维也纳公约议定书》直接规定该公约适用于任何地方所遭受的核损害。"任何地方"即全球之意。其次,关于加入公约的主体范围。《维也纳公约》第 21 条和第 24 条第 1 款均有体现。第 21 条规定,本公约应对派有代表参加 1963 年 4 月 29 日至 5 月 19 日在维也纳举行的关于核损害的民事责任的国际大会的各国开放签字,即只要派有代表参加该国际大会的国家,都有权签字加入该公约,而无须其他条件。第 24 条第 1 款规定,没有派代表参加 1963 年 4 月 29 日至 5 月 19 日在维也纳举行的关于核损害的民事责任的国际大会的联合国所有会员国,或任何专门机构或国际原子能机构的所有会员国,都可以加入本公约。就目前来看,除了巴勒斯坦和梵蒂冈还未加入联合国外,世界上 195 个主权国家中,有 193 个国家加入了联合国。因此,加入该公约对加入主体的条件几乎没有作限定,处于宽进状态。相较《巴黎公约》体系而言,《维也纳公约》体系创下了全球性的核损害赔偿公约先河。

2. 赔偿限额的动态管理符合立约之意

公约开篇即提出"认识到有必要制定一些最低标准,以对某些和平利用核能所造成的损害,提供财政上的保证"。然而,就赔偿的限额而言,公约在讨论、制定、通过、批准之时仅代表了当时的经济发展水平,随着经济的发展,再加上货币通货膨胀或紧缩等因素,赔偿限额应当随之变化。只有动态的限额标准才具有时效性,才能最终实现公约的立约之意,即给核受害人提供财政上的保证。值得欣喜的是,《维也纳公约》的缔约国和国际原子能机构意识到了赔偿限额动态管理的必要性,从而在《1997 年维也纳公约议定书》中增加了对赔偿限额动态管理的规定。然而这种动态化管理的机制在《巴黎公约》体系中自始至终未被重视。

3. 秉承了《巴黎公约》体系中优良制度,防止两大公约体系冲突

从《巴黎公约》体系和《维也纳公约》体系的订立时间来看,前者从 1960 年开始订立,后者从 1963 年开始订立。两者前后相差仅仅 3 年时间,之后均处于共存状态。然而,两大公约的立约目的均是既要促进因和平目的发挥发展核能的核事业,又要对因核事业发展造成的核损害提供财务保证。《巴黎公约》体系给《维也纳公约》体系的建立提供了诸多优良制度借鉴,如无过错责任原则、唯一责任原则、责任限制原则、强制财务保证原则、单一主管法院管辖原则、较长诉讼时效规则等。从两大公约体系的内容看,《维也纳公约》体系毫不保留地秉承并优化了《巴黎公约》体系中的优良制度。从这点可以看出,在面对和平利用核能的核事业造成的核损害赔偿方面,赔偿制度应当是共性大于差异的。这在较大程度上化解了两大公约体系的冲突,从而促使两大公约体系能够共存。另外,这还有利于那些既加入了《巴黎公约》体系,又加入了《维也纳公约》体系的国家在选择公约适用

问题上的矛盾。

除此之外,《维也纳公约》体系也同《巴黎公约》体系一样,能够有效促进核事业的发展和能源革新的同时,使核受害人能够获得充分、及时和有效的赔偿。

(二)不足之处

1.规定下限而无上限的赔偿限额,加重了核营运人的负担

由于核损害赔偿民事责任制度采用了无过错责任归责原则、唯一责任原则,为了减轻核事业投资人的负担(或减少"企业忧虑"),同时也鼓励有相关资本进入核事业的开发中去。因此,采取责任限制原则有利于平衡核营运人与核受害人之间的权益。这既看到了核事业带来正外部性的积极作用,又看到其带来负外部性的消极影响。然而,《维也纳公约》体系建立起来的责任限制原则似乎有突破责任限制原则本意之嫌。无论是《1963 年维也纳公约》还是《1997 年维也纳公约议定书》,在制定核营运人赔偿限额时,均采用的是"不低于"一词。也就是说,限额限制的是下限而不是上限。如果缔约国国内法全盘采用这种立法模式,则必然增加核营运人的负担。这样的结果使核营运人承担无限责任。当然,也不否认国内法在这个下限之上设定一个赔偿额来将不确定性问题固定下来。

笔者认为,该公约体系之所以会选择这种规定,是基于以下几个原因:第一,吸引那些采用无限责任的国家加入该公约。在有核事业发展的国家基本都制定了本国的核损害赔偿立法。如前所述,国内立法可以将不确定性固定下来,因此,对于那些采用有限责任的国家而言,加入该公约体系是无障碍的。然而,有些国家(如德国、日本等国)采用的是核营运人承担无限责任的原则。为了既方便适用有限责任的国家加入,又不阻碍采用无限责任的国家加入,选择只规定下限的方法有利于增加公约加入国的体量。第二,强化核营运人安全管理义务。核损害赔偿责任制度属于救济层面,核运营属于管理层面,公约增加核营运人的负担可以强化其安全管理方面更加小心谨慎,从而减少甚至杜绝核事故发生。第三,保护核受害人获得充分、及时和有效的赔偿。限额越高,作为理性经济人的核营运人为了降低风险成本,必然热衷于寻求第三者责任险或其他财务保证来减少成本。一旦发生核事故赔偿时,在核营运人提供的财务保证越高,核受害人获得的赔偿才更加充分、及时和有效。但总体来说,公约要实现对核营运人的责任限制,还需

要国内立法来完成。因此，公约一方面体现了责任限制，一方面又涵盖了无限责任的意蕴。在后者情况下，核营运人负担加重是必然的结果。然而，从日本福岛核事故赔偿的过程来看，尽管日本采取的是无限责任，但东京电力公司资不抵债的客观情况，赔偿责任最终还是落到了日本政府头上。因此，基于对核事业和核受害人之间权益的平衡考虑，本文更加倾向于采用“不高于”或直接规定确数的赔偿额更加科学。

2. 未体现缔约国之间的互助性

如果将人类社会看作一个整体，那么在面临核事故上问题上，应当是我们全人类要解决的问题。毕竟核事业的发展在优化人类能源结构，改善生存生活环境等方面的正外部性突出。本书认为，订立核损害民事责任国际公约的目的还有一个，即体现缔约国之间的互助性。关于互助性，《巴黎公约》体系体现得淋漓尽致。该公约体系中的《布鲁塞尔公约》规定了“三级赔偿机制”，其中最后一级则是缔约国之间筹集公共资金来共同应对核事故损害赔偿。遗憾的是《维也纳公约》体系经过修订后仍未形成缔约国之间的互助，而是只规定一定赔偿额度内核营运人的责任和核装置国家的赔偿责任，即营运人和核装置国共同负担赔偿。[①] 对于超过核营运人和核装置国赔偿额之外的损害，缔约国并不予以帮助。从保护受害人的利益来说，极为不利。

3. 赔偿限额修订与否的主观性太强

《维也纳公约》体系规定了赔偿限额的动态管理机制，实属进步，但限额的修订却取决于缔约国提出修正意愿与否。只有缔约国达到一定数量，提出时才可启动修正程序。试想，如果缔约国不提出，则限额标准始终不变。这必然不利于保护核受害人。前文已述，限额应随着世界经济水平的提高而改变。从《巴黎公约》体系的几次限额修订结果和《1997 年维也纳公约议定书》的修订结果来看，均反映出“认为需要制定一个最低赔偿标准”的“标准”取决于经济发展水平。然而经济发展水平具有动态性，如何将经济发展水平与限额的动态管理衔接在一起，本书认为，可以规定一个限额标准的使用和修正周期，如“本赔偿限额每 5 年修正一次”。

---

① 参见圣国龙：《关于核损害的民事责任条款的探究》，载《中国科技信息》2006 年第 13 期。

4.《维也纳公约》体系还缺乏对《巴黎公约》体系与《维也纳公约》体系之间适用上的选择作出回应

对于既加入了该公约体系又加入了《巴黎公约》体系的国家来说，发生核事故损害赔偿时是适用该公约的规定还是适用《巴黎公约》体系的规定，存在如何选择的问题。该公约体系只规定了任何人员在其依据另一关于核能领域民事责任的国际公约已得到有关同一核损害的赔偿的情况下，无权依据该公约得到赔偿。但对于没有得到赔偿，或还处于审理阶段的法律适用问题，未作正面回应。

此外，《维也纳公约》体系仍然存在重事后赔偿、轻事中赔偿、赔偿限额过低等问题。

（三）应对

尽管《维也纳公约》体系规定的内容与《巴黎公约》体系规定的内容基本相同，但不可否认的是《巴黎公约》体系的缔约方不是《维也纳公约》体系的缔约方，反之亦然。两项公约体系的缔约国之间缺乏条约关系，造成了特别是与该制度的地理范围有关的问题，因为在非缔约国领土上遭受的损害不一定要根据两项公约予以赔偿。[①] 因此，国际原子能机构倡导的《维也纳公约》体系在形式上看是一个全球性的国际公约，但在实质上却很难实现。因为如前所述，《巴黎公约》体系的缔约方不是《维也纳公约》体系的缔约方，反之亦然。所以，要真正实现《维也纳公约》体系全球性公约的目的，还需两公约体系的缔约国之间另行签订双边或多边协定，或者《巴黎公约》体系的缔约国重新加入《维也纳公约》体系，但这实际上是难以实现的。为了应对和解决这种尴尬局面，国际原子能机构试图在两大公约体系之上订立一个能够将两者联合起来的公约。在 1988 年 9 月 21 日，由原子能机构主持并通过的《关于适用〈维也纳公约〉和〈巴黎公约〉的联合议定书》诞生了。该议定书于 1992 年 4 月 27 日生效。从议定书的内容来看，其主要是消除因将两个公约同时适用于同一核事件而可能引起的冲突。但实际上具有一石二鸟的作用，

---

① 参见国际原子能机构网站，https://www.iaea.org/topics/nuclear-liability-conventions/joint-protocol-relating-to-application-of-vienna-convention-and-paris-convention，最后访问日期：2020 年 1 月 2 日。

即建立《维也纳公约》缔约方与《巴黎公约》缔约方之间的条约关系。因此,笔者认为原子能机构牵头制定和通过该议定书与其说是为了解决两公约的冲突,不如说是试图在两公约体系的缔约国之间建立条约关系。

《维也纳公约》体系中规定了公约内容在解释和适用时发生争端的处理机制,但这个处理机制交给争端方的选择权很大,这必然导致公约的实施存在较大的时间成本。该公约规定,如果本条第 1 款①所述这种性质的争端根据本条第 1 款从提出磋商起 6 个月内未能解决,应此争端任何一方要求,应将争端提交仲裁或提交国际法院裁决。争端提交仲裁时,如果在提出要求之日起 6 个月内争端各方未能就仲裁的组织取得一致意见,争端一方可要求国际法院院长或联合国秘书长指定一名或一名以上仲裁员。当争端各方的要求有矛盾时,应把对联合国秘书长的要求放在优先地位。同时又规定缔约国可以对这款声明保留。② 如果这样,一旦缔约国在加入该公约时提出了保留的声明,那么这个较柔性的解决机制就不复存在了。这种后果则是同一核事故中的损害可能发生多个裁判结果,即同案不同判。这继而影响到的即是案件的执行很难落地,最终使核受害人的权益难以得到保障。为解决此问题,国际原子能机构于 1963 年 5 月 21 日主持并通过了《关于强制解决〈维也纳公约〉争端的任择议定书》。该公约的实际生效日期为 1999 年 5 月 13 日。该议定书规定,争端各方可在一方通知另一方其关于存在争端的意见后两个月内商定不求助于国际法院而求助于仲裁庭。超过上述期限,任何一方可通过申请将争端提交国际法院。这种冲突解决机制降低了争端各方选择的权利,增强了争端解决的强制性。尽管该议定书对所有可能成为该公约缔约国的国家签署,但从国际原子能机构公布的该议定书的加入情况来看,只有菲律宾和乌拉圭是该议定书的缔约国。因此可以看出,公约体系的缔约国在争端处理方面仍希望采取较柔性的处理方式,但这种柔性的处理耗费的时间成本较大,最终承担不利结果的群体还是核受害人。

---

① 第 1 款是:缔约方之间就本公约的解释和适用发生争端时,争端各方应进行磋商,以便通过谈判或它们可接受的解决争端的其他任何和平方法解决争端。

② 原文规定:一个国家在批准、接受、核准或加入本公约时,可声明不受本条第 2 款规定的一种或两种争端解决程序的约束。对于此类声明对其有效的缔约方,其他缔约方不受本条第 2 款规定的争端解决程序的约束。

由于《维也纳公约》体系并未发挥缔约国之间的互助作用,而是旨在通过制定一些最低标准,以针对和平利用核能所造成的损害提供财务保证,以协调缔约方的国内法。因此,该公约体系目的的实现必然受制于或者止于缔约国的国内法。从对公约的分析可看出,对核损害提供的财务保证限于核设施营运人和核装置国。因此,缺乏缔约国之间的互助必然增加缔约国及其核设施营运人的负担。然而,缔约国加入这类核损害民事责任的国际公约的期盼就是希望将核损害赔偿的责任延伸到国际社会。是故,在互助性上,相较于《巴黎公约》体系而言,《维也纳公约》体系具有一定的落后性。这也促使国际原子能机构反思并制定另一个能够兼具《巴黎公约》体系和《维也纳公约》体系优势的具有全球性的核损害民事公约,即助推了《核损害补充赔偿公约》的诞生。

第三节 《核损害补充赔偿公约》体系

一、背景

《核损害补充赔偿公约》体系中仅有一个公约,即《核损害补偿赔偿公约》(Convention on Supplementary Compensation for Nuclear Damage)。该公约由国际原子能机构主持制定,并于 1997 年 9 月 12 日在一次外交会议上通过。根据该公约“应在至少 5 个共拥有不低于 400000 核装机容量单位的国家交存了第 XVIII 条中所述的文书之日后第九十日生效”的要求,其最终生效延期至 2015 年 4 月 15 日。从制定到生效时隔近 18 年之久,这不得不说是得益于日本福岛核事故的推动。

尽管在该公约制定之前就有了关于核损害民事责任的《巴黎公约》体系和《维也纳公约》体系,但由于这两大体系自身存在一定的问题,以及两公约体系之间难以弥补彼此的不足,从而推动了《核损害补充赔偿公约》的诞生。

首先,《巴黎公约》体系和《维也纳公约》体系更加注重缔约国之间关于核损害第三方责任的统一,而对于核损害的补充赔偿有欠关注。从《巴黎公约》和《维也纳公约》的全称可以推知,两大公约的侧重点均在于规范核损害第三方责任或者说是核营运人的核损害民事责任,并对适用于各国的关于造成核损害的责任和基本规则在缔约国中予以统一。它的实施效果其实是给缔约国国内立法划定一个最低标准性的底线。从具体内容上看,两公约包括核损害第三方责任中涉及的术语定义、适用范围、责任与豁免、运输中的责任、责任限额与财务保证、诉讼时效、连带责任和司法管辖与判决执行等。这些内容更多地体现为对核营运人责任承担与受害人寻求救济的制度设计,而欠缺缔约国对超出核营运人责任限额时的补充赔偿。然而,针对核损害带来巨大经济损失和人员伤亡的或然性面前,如何确保遭受核损害的受害人得到更加充分的赔偿才应当是立约的终极目的,简言之,需要更大的资金池。但遗憾的是两大公约对于缔约国层面上的核损害补充赔偿问题有欠关注。

其次,虽然《巴黎公约》体系意识到核损害补充赔偿的重要性,并在公约中予以规定,但是该公约体系的地域性特征使其他有意愿加入的国家望而却步。

《巴黎公约》曾于1963年、1982年和2004年以补充议定书的形式先后进行了3次修订。其实在1960年刚制定时,该公约并未意识到缔约国层面上的核损害补偿赔偿问题,而是在1963年的《布鲁塞尔公约》中予以补充,从而形成了"三级赔偿体制"。其中第三级赔偿就是缔约国层面的核损害补充赔偿,即"介于七千万和一亿二千万计算单位之间,按第12条规定的份额公式将由缔约国在公共基金中使之获得"。这里的公共基金即为缔约国层面的核损害补充赔偿金。但遗憾的是,《巴黎公约》的加入国被限定在欧洲经合组织的参加国范围内,该组织以外的国家不能加入。

再次,虽然《维也纳公约》体系体现了全球性的特征,可供所有国家签署,但该公约体系并未涵盖核损害的补充赔偿规定,缺乏缔约国之间的互助机制。《维也纳公约》曾于1997年进行了一次修订并沿用至今。该公约开篇提出"相信关于核损害的民事责任的公约也将有助于发展国与国之间的友好关系,不论这些国家的宪法和社会制度有何不同",这在一定程度上为世界各国加入该公约提供了契机,实行无门槛加入的原则。但是《维也纳公约》及其议定书均未对缔约国层面的核损害补充赔偿作规定。

最后,虽然出现了具有兼具全球性和注重核损害补充赔偿的《关于适用〈维也纳公约〉和〈巴黎公约〉的联合议定书》(以下简称《联合议定书》),但该议定书只向已签署、批准或加入该两大公约的国家开放签字。该议定书的出现是由于《维也纳公约》和《巴黎公约》实质上是类似的，而且当时没有一个国家同时是这两个公约的当事国，且任意公约当事国加入另一公约可能导致对同一起核事故同时适用两个公约而造成困难，因此希望通过相互扩大每个公约所规定的核损害民事责任具体制度的利益，在两公约之间建立联系并消除对同一起核事故同时适用两个公约而引起的冲突。由于《巴黎公约》规定了缔约国层面上的核损害补充赔偿条款，而《维也纳公约》则体现了全球性的特征，故而通过订立具有协调作用的《联合议定书》在形式上表现了兼具全球性和注重缔约国层面的核损害补充赔偿的特征。但遗憾的是，该《联合议定书》仅对原两公约的当事国开放签署，如果其他国家想要加入该议定书，则必须先加入两公约之一，然后才能加入该议定书。另外，在法律适用上，《联合议定书》规定，"对同一起核事故，应适用《维也纳公约》或《巴黎公约》，两者只能适用其一"。这又导致联合议定书在形式上虽然兼具了全球性和注重缔约国层面的核损害补偿，但实质上并不能兼得。因为联合议定书只是起到了类似冲突规范的作用。

是故，在两大公约体系下难以形成缔约国整体对抗、抵御核风险结果的抱团效果，难以实现对核损害中受害人更加充分的赔偿。因此，《核损害补充赔偿公约》是在克服《巴黎公约》《维也纳公约》以及两公约相关的议定书，难以独立地实现兼具全球性和注重缔约国层面上的核损害补充赔偿的背景下而建立的。该公约开篇指出，"缔约各方：认识到《关于核损害民事责任的维也纳公约》和《关于核能领域第三方责任的巴黎公约》以及符合这些公约原则的关于核损害赔偿的国家立法所规定的措施的重要性；希望建立一个补充和为加强这些措施的全世界范围的责任体制，以便提高核损害赔偿额；进一步认识到这样一个全世界范围的责任体制将能鼓励地区和全球合作，以便依照国际伙伴关系和团结的原则促进更高核安全水平"。

二、主要内容

（一）基本原则

《核损害补充赔偿公约》的基本要求主要体现在其附件当中，其作用是使不是

《巴黎公约》和《维也纳公约》缔约国的国家,甚至本国领土内没有核装置的国家都可以直接加入该公约创造条件。这类国家可以以“附件国”的身份加入该公约,但条件是“应确保其国家立法与这些条款相一致”。

1. 唯一责任原则

唯一责任原则,又称集中责任原则,是指在有复数责任主体的场合,法律只规定由其中之一承担赔偿责任,而其他责任人则不直接对受害人承担损害赔偿责任的制度。《核损害补充赔偿公约》第 3 条要求实行唯一责任原则,将核事件的责任全部归结于核营运人,其他任何人包括制造商或供应商等都不承担责任。但需要证明核损害是由下列核事件造成时,核装置的运营者才应当承担:“(a)在该核装置中发生;或(b)涉及来自或源于该核装置的核材料的,并且……涉及运往该核装置的核材料”。尽管如此,《核损害补充赔偿公约》还规定了核装置运营者在特殊情况下可以行使追索权,包括“(a)如果书面合同上有此项明文规定;或(b)如果核事件是由于蓄意造成损害的行为或不作为所引起,则对有此行为或不作为的个人有追索权”两种情况。

2. 绝对责任原则

绝对责任原则,又称严格责任原则,是指行为主体不论有无过失,均应对其行为所引起的损害后果负担赔偿责任。按照《核损害补充赔偿公约》的要求,只要核事件是由营运者的上述 3 种情况造成的,不论其主观上是否有过失,均应对核损害的责任是绝对的。因此,遭受核损害的受害人在举证时只需证明损害事实、损害行为以及两者之间具有因果关系 3 个要件即可得证。

3. 责任限制原则

限额责任是限制责任的一种形式,是指核装置营运人核装置国对一次核事件(包括一次核事件涉及同一运营者的几个核装置时)所造成的损害,只在规定的索赔期内承担规定限额的赔偿责任。《核损害补充赔偿公约》对责任数额进行了一般规定和特殊规定,第 4 条第 1 款的一般规定要求“装置国可将运营者对任何一次核事件的责任数额限定为:(a)不少于 300 百万提款权;或(b)不少于 150 百万提款权,条件是该国应提供此数额直到至少 300 百万提款权的赔偿核损害公共资金”。第 4 条第 2 款的特殊规定要求“装置国考虑到所涉核装置或核物质的性质以及由此发生的事件的可能后果,可规定一个较低的运营者责任数额,条件是在任何情况下所规定的任何数额都不得少于5百万提款权和装置国确保应提供最多至根据第1款确定数额的公共资金”。这些一般规定和特殊规定同样适用于第6条所涉及的核材料运输的情形。《核损害补充赔偿公约》将核装置营运者的最大责任数额的制定交给了该国的国内法律，而对确定核装置国能够提供的第一级赔偿额的则由《核损害补充赔偿公约》统一规定。总体来说，限额责任原则是对核营运人承担绝对责任的一种补充，也是对核营运人承担风险责任的合理分散，有利于消除投资者承担无限责任的忧虑和企业忧虑，促进核能和平利用事业的健康发展。

4. 强制财务保证原则

在核责任领域，财务保证主要是指核营运人（也可包括政府）提供一定限额的资金，专门用于对受害人进行及时、充分、有效救助的法律制度。针对核营运人提供的财务保证，《核损害补充赔偿公约》对缔约国的法律提出了“应要求运营者具有并保持保险或其他财政保证以涵盖装置国应规定的运营者对核损害的数额、类型和期限方面的责任”。针对核装置国提供的财务保证，《核损害补充赔偿公约》要求缔约国“在保险或其他财政保证出资不能充分满足索赔时，装置国应提供必要的资金确保支付已确定的要运营者对核损害赔偿的索赔，但不超过根据第4条所规定的限额”。另外，对于财务保证的形式除强制保险外，“任何承保人或其他财政担保人，在未至少提前两个月向政府主管部门提出中止或撤销根据第1款提供的保险或其他财政保证的书面通知的情况下，或者在保险或其他财政保证涉及核材料运输并处于此类材料运输期间时，不得中止或撤销此类保险或其他财政保证”。

5. 单一主管法院管辖原则

《核损害补充赔偿公约》与《巴黎公约》体系和《维也纳公约体系》同样规定了关于核损害赔偿的诉讼管辖适用单一主管法院管辖的原则。该公约规定“对于与核事件所造成核损害有关的诉讼的管辖权仅属于发生核事件的缔约方的法院”。但也存在一些除外情况，如：(1)当核事件发生在一缔约方专属经济区区域内，或如果尚未建立此种经济区，缔约方倘若建立此种经济区，在不超出该区界限的区域内，对于与该核事件造成的损害有关诉讼的管辖权，为了本公约的目的应只属于该缔约方法院；(2)当核事件未发生在任何缔约方领土内或按第2条通知的区域内，或不能确切确定发生核事件的地点时，对于与该核事件所造成核损害的有关诉讼的管辖权仅属于装置国的法院;(3)在超过一个缔约方的法院对有关核损害的诉讼有管辖权的情况下,这些缔约方应通过协商一致确定哪个缔约方的法院应有管辖权,即协商管辖。但不论除外情况如何特殊,均坚持只有一个主管法院管辖。

(二)具体规则

《核损害补充赔偿公约》的主要制度主要集中于除附件以外的正文内,这些制度更加侧重于核损害的补充赔偿,表达了对提高核损害赔偿额的迫切希望。

1. 两级赔偿机制

《核损害补充赔偿公约》就每一起核事件核损害的赔偿建立起了两级赔偿机制,以此来确保核事件的受害人更大限度地获得赔偿。第一级赔偿是指核装置国的赔偿。对于遭受300百万提款权内的核损害,由装置国确保赔偿,因此"装置国应确保可提供300百万提款权或核事件之前任一时刻可能已向保存人具体说明的一个更大数额"。当遭受的核损害超过300百万提款权,即超过第一级赔偿中核装置国提供的数额时,则启动第二级赔偿。由各缔约方按照公共资金分摊方案提供公共资金,此处的公共资金,简言之,即为核损害补充赔偿基金。对于《核损害补充赔偿公约》来说,第二级赔偿机制才是该公约制定的意义所在。

2. 公共资金的分摊

《核损害补充赔偿公约》规定公共资金由两部分组成,并对其分摊提供了计算方法:第一笔公共资金是以核装机容量(主要是核反应堆)来分摊的,即"缔约方核装机容量与每装机容量300提款权的乘积的数额"。此处规定的装机容量以每兆瓦热功率为1单位,其中热功率的计算以核事件发生之日的核反应堆热功率为计算基础。第二笔则是以"核事件发生的前一年所评定的该缔约方的联合国会费分摊比率与所有缔约方的此种比率总和之比值,乘以依据第(i)分款为所有缔约方计算得到的数额之总和的10%所得之数额"。此处的第(i)分款为所有缔约方计算得到的数额之总和,即为第一笔公共资金的总和。另外,在公共资金的分摊上还规定了一些除外情形,例如,"不得要求其联合国会费分摊比率极少而又没有核反应堆的国家承担分摊额"。

3. 公共资金的筹集

《核损害补充赔偿公约》中的公共资金并非事前就已筹集到位,而是采用事发筹集或者说是事后筹集的方式来聚集资金,此处的筹集发起主体为法院有管辖权的缔约方。其具体操作是:一旦核事件造成的核损害看起来超过,或者有可能超过核装置国承担的第一级赔偿额时,其法院有管辖权的缔约方应将该核事件通知其他缔约方。在发出通知后,其法院有管辖权的缔约方有权要求其他缔约方按实际上要求的数量和时间提供所要求的公共资金,并有分配此类公共资金的专属权。为保证其他缔约国划拨资金的畅通性,公约还规定,“无论现有的或今后的有关货币或转账的条例如何,缔约方均应无任何限制地批准第Ⅲ.1(b)条所提供的任何分摊数额的转账和支付”。另外,对于公共资金的付款制度和付款的分配制度,属于其法院具有管辖权的缔约方,有利于公共资金付款与分配的统一性。

4. 公共资金的分配

一般情况下,公共资金的分配区分国内外不同的索赔情况,具体分为两部分:公共资金的头50%用于赔偿装置国内、外所受核损害的索赔;剩余的50%则用于赔偿在装置国领土外所受核损害的索赔,条件是此类索赔未依据前款得到赔偿。但是也有两种特殊情况:第一种是如果核装置国提供的第一级赔偿金少于300百万提款权时,那么公共资金的头50%应按比例减少,同时,专门用于赔偿核装置国领土外的索赔部分应按照前述减少的数额相应增加。第二种情况是如果缔约方在核事件发生之前已向保存人具体说明确保可无区别地利用不少于600百万提款权时,那么公共资金的分配将不作前述区分,均应用于赔偿装置国内外受到的核损害。

5. 共同责任

在涉及一个以上营运人承担核责任时,《核损害补充赔偿公约》对不同情况的责任数额提出了不同的要求。第一种情形,当多起核事件造成核损害的成因不能合理分开时,“所涉的运营者应共同和分别承担责任。装置国可把为每个事件提供公共资金的数额限定为由此规定的数额和根据第4.1条确定的数额之间的差额,前提是有此差额”。第二种情形,当一起核事件发生在核材料运输过程中时,“合计责任不得超过第4条规定的关于其中任何一个运营者可适用的最高数额”。在前两种情形中,任何一个运营者的责任都不得超过根据第4条对其可适用的数额。第三种情形,当一个核事件涉及同一运营者的几个核装置时,“该运营者应对所涉的每座核装置承担最高至根据第4条对其可适用的数额”。《核损害补充赔偿公约》这种分情况对待的做法,有利于防止出现不论营运人多寡,只要发生核事件,最终的责任数额总额仅为一次核事件的责任数额的认识偏差。

6. 诉讼时效

《核损害补充赔偿公约》中所指消灭时效分为客观诉讼时效和主观诉讼时效。对于客观诉讼时效期限而言,一般情况下,"如果在核事件发生之日起的十年内不提出诉讼,本公约规定的要求赔偿的权利即告丧失"。但是仍存在两种特殊情况:一是第 9 条第 1 款规定"如果依据装置国法律,运营者的责任额由保险金或其他财政保证金或国家资金偿付,其期限在十年以上时,主管法院的法律可规定,要求运营者赔偿的权利,可以超过十年但不得超过装置国法律所涵盖运营者责任期的期限,只有超过此期限时,该权利才告丧失"。二是第 9 条第 2 款规定"在核事件造成核损害所涉及的核材料在核事件发生时已被偷窃、丢失、丢弃或抛弃的情况下,根据第 1 款规定的期限应从该核事件发生之日算起,但在不违背根据第 1 款的立法的条件下,无论如何不得超过被偷窃、丢失、丢弃或抛弃之日起二十年的期限"。对于主观诉讼时效期限来说,仅有一种规定"自遭受核损害的人员了解到或本应了解到这种损害和运营者对损害负有责任之日起不少于三年,但不得超过第 1 和 2 款规定的期限"。

三、评价

(一)积极作用

1.《核损害补充赔偿公约》具有全球开放性,有助于建立全球核损害赔偿法律体系

《核损害补充赔偿公约》作为全球性核损害赔偿机制框架,可以称为前述《巴黎公约》体系、《维也纳公约》体系与各国相关立法的集大成者。[①] 尽管是在前述两大公约体系的基础上建立的,与《巴黎公约》体系、《维也纳公约》体系以及连接二者的《1988 年联合议定书》相比,《核损害补充赔偿公约》作为一个向几乎所有国家开放的独立公约,更具开放性与包容性,为国际核损害赔偿制度开启了新篇

① 参见刘久:《核损害责任国际制度的产生与发展》,载《人民法院报》2018 年 12 月 21 日,第 8 版。

章。《核损害补充赔偿公约》第 18 条规定:《巴黎公约》与《维也纳公约》的成员国均有权选择加入《核损害补充赔偿公约》,其他国家只要国内相关立法与该公约附件所规定的内容相一致,也就可以加入该公约;但是,如果领土内有民用核设施,须先成为《核安全公约》的缔约国。此条规定使许多不愿加入上述两个公约体系的国家,特别是美国、加拿大、日本等具有完善的核损害法律制度的民用核工业大国,均可直接加入该公约。

《核损害补充赔偿公约》还尽可能地注意到了与两大公约以及各国国内核损害责任立法相包容,使两公约的缔约国在加入该公约时无须提出对两公约作修改。缔约国选择适用时,可以在其先前加入的公约与《核损害补充赔偿公约》之间进行选择,如果选择适用后者,只需适当修改本国法律,使其符合公约附件的要求。至于未加入或者不打算加入两公约的国家加入《核损害补充赔偿公约》,首先要适用公约的附件条款,要求其国内核损害法律制度与《核损害补充赔偿公约》内容相一致。所有这些都最大限度地使《巴黎公约》《维也纳公约》成员国以及其他缔约国的核损害赔偿制度趋同发展,将两公约成员国与未曾加入两公约的《核损害补充赔偿公约》缔约国纳入到一个国际核损害法律体系中来,有效推动了全球核损害赔偿法律体系的建立与发展。

2. 对受害人的赔偿来说,《核损害补充赔偿公约》有助于形成和实现及时、充分且有效的赔偿

《核损害补充赔偿公约》最核心的补充就是建立公共资金制度。建立核损害责任三级赔偿机制、以国际公共资金兜底并非《核损害补充赔偿公约》首创,1963年《布鲁塞尔补充公约》就已规定了此机制,该公约第 12 条规定了公共资金的来源与计算方式,第 3 条规定了三级赔偿机制与公共资金的应用。但因《布鲁塞尔补充公约》成员国不多且主要为西欧国家,故该机制适用面较狭窄,并未成为全球机制。旨在建立全球范围核损害赔偿机制的《核损害补充赔偿公约》吸纳了《布鲁塞尔补充公约》的上述成果,并在第 3 条规定,缔约国共同参与建立公共资金,用于支付核损害赔偿金超出核事件发生国补偿赔偿额(不低于 3 亿提款权)的部分。这里统一了各国核设施营运人赔偿和国家补偿的限额,并在随后的第 4 条明确了事故发生后建立公共资金的分摊方式,即公共资金源于两个部分,主要参数涉及缔约国核电站数量和容量,以及缔约国在联合国的会费分摊比例。为确保公共资

金的分摊,《核损害补充赔偿公约》规定这笔公共资金由核损害发生时有管辖权的缔约国法院发出支付通知、各缔约国应如约支付,同时还规定了缔约国核装置申报、追索权、付款、资金安排、司法程序、生效条款等一系列安排。这一机制既明确了核设施营运者在核损害赔偿中的绝对赔偿责任,也保证了缔约国政府对核损害的补充赔偿机制,还建立了由各缔约国政府共同出资的公共资金,用以保障民用核事业在核损害事故发生时,受害者能够及时、足额受偿的同时持续发展。

(二)不足之处

尽管《核损害补充赔偿公约》继承了《巴黎公约》体系和《维也纳公约》体系的优良制度,但仍然存在前述两大公约体系共同存在的不足之处。

首先,在核损害的界定中,公约将预防措施费纳入到核损害的范围。这在一定程度上有利于鼓励当事人或第三人积极从事核事故的预防中去。然而,公约对预防措施用的具体解释又有可能造成阻碍积极采取预防措施减少和防止核损害的额问题。公约对"预防措施"系指核事件发生后,经采取措施的国家的法律所要求的主管部门批准,任何人员为了防止或最大限度地减小《核损害补充公约》(f)(i)至(v)或(vii)分款中所述损害而采取的任何合理措施。也就是说,预防措施的实施与否还存在一个前置程序,即主管部门批准。如果未经批准的预防措施被施用,则不在核损害的范围,继而不能得到赔偿。由于核事故损害具有巨额性特征,如果采取预防措施的时机延误,则可能酿成巨大灾害。因此,为预防措施设置一个批准前置程序是该公约的一大败笔。

其次,缔约国资金的筹集同《布鲁塞尔公约》一样,具有滞后性。该公约规定,一旦核事件造成的损害看起来超过,或可能超过每一核事件核损害的赔偿数额且需要缔约国提供分摊数额时,其法院有管辖权的缔约方应将该核事件通知其他缔约方。这个通知程序完成后,被通知的各缔约方才立即作出一切必要安排,包括提供分摊数额的转账和支付。这显然是一种滞后筹集的做法。然而如前所述,核损害赔偿具有阶段性特征,并非只有核损害进入诉讼中才可能发生赔偿事宜。因此,缔约国之间充分、有效的互助应当是及时性的。这种滞后性的筹集方式与核损害赔偿的特殊性和本公约立约之初试图建立"全世界范围的责任体制"不能完全对称和实现。

再次,《核损害补充赔偿公约》诉讼时效的规定相较于《巴黎公约》体系和《维也纳公约》体系存在落后之嫌。该公约规定,在无特殊例外情况下,不论是人身伤害,还是其他财产损害,客观诉讼实现均为10年。一方面,核事故引发的核损害在人身和财产上的显现时间具有很大差异。核损害在人身上显现出来的时间要晚于财产损害,继而核受害人知道或应当知道受损害的时间是不同的。因此,这种依葫芦画瓢的、不加区分的客观诉讼时效规定不具合理性。另一方面,核损害具有的持续性特征决定了需要以较长诉讼时效来应对。从苏联切尔诺贝利核事故、美国三哩岛核事故和日本福岛核事故的损害来看,损害的持续性特征已是客观且不容争辩的事实。只有10年的客观诉讼时效必然不利于核受害人维护自己的权益,尤其是那些遭受人身伤亡受害人。

最后,《核损害补充赔偿公约》没有强制性解决争端的机制。该公约规定,缔约方之间就本公约的解释或适用发生争端时的解决机制与《1963年维也纳公约》的规定一致,但后者通过了《关于强制解决〈维也纳公约〉争端的任择议定书》,降低了缔约国之间争端解决机制的柔性。本公约采取的柔性争端解决机制必然增加核事故损害纠纷解决的时间成本,最终可能难以实现对核受害人进行及时的赔偿。

除此之外,公约还存在如前述两公约中出现的弊端,如赔偿额缺乏动态管理机制。

(三)应对

尽管《核损害补充赔偿公约》在1997年9月12日就已经制定,但根据该公约“应在至少5个共拥有不低于400000核装机容量单位的国家交存了第XVIII条中所述的文书之日后第九十日生效”的要求,其最终生效延期至2015年4月15日。在发生福岛核事故之后就有6个国家交存了批准书、接受书或加入书,而在此之前仅有4个国家交存了批准书,从而导致《核损害补充赔偿公约》不能生效。从《核损害补充赔偿公约》的签署和生效情况来看(见表1),首先,在数量上,仅有21个国家或组织签署和加入了该公约。但是作为一个全球性的国际公约,要实现和达到全球整体性对抗核风险,提高核损害赔偿的最低限额标准的目的,加入该公约的国家或组织数量应当多多益善。因为缔约方的实际贡献不由《核损害补充赔偿公约》确定,实际数额将取决于核事件发生时的缔约方数量,特别是核反应堆缔约方的数量。因此,从量上看,该公约还无法达到其立约目的。其次,在效力意义上,虽然有21个国家或组织签署和加入了该公约,但最终生效还必须向国际原子能机构总干事交存批准书、接受书或加入书,并至90日才生效。但实际上,仅有10个国家交存了批准书、接受书或加入书。从效力范围来讲,该公约也仅仅对这10国发生效力。因此,从效力上来看,该公约也无法实现其立约目的。最后,从可累积的公共资金的量上,《核损害补充赔偿公约》对其发生效力的10国中,仅有美国、日本、加拿大等少部分国家在公共资金的分摊数额上占绝大多数比例,剩余的国家或组织则分摊的公共资金数额比例非常小。

综合《核损害补充赔偿公约》签署和生效情况来看,世界各国或组织,尤其是世界核电大国对加入该公约持谨慎和观望态度。

表1　《核损害补充赔偿公约》签署和生效情况

序号	国家/组织	签署日期	方式	交存日期	声明/退出	生效日期
1	阿根廷	1997年12月19日	批准	2000年11月4日	—	2015年4月15日
2	澳大利亚	1997年10月1日	—	—	—	—
3	加拿大	2013年12月3日	批准	2017年6月6日	声明	2017年9月4日
4	捷克共和国	1998年6月18日	—	—	—	—
5	加纳	—	加入	2016年9月12日	无	2016年12月11日
6	印度	2010年10月27日	批准	2016年2月4日	声明	2016年5月4日
7	印度尼西亚	1997年10月6日	—	—	—	—
8	意大利	1998年1月26日	—	—	—	—

续表

序号	国家/组织	签署日期	方式	交存日期	声明/退出	生效日期
9	日本	2015 年 1 月 15 日	接受	2015 年 1 月 15 日	声明	2015 年 4 月 15 日
10	黎巴嫩	1997 年 9 月 30 日	—	—	—	—
11	立陶宛	1997 年 9 月 30 日	—	—	—	—
12	毛里求斯	2013 年 6 月 24 日	—	—	—	—
13	黑山共和国	—	加入	2015 年 4 月 17 日	—	2015 年 7 月 16 日
14	摩洛哥	1997 年 9 月 29 日	批准	1999 年 7 月 6 日	—	2015 年 4 月 15 日
15	秘鲁	1998 年 6 月 4 日	—	—	—	—
16	菲律宾	1998 年 3 月 10 日	—	—	—	—
17	罗马尼亚	1997 年 9 月 30 日	批准	1999 年 3 月 2 日	—	2015 年 4 月 15 日
18	塞内加尔	2011 年 9 月 20 日	—	—	—	—
19	乌克兰	1997 年 9 月 29 日	—	—	—	—
20	阿拉伯联合酋长国	2014 年 7 月 7 日	批准	2014 年 7 月 7 日	声明	2015 年 4 月 15 日
21	美国	1997 年 9 月 29 日	批准	2008 年 5 月 21 日	声明	2015 年 4 月 15 日

注：本表数据源于国际原子能机构的统计，数据统计截止日为 2020 年 1 月 7 日。

第七章　国际核安全保障制度的发展

第一节　苏联切尔诺贝利核事故后核安全法的发展

一、苏联切尔诺贝利核事故简介

1986年4月25日，苏联乌克兰苏维埃共和国普里皮亚季市切尔诺贝利核电站发生爆炸，切尔诺贝利核电站第四发电机组核反应堆全部炸毁，造成大量放射性物质泄漏，导致事故后3个月内31人死亡，之后15年内6万~8万人因遭到不同剂量的辐射死亡，13.4万人被辐射疾病折磨，方圆30公里地区的11.5万多民众被迫疏散。此次事故是第一起被定为7级的核事故，其危害超越了1979年的美国三哩岛核事故和2011年福岛核事故，是迄今为止最严重的核事故。

1986年4月25日晚，切尔诺贝利4号反应堆计划关闭以作定期的维修和测试，并借此机会来测试反应堆的涡轮发电机能力，以检查在电力损失的时候是否有足够的电力来维持反应堆的安全系统。此类测试之前已经在其他核电站操作成功过。为此，工作人员首先断开了反应堆的安全系统，以保证安全系统不会因为实验操作而自动触发，随后取出了反应堆里的安全控制棒，致使反应堆超出了运行规程的限制，随即进入了失控状态。在失去了对核反应速率的有效控制之后，反应堆堆芯功率急剧增加，产生的超高温度致使燃料棒熔毁，反应堆内的蒸汽压力短时间内大幅上升，最后导致了一个破坏性的蒸汽爆炸。这一爆炸破坏了反应堆的防护，使大量放射性物质泄漏到大气中。从反应堆内溅出的高温核燃料和易燃物质与空气接触，又引发了猛烈的火灾，让核电站雪上加霜，其他反应堆也面临极大的危险。

爆炸发生后，首先到达现场的是切尔诺贝利核电站的军事化消防队和普里皮亚季市的值班消防员。这些消防人员没有处理放射性物质的经验，也没有接受过相关训练，核电站工作人员也无法提供救援所需的检测仪器和防辐射设备。这些消防队员和核电站值班人员完全暴露在核辐射当中，是最先也是受到最多辐射的人员。1986 年 4 月 26 日清晨，苏联部长会议主席雷日科夫得知了核电站爆炸的消息，随即在莫斯科组建了政府委员会，苏共中央政治局也组建了政府工作组，以领导协调相关应急处理工作。当天，苏联的气象、辐射和公共卫生监测部门在紧急情况下迅速组成监测系统开始工作，对放射性物质进行测量。但是在 4 月 26 日早上，为避免引起恐慌情绪，官方未向民众通告事故情况，仅通知附近地区居民关闭门窗，尽量留在家里。绝大多数居民完全不知道核电站发生的紧急状况，以为只是普通火灾，加上对放射性物质和核辐射的不了解，社会生活与平时无异。在当地医生的坚持下，政府开始给居民分发应对核辐射的碘片，但并不及时。直到 14 时政府委员会开始组织普里皮亚季市的居民撤离，大多数民众才察觉到了事态的严重性。约 4 万居民在 3 小时内被匆忙撤离到相对安全的区域。4 月 27 日，防化兵和更多直升机赶到现场，开始封堵反应堆爆炸缺口。与此同时，苏联政府也向灾区派出了防化部队和民防人员，初步清理重灾区的放射性物质。但是在初期，民防人员因为没有受过太多专业训练，显然用处不大，因此随后苏联派出了更多的专业力量进行相关工作。苏联政府举全国之力终于扑灭了反应堆的大火，同时也控制住了辐射的外泄。但是因为受当时技术限制，遥控机器人效果有限，许多清理工作依赖人力，这些负责事故清理的人员受到了严重的辐射伤害。之后，为了防止反应堆核心内的高温铀与水泥融化而成的岩浆熔穿厂房底板进入地下，苏联政府派出大批军人、工人，给炸毁的 4 号反应堆修建了钢筋混凝土的石棺，将其彻底封闭。这次事故直接造成31人死亡,8吨多强辐射物质泄漏,①这些放射性物质经过大气循环,在一周之内使以切尔诺贝利为中心,东到日本西到北美的全球范围内都弥漫着切尔诺贝利核事故造成的核放射物质,切尔诺贝利成为全球的焦点。1986年5月6日,封堵反应堆爆炸缺口的工作基本完成,处理核事故最关键也是最危险的阶段过去,工作重心转为消除事故影响消除放射性污染、对受影响人员提供医疗支持、调查研究事故以及恢复切尔诺贝利核电站其他反应堆的生产工作。

切尔诺贝利核事故使欧洲20多万平方公里的土地呈现铯污染,其中,切尔诺贝利周边的2.94万平方公里土地呈现铯重度污染。

在事故发生后,国际社会并不知道切尔诺贝利核电站核事故的确切消息。直到放射性尘埃随着气流飘散到西北欧,瑞典侦测到了逐步升高的放射性,并初步确定放射物来自境外,外界才确定发生了核泄漏事故。瑞典政府在外交上质询苏联政府,但没有得到回应。28号苏联政府才正式向世界发布切尔诺贝利核事故的消息,但没有提及任何细节。直到29号苏联确定了宣传口径并由宣传机构发布了通稿,外界才得到了较详细的信息。

在切尔诺贝利核事故得到初步控制后,1986年8月,国际原子能机构在维也纳召开专家会议,苏联国家原子能利用委员会为本次会议编制了《苏联报告:切尔诺贝利核电站事故及其后果》,全面介绍了切尔诺贝利事故及其后果。这标志着苏联政府对切尔诺贝利事故的后处理工作走向公开化、国际化,进入了通过机构改革达到保证核电安全目的的新阶段。

事故后,苏联改进了发生事故的石墨盒反应堆的安全性能,并在1989年4月取消了4个以石墨盒反应堆为基础的核电站建设计划,全面停止建设石墨盒反应堆,同时开启了新一代核反应堆的研制工作。核事故也促使苏联对相关监管机构进行改革。经过机构合并,苏联成立了独立于电力生产部门、负责制定核电安全条例的国家工业及核电安全监督委员会,还成立了国家原子能动力部(后来被核电核工业部替代),建立了一批核安全部门,如全苏核电厂运行科学技术研究所、

---

① EC,IAEA & WHO,*The International conference on one decade of the Chernobyl:Summing up the consequences of the accident*,International Atomic Energy Agency,1996,p.28.

核能和化学技术安全发展问题研究所、全苏辐射医学中心等。但是,这些机构改革并未取得良好的预期效果。由于苏联政府对核事故的处理广受诟病,在国内民众不信任的呼声高涨和国外要求信息公开化的压力下,苏联政府于1989年10月向国际原子能机构提出请求,希望国际原子能机构对苏联为使其居民能在因切尔诺贝利事故而遭受放射性污染的地区里安全生活而形成的总体思想作一次国际专家评价,并对该地区的居民保健措施的有效性进行评估。国际原子能机构接受了苏联政府的请求,组织了各方面的科学家和工程技术专家展开评估工作。从此,苏联正式使对切尔诺贝利事故的处理国际化。

切尔诺贝利核事故被认为是历史上最严重的核事故,也是首例被国际核事件分级表评为第七级事件的特大事故。它不仅对苏联意义深刻,对国际核合作的影响也很深远。1986年9月底,国际原子能机构特别会议考虑到切尔诺贝利核电站事故的发生,通过了《核事故公约》和《援助公约》,这两个公约加强了安全发展和利用核能方面的国际合作,至今仍是国际核能安全发展机制的基础性公约。

二、切尔诺贝利核事故处理中的经验教训

首先,当时苏联核安全管理系统并不利于核能利用中的专业化、安全化管理。苏联对核工业的管理权力分散在各个部门之中,致使各部门在政策制定阶段产生分歧,其中苏联中型机器制造部在苏联体制中的话语权更大,但该部未能在核安全监督和管理上提起应有的注意。其次,苏联中央知悉切尔诺贝利发生核事故之后,成立了一个临时委员会,专门处理切尔诺贝利核事故,但是直到事故发生两天后,该问题才被提上了苏共中央政治局会议的议程,说明苏联当局并没有对该核事故给予足够重视,这也说明发生核事故的国家在一国之内出于各种因素也很有可能无法及时处理核事故。最后,处理事故的过程中,由于缺少成熟完善的核事故应对预案,导致对事故的应急组织工作混乱,致使对事故的处理非常被动。例如,在进行去除放射性污染的紧急应对过程中,没有紧急处理预案和评估,使相关工作的展开一直被事故的发展牵着鼻子走。组织和分工也很混乱,在事故日益复杂后,才意识到要协调不同部队之间的行动。其他救援力量也表现得很糟糕,例如,苏联民防暴露出其极差的组织能力,缺乏许多必要设备以处理事故和保护人

员健康;苏联卫生部因其糟糕的执行能力,不得不将本应自己负责的普通居民的医疗支持交给军事医疗部队,自己转而进行辅助工作。这显然是由于苏联缺乏相关应急预案,从而在核事故处理中显得非常被动,使事故影响没有降到最小。

三、苏联切尔诺贝利核事故促进了核安全国际法的发展

切尔诺贝利核事故的处理暴露了核安全国际法律体系的缺陷,国际原子能机构迅速作出反应,主持两项关于核安全的国际公约的谈判。1986 年 9 月 26 日,《核事故公约》在维也纳开放供签署,10 天后在纽约开放供签署。所需的 3 个国家表示同意,受该公约约束 30 天之后,《核事故公约》于 1986 年 10 月 27 日生效。在同一日期、同一地点开放了《援助公约》供签署。在乌克兰苏维埃社会主义共和国、白俄罗斯苏维埃社会主义共和国和苏联批准后,《援助公约》于 1987 年 2 月 26 日生效。按照国际立法的正常标准,两项公约起草和批准的速度是惊人的。在 1986 年 9 月 26 日至 1987 年 10 月 7 日期间,至少有 58 个国家和 57 个国家分别签署了《核事故公约》和《援助公约》,而一般的国际公约自通过之日起不到 18 个月的批准和签字数量通常都不高。可以将其与 1980 年 3 月 3 日开放供签署的《核材料实物保护公约》作比较,该公约直到 1987 年才达到生效所必须的 21 份批准书。这足以证明《核事故公约》和《援助公约》背后国际社会的强烈意愿,而这种意愿完全是由于切尔诺贝利核事故的推动。正如国际原子能机构总干事汉斯 · 布利克斯(Hans Blix)所言,这次事故不仅仅摧毁了切尔诺贝利核电站,也损害了公众对开发利用核电的信心。[①] 虽然比切尔诺贝利核事故早 7 年发生的三哩岛核事故也使人们对核能的安全性产生怀疑,但切尔诺贝利造成的损害是空前的,整个北半球都或多或少地受到了因核事故带来的核辐射的影响,给人们展示了核事故可怕的跨国影响。一方面,各国人民呼吁一个更加有效的核安全框架,这些国家迅速做出反应是出于对于其人民受到的生命健康影响和经济损失的政治回应的需要;另一方面,各国同样担心业已制定好的核能战略受到影响,需要建立起一种能恢复公众对核工业信心的工具。

无论如何,切尔诺贝利核事故使各国对于达成核安全领域新的公约的意愿空

---

① IAEA, *One Year After Chernobyl* , Vienna, p. 26.

前高涨。切尔诺贝利核事故之前,国际上已经存在一定的核安全法律制度,并且这个制度看起来运行良好,没有发生过重大的跨越国界的核事故,因此许多国家都缺乏提出或加入这么一个更加完善(也意味着对自身限制更加严格)的核安全法律体系的意愿。彼时国际上的主流观点是核安全的责任主要在于核设施的所在国,在确保核安全方面,国内的努力比国际的努力更加有效,因为各国政府会提出针对试图从国际层面保障核安全努力的种种安全限制。例如,1981 年,美国开始就一项国际公约进行谈判,其中规定了一个国家在发生重大核事故时向另一个国家提供紧急援助的法律条款和安排。三哩岛事故作为一个典型案例说明了应对核事故需要多领域的合作和大量的资源。处理核事故在短时间内需要大量技术人员和技术援助,以处理受损反应堆的操作问题和执行反应堆冷却计划,并管理放射性废物。对许多国家来说,并不齐备这种核应急反应能力,因此需要其他国家的援助。但是,当时一些欧洲国家对在这方面缔结一项公约的必要性表示怀疑。一些代表团对集体责任问题表示关切,另一些代表团对谈判和批准一项多边公约所需的时间和工作量表示关切。国际原子能机构专家小组最终达成了妥协,于 1984 年 1 月发表了《核事故或辐射紧急情况相互紧急援助安排准则》①,这是一份参考文件,其中列出可能适用于紧急援助的条件,该准则适用于一国向另一国或多个国家寻求帮助的情况。国际原子能机构成员国都没有义务仅仅因为接受或使用这些准则而要求、接受或提供援助。准则建议各国在双边或区域协定的谈判中将其作为一种模式使用,但同时也可以在核事故或辐射紧急情况时由请求国和协助国之间的一项特别协定随时达成协议。

在切尔诺贝利事故发生之前,核安全领域需要国际合作就已经是国际社会的共识。自 20 世纪 50 年代以来,随着国际原子能机构、核能源机构、经济合作与发展组织核能机构以及欧洲原子能共同体的建立,国际核安全法的框架已经基本建立。所有这些组织都是在 1957 年或 1958 年的几个月内相继成立的,它们在核安全方面具有互补的职能。但是,尽管成员国国内采用了国际原子能机构制定的技术安全标准并开展了相关活动,但在 1986 年切尔诺贝利事故之前,在国际层面上几乎没有具有法律约束力的承诺。鉴于切尔诺贝利事故的严重跨境影响,国际原

---

① IAEA, INFIRC/310, Austria, January 1984.

子能机构成员国不再将核电站的安全问题仅仅视为国家内部层面的问题，相反，各国之间有一个共同利益，即确保实现和维持全球高水平的核安全，保证人类免受核辐射的危害。这种共同利益驱动了当今全球核安全制度的建立和发展。切尔诺贝利事故促使一些国家重新评估它们的立场，使《核事故公约》和《援助公约》得以快速通过，这两项条约也是目前国际社会中关于核事故的主要国际法律制度之一。

《核事故公约》旨在通过建立核事故及早通报制度，使类似的核事故的跨国界损害程度降低到最低。该公约适用于在各缔约国管辖之下所发生或可能发生的核物质爆炸、泄漏，并由此引起或者可能引起跨国界核辐射的设施与活动。《核事故公约》在以下两种情况下适用：一是存在着放射性物质可能会被释放的具体危险，二是这一危险将可能产生跨国界的危害。根据该公约，国际原子能机构将负责收集核事故情报并向国际社会公开，提供核事故应急状态下的紧急援助以及协调与之相关国际合作等，提升了国际原子能机构在核事故应急中的地位和作用。

只有在核事故信息得到及时通报的前提下，对核事故的紧急国际援助才有可能。《援助公约》旨在建立一个针对核事故或者核辐射紧急情况的国际救援体系，及时有效地处理核辐射安全事故，减轻事故后果，在一定程度上是对《核事故公约》的延续。《援助公约》主要规定了一般性规则、救援的经济事项、国际原子能机构的具体援助职责以及出现争端的解决方案等。针对国际原子能机构的援助职责，《援助公约》作出了具体规定，除了收集和传递信息之外，还要积极地协助援助，并进行初步评价等。值得指出的是，《援助公约》第 2 条第 1 款还明确规定：若一缔约国在发生核事故或辐射紧急情况时需要援助，不论这种事故或紧急情况是否起始于其领土、管辖或控制范围内，它可以直接或通过机构向任何其他缔约国和向机构或酌情向其他政府间国际组织请求这种援助。这一规定降低了请求援助的标准，最大限度地保证了涉及辐射安全的事故的国际重视和相应国际救援的及时进行，减轻辐射安全事故带来的损害。

不过，需要指出的是，与已经通过了类似国际法规则的其他国际法领域相比，关于预防和应对核紧急情况的国际规则停留在一个较初级的层面。例如，一般认为，《通知公约》只是强化了现有的习惯国际法并在某些方面有一定进步，它只适用于非军事核事故，并没有要求各国政府或者监管机构设置一个核事故的干预阈值，例如，什么时候应该引入保护措施（如防护和疏散），以及这种保护措施的程度。并且，决定是否需要通知其他国家的权力掌握在对事故发生地拥有领土主权的国家或对发生事故的核设施具有管辖权和控制权的国家手里。因为如何界定事故具有或不具有辐射安全意义，且事故造成跨国影响的可能性在一开始是由各国进行评估的，以决定是否需要通知其他国家。在决定是否需要国际援助的情况下更是如此。它也没有规定国家有义务向公众提供或接收信息。与切尔诺贝利事故以来就类似事项通过的其他国际文书相比，如1992年欧洲经委会工业事故公约（不适用于核事故），该公约明显不够全面或严格。

随后，国际核安全领域的另一个重要国际法律文件是1994年《核安全公约》，该公约包含了许多国家在切尔诺贝利事故后所要求的关于核安全的详细义务。不过，与一开始一些人支持通过涵盖整个核燃料循环过程的规范体系以使核安全体系更全面的建议相比，经过长时间的审议，缔约方仅同意将其适用范围限于在缔约方管辖范围内（包括同一地点的与放射性设施和操作直接相关的放射性物质的储存、处理和处置设施）的陆上民用核电站。仔细阅读其各项规定就会发现其性质十分有限。[①] 就目前而言，尽管国际原子能机构确实为各方建立了一种问责机制，并可能会逐渐将必要的实质性国家安全标准强加于各国的核工业之上，但仍未能建立一个明确有约束力的国际体制。

之后，国际原子能机构理事会于2004年3月通过了《研究反应堆安全行为准则》，并于2004年9月获得国际原子能机构大会的认可，这标志着向建立一个关于研究反应堆的国际法律框架迈出了重要的一步，《准则》被认为可以与规制核电站安全的《核安全公约》媲美。在实质上，《准则》明确区分了不同主体、监管机构和反应堆操作人员的不同义务，其目标与《核安全公约》类似，都是希望在国际合作下，每一个国家严格实施具体的管控措施，全球范围内实现和维持民用研究反应堆的高级安全标准和安全水平，以保护工人、公众和环境免受辐射危害。为了实现这一目标，必须通过适当的操作条件、预防事故并减轻其辐射后果。

总而言之，以切尔诺贝利核事故为契机，国际上出现了对核安全国际合作并

---

① 详见本书第五章相关内容

为此达成一定的国际法律制度的普遍认识和意愿。国际原子能机构的各项公约在切尔诺贝利核事故之后表明了这一点。但是,各国目前仍然在一定程度上坚持核安全是必须由本国政府进行控制的领域,这种态度虽然可以理解,但整体而言,是一道阻碍全球民用核设施的整体安全水平向前进步的坎。各国政府和国际社会应当加大核安全国际合作,以免重蹈切尔诺贝利核事故之覆辙。

第二节　日本福岛核事故后的国际核安全标准改进

一、日本福岛核事故简介

日本福岛核电站位于福岛县沿海的福岛工业区,属东京电力公司所有,分为福岛第一核电站和福岛第二核电站,其中第二核电站有 6 台沸水机机组,第二核电站有 4 台沸水机机组,两个核电站总装机容量共有 7965 兆瓦,是世界上最大的核电站。发生核事故的是第一核电站。在第一核电站的 6 个机组 20 世纪 70 年代相继投产运行,在发生事故的 2011 年,1 号机组即将到达 40 年的设计寿命,但是东京电力公司申请了延寿,并在事故前一个月为 1 号机组拿到了延寿 20 年的批准书。

2011 年 3 月 11 日,日本东北部海域发生 9.0 级大地震,引发一系列巨大海啸,地震袭击了日本东部沿海。地震和海啸给日本大片地区造成打击,截至 2019 年 3 月 8 日,地震造成 15,897 人死亡,另有 2533 人失踪,并且由于海啸和福岛核事故,仍有约 5.2 万人无法回到家乡,过着疏散在外的生活。① 此次地震的重灾区为岩手、宫城、福岛三县,大部分的伤亡者和失踪者出自这三县,另外当地许多基础设施也由于地震和海啸而瘫痪。日本是个核电大国,电力供应极度依赖核电,境内核电站密布,因此有许多核电站由于严重的地震和大范围的海啸而受到影响,包括东海、东通、女川以及东电公司的福岛第一和第二核电站。尽管这些核电站在设计上都安装有自动停堆系统,在检测到地震时成功自动停堆,但是巨大的海啸还是对这些核电站造成了影响,其中以对福岛第一核电站的破坏最为

① 参见《日本"3·11"大地震 8 周年:仍有 2533 人下落不明,5.2 万人疏散在外》,载环球网 2019 年 3 月 11 日,https://world.huanqiu.com/article/9CaKrnKiVec。

严重。

地震导致福岛第一核电站的外部供电断绝,应急柴油发电机自动启动,恢复了站内供电,反应控制棒也在地震放生时自动插入运行中的反应堆,因此地震本身并未对核电站造成严重损害。但是,46 分钟之后,第一波海啸到达核电站,冲破了核电站的包括防洪堤在内的防御设施。这些防御设施的设计预期是抵御浪高 5.7 米的海啸,而当天袭击电站的最大浪潮预计超过 14 米,超出设计极限的 1.5 倍。海啸及其裹挟的残毁物对核电站进行了高能冲击,给核电站造成了严重破坏,厂房、储存罐其他基础设施受到不同程度的影响,致使热阱丧失。海水涌入核电站内部,使几乎所有的应急柴油发电机都失效,又导致 1 ~ 4 号机组的所有仪控系统全部失灵,核电站的电力基本被切断加上控制系统的失效,反应堆开始失控。此外,受地震影响,站外的公共通信系统和站内的通信仪器都受到不同程度影响,加之地震造成的大面积基础设施破坏,无法短时间内指望外部援助。

由于没有办法控制或冷却反应堆机组,在地震发生时还在运行的福岛第一核电站的 3 个机组在反应堆衰变热的作用下迅速升温,操作人员尝试恢复对反应堆和乏燃料池的控制和冷却的努力失败,燃料损毁严重。数个核电机组的压力容器失效,导致的一系列爆炸进一步破坏了核电站,并使一些放射性物质泄漏到大气和海水中。

为了缓解事故后果,东京电力公司陆续向 1、3、2 号机组堆芯注入海水,以控制反应性,冷却燃料。3 月 25 日,随着救灾的推进,有了淡水供应渠道,开始向所有反应堆和乏燃料池注入淡水。虽然达到了预期效果,但是在冷却过程中,一些放射性物质泄漏到冷却水中,这些具有放射性的大量废液的处理将成为新的问题。

在试图解决核电站问题的同时,日本政府也根据核电站的状态及可能的放射性扩散后果,在核电站外采取了一系列应急行动,比较及时有效地撤离了附近居民,且撤离范围不断扩大,最终扩大到站址周边的 20 公里,在 20 公里外还设立了观察区,随时撤离该区域的人员。在撤离居民的同时,日本也对核电站工作人员和救援人员采取了较科学有效的防护措施。这种及时有效的撤离和防护使核事故没有对工作人员和周围居民造成不可接受的放射性照射,亦无因核事故导致的放射性照射而死亡的案例，最大限度地保护了人的生命健康。

虽然福岛第一核电站事故泄漏的放射性物质总量仅为切尔诺贝利核事故的10%左右，但也达到了国际核事故分级中最严重的事故等级(7级)的范围，是切尔诺贝利核事故之后最严重的核事故。核事故使周边地区居民被迫疏散，恐在寸土寸金的日本形成一个不小的无人区，造成巨大的经济损失，并且给各国的核电产业蒙上了不小的阴影。

二、日本福岛核事故的原因和教训

在福岛核事故发生后，日本国会成立了事故调查委员会。2012年7月5日，事故调查委员会发表了最终调查报告，报告提出结论称，福岛核事故明显是"人为的"，根本原因是组织和监管系统造成了错误的决定和行动，是政府、监管机构以及东京电力公司共同造成的结果，而不是任何具体人员资质能力有关的问题。[①] 东京电力公司没有作为私有公司的独立性，而是服从和依赖于政府的经济产业省、政府机构推动核政策，同时，通过赞助日本电气事业联合会，很舒适地操纵与监管者的关系，导致监视、监督机制崩溃，因此失去了预防核泄漏事故的最好时机。日本的监管体系组织缺乏独立性、监管机构与行业之间关系过于亲密、监管人员缺乏技术能力。这些内在缺陷使它无法阻止这次核事故，也不能采取适当和有效的应急措施。

在日本的监管体系中，日本核能与工业安全局隶属于日本经济产业省，日本经济产业省的通常角色是促进包括核工业在内的工业的发展，而一般认为，核工业中安全与发展是两个有竞争的角色。这意味着经济产业省既要促进核技术和核工业的发展，也要确保核安全。实践证明，安全监管部门和工业发展部门关系过于密切，是不利于安全生产的，在工业发展部门的话语权更高时尤为如此。2011年6月1日，国际原子能机构敦促日本改革这一制度，以确保监管机构更加独立。[②]

① 『東京電力福島原子力発電所事故調査委員会報告書』10～13頁。参见 https://www.mhmjapan.com/content/files/00001736/naiic_honpen2_0.pdf。

② Nuclear Power Village'a Cozy, Closed Community, *Nuclear Crisis: How It Happened*, Yomiuri Shimbun, June 16, 2011, http://www.yomiuri.co.jp/dy/national/T110615005652.html.

报告指出,涉及核电的任何人和组织的无知和自大都是不可原谅的,在对福岛核事故进行调查时,委员会发现一些核电内部组织的因循守旧思想,这些组织守着传统的程序和管理,将避免组织风险而不是增进安全放在优先位置,甚至愿意牺牲公共利益优先考虑组织利益,这是仅靠更换工作人员和改变机构名称所不能解决的。东电公司对福岛核事故的初期处理措施非常保守,存在侥幸心理,试图保护反应堆,足以看出东电公司对于本组织利益的看重。为了解决上述问题,委员会建议对监管机制进行改革,包括在国会层次建立一个永久性的委员会来独立处理核安全相关问题,成立一个新的、独立的、不具有组织利益的监管机构,完善对核电运营者的监督,建立一个独立调查委员会系统等,并且需要重新完善政府的危机管理体制。

除监管体制之外,还有许多自然和技术方面的原因促成了福岛核事故的发生和扩大,这说明核安全标准没有严格地设定和执行,同时,这也是本次核事故的重要教训,为进一步改进核安全标准提供了方向。

第一,极端外部自然事件是导致福岛第一核核电站核事故发生的直接原因。三哩岛核电站事故和切尔诺贝利核电站事故都是由内部原因引起的,以往严重事故研究也主要考虑内部事件,研究可能采取的预防和缓解措施。“3.11”日本大地震是日本有史以来最大的地震,随后巨大的海啸,地震和海啸的强度都远超于设计时的预期。虽然地震未对核电站造成不可控制的损失,但海啸造成多数安全系统的丧失,包括反应堆堆芯冷却、安全壳压力控制等,直接导致了核泄漏。因此可得出结论:在核电站设计和运行中需要加强对超设计基准外部事件的考虑。

第二,遭遇预期外的极端自然事件从侧面说明了核电站的选址不合理。虽然福岛第一核电站在选址评估和设计中都考虑了海啸灾害,但是海啸的危害被低估了。2002 年东电对福岛第一核电站重新进行了安全评估,调高了海啸的可能高度并据此采取了一些额外防御措施,但不足以应对海啸的爬高水位以及次生灾害性现象(如流体动力和大残毁物的高能撞击)。电站受海啸袭击后,虽然反应堆已处于停堆状态,但更容易受到后续极端自然灾害的影响。由此可以得出结论:核电站的选址和设计应足以抵御罕见的和复杂组合的外部事件,并在电站安全分析中加以考虑,尤其是那些可能导致电站水淹和引发长期影响的事件。定期审议外部事件灾害的变化或对其的认知水平,以便考虑其对目前电站配置的影响,以及建立高效的灾难预警系统，且制定能让操作员立即行动的预案。

第三，核电站内外部安全保障措施不够完善导致核事故严重化。地震及其引发的海啸造成福岛第一核电站多机组、长时间的内外电源被切断和丧失最终热阱，而福岛第一核电站按照了以往通常的设计，只考虑了 1 台机组发生此类事故的情况，不考虑多台机组同时发生事故的情况，同时也只考虑短时间内发生断电而未考虑长时间断电的情况。① 断电使核电站失去了参数上传系统、压缩空气系统以及照明系统，使操作员丧失了对核电站的正常操控手段。

第四，站内站外应急预案不充分使事故发生后处理不及时且低效。一般来说，核安全设计除了要求能够抵御所有正常工况以及合理可预见的异常或故障工况外还要留有一定和裕度，考虑超出设计基准的事件，在遭遇严重事故时可以合理地采用更多方式降低损害，尤其是可能发生后续重大后果的区域，这需要体现在设计、管理和应急响应计划中。要制定严重事故条件下的管理指南。对于严重事故，如丧失所有电源、热阱和工程安全系统，应该为严重事故管理提供这些功能的简单替代（如移动供电、压缩空气和供水）。站内的应急响应中心应当位于安全位置以保护设备和人员不受极端事件和核辐射的影响，并确保操作员受过相关严重事态下的培训。此外，在福岛核事故中，应急响应由于安全参数显示和通信系统一定程度上受损而未能发挥更大作用，因此应急响应中心需要有更为可靠的仪表和线路来支持关键安全参数的上传，并有充足可靠的通信线路来联系站内站外的应急响应中心，协调应急资源的配给。外部事件有可能影响多个电站或同时影响一个电站的多台机组。这需要有充足大量的资源，包括经过培训的有经验的人员、设备、物资补给和外部支持。应确保有充足的有经验人员团队，能够应对不同类型的机组，并可随时支持受影响的电站。

第五，大量放射性废水处理问题。在福岛核事故初期，为缓解事故后果，向其 4 台机组的反应堆、安全壳和乏燃料水池内注入了大量海水和淡水，在福岛第一核电站的堆芯和乏燃料池冷却状况逐渐得到控制之后，福岛第一核电站放射性废液的泄漏、大量放射性废液的处理问题逐渐显现，目前最棘手的就是大量放射性废

---

① 一般核电站在设计时均从核电站能在 1 天到 3 天内能恢复供电的预计中考虑整体的安全设计，而福岛第一核电站在事故后 2 个星期仍没能恢复供电。

液的处理问题。面对福岛核事故这样级别的核泄漏，需要重视救援过程中产生的具有核辐射的物质的风险，确保有足够的资源来安置它们。

总而言之，监管机构独立性不够，安全责任不够明确，核电站设计和建造时对极端外部事件不够保守，应对外部事件的工程抢险措施不够，对极端自然事故考虑不足、场内应急相对薄弱，防治放射性废水产生和处理废水的设施缺乏等，是福岛事故酿成恶果的根源所在。

三、日本福岛核事故对国际核电产业环境的影响

福岛核事故让民众对核电站安全的关注提升至切尔诺贝利事件之后的最高水平，在全球范围内引发了对核电安全的信任危机，这给全球核电原本发展势头强劲的核电产业带来强烈冲击，为各国未来的核电计划抹上了一层阴影。各个主要核电大国迅速启动对各种核设施的安全检测和评估，并重新审视各自的核电政策，安全与发展的天平倾向了安全一侧。根据各国国情和民意的不同，各国对核电站的态度也不一致。一些国家明确表示将关停部分甚至全部核电站，取消核电计划。例如，瑞士联邦政府在福岛核事故后宣布将在2034年前逐步关闭该国境内全部核电站，①德国政府也决定于2022年前关闭境内所有核电站。② 意大利在2011年进行全民公投，结果以90%多的绝对多数废除了时任政府关于重启核电站的项目，由此，意大利成为欧洲第三个宣布将终止发展核电的国家。③ 澳大利亚、以色列、委内瑞拉等国政府也明确表示反对建核电站。而一直以来都相当依赖核电站的法国虽然认为核电有助于法国完成减排目标，向清洁能源过度，但有必要审慎地发展更加安全的核电技术，不希望继续保持对核电的高度依赖，其表示将会在2025年前将对核电的依赖程度从75%降至50%，相当于关闭24座核电站。法国国民议会2019年9月通过了《能源与气候法案》，将上述规划立法化。但是，

---

① 《瑞士计划2034年前逐步关闭核电站全面放弃核电》，载北极星电力网，http://news.bjx.com.cn/html/20110526/284962.shtml。

② 《德国宣布将于2022年前关闭国内所有核电站》，载腾讯网，https://news.qq.com/a/20110530/001013.htm? qq = 0&ADUIN = 451114119&ADSESSION = 1306741953&ADTAG = CLIENT.QQ.3187_.0。

③ 《意大利全民公投否决重启发展核电》，载北极星电力网，http://news.bjx.com.cn/html/20110615/287901.shtml。

随着时间的推移，对核电站安全的关注和质疑逐渐减弱，特别是在具体论证或执行核电站关停与缓建计划的时候发现替代核电的新能源不能填补核电退出后的能源空白，导致能源供应不足、无法满足社会生活生产的需求之后，各国纷纷对上述核电政策作出了一定调整。例如，瑞士政府虽然坚持在2050年前逐步完成向再生能源的过渡，但瑞士政府并没有马上关停核电站，而是允许核电站在安全的情况下继续运作，不为关闭核电站设定时间表。值得注意的是，瑞士没有为核电站的营运执照设定年限，换言之，只要核电站和监管部门认为核电站是安全的就可以一直营运下去。这为瑞士替代核电站的新能源建设提供了极大的缓冲时间。2016年11月，瑞士举行了全民公投，否决了加速核电站关闭的提案。[①] 法国为减少核电的比重列出了明确的时间表，但其2019年的《能源与气候法案》中并没有明确禁止建造新的核电站，因此在关停老旧核电站的同时发展更加安全的核电技术并应用是可能的，这为核电发展预留了政策空间。

美国、英国、法国、俄罗斯、韩国、印度等国家和国际原子能机构对核电的安全性进行了重新评估，得出了明确的结论：在现有的核技术条件下是可以保证核电站安全的。这些国家在短暂地搁置核电计划后并没有停下发展核电的步伐。例如，美国继续按原定计划发展核电。在福岛核事故后反核电站情绪高涨，并且美国已经在三哩岛核事故后30多年未新建核电站的情况下，2012年3月底，美国核管制委员会以4∶1的投票表决结果，批准由美国南方电力公司（Southern Co.）在佐治亚州新建一座核电站，并负责其未来两个核反应堆的运行。[②] 这显示美国对其新一代核电技术的安全性有非常大的信心。英国在福岛核事故后也逆风决定发展核能。英国计划将核能行业的产出翻倍，由英国电力需求的18%增加到40%。为实现这一计划，英国未来将在政府指定的8个新核能发电站点各建设2个大型反应堆，并于2013年批准了选址于英格兰西南部的萨默塞特郡欣克利角的

---

① 《瑞士举行全民公投　否决加速核电站关闭》，载观察者网，https://www.guancha.cn/global-news/2016_11_28_382055.shtml。

② 参见《美国批准新建30多年来首座核电站》，载网易新闻网，http://news.163.com/12/0210/13/7PTFNRDP00014JB5.html。

核电站计划。[①] 俄罗斯、韩国、印度在短暂地对核电站进行安全检查后没有放弃原有的核电政策,声称日本福岛核事故已不再对其核能发展产生重大影响,政府对核电政策的立场完全没有改变;波兰和捷克出于减少对俄罗斯油气依赖的考虑,支持继续利用核能。[②] 日本由于国土面积小、资源贫乏,在福岛核电站之后对全日本的核电站进行安全评估和升级时面临着电力短缺的阵痛,在认识到放弃核电是不可承受的后,转而更加积极地研究新一代安全核电技术。

中国在福岛核事故后便暂停审批所有核电项目。2012 年年底,核电华能石岛湾核电正式开工,标志着中国核电项目正式重启。随后,福清 4 号、阳江 4 号、山东石岛湾高温气冷堆核电站示范工程、田湾核电二期工程 1 号机组等 4 台机组先后开始建设,在建核电站的规模位居世界第一,显示出了中国对安全利用核能的坚定信心。

世界各国对该事故处理已从最初的应激反应逐渐过渡到趋于理性或长远考量,在此基础之上,逐渐在解决能源供给、保障能源安全、完成节能减排目标以及民众心理之间达成了平衡。虽然福岛核事故对核电产业的影响还远未结束,核电前景仍不十分明确,但宏观趋势是比较明显的。纵观全球核电发展史,虽然历史上出现过几次严重核事故,也对核电的发展带来过短期的负面影响,但核事故也是契机,让公众更加关心核电站安全,促进了公众对核技术的认知,加速了核技术、核安全标准的改进和国内国际监督保障体制的改革。相较传统能源而言,核能更为高效清洁,经济价值较高。鉴于未来巨大的能源需求,以及核电的高效能清洁性,在能源危机和环境危机的背景下,核能将是全人类解决能源和环境问题的希望。尽管一些国家对于利用核能出现了恐惧和犹豫,但核电的发展前景整体是向好的。国际原子能机构和经合组织就对核电的发展前景作出过预测,认为到 2035 年,全球核电装机容量将上升 44% ~99%,其中东亚核电装机容量将上升

---

① 参见《英媒:英国拟新建核反应堆核电产能计划翻倍》,载网易新闻网,http://news.163.com/11/0822/14/7C2OPB3U00014JB5.html。

② 参见陈文学:《日本福岛核事故的影响与我国核电企业的战略应对》,西南交通大学 2012 年硕士学位论文,第 24 页。

125%～185%。①

经历这次核事故，各国对核能的利用趋于理性，福岛核事故中的经验教训将使核技术向更加安全可靠的方向发展。可以预见的是，更加安全高效的核电技术将会得到快速发展并加快商业化应用。

四、日本福岛核事故后全球核电安全技术的改进

福岛核事故后各国均对核电站进行了安全检查，结果表明目前的核电站技术和核电站本身是满足核安全法规的要求的。针对福岛核事故暴露出来的问题，各国开始加快了对核电站安全的改进工作，改进的总体思路和方向基本一致。

（一）提高对极端外部事件的防御水平

以往的核安全措施比较注重核设施内部的安全运行，针对外部的极端事件的设计余裕不足，在福岛核事故后，各国均进一步提升对外部事件的防御水平，提升了多层次纵深安全保障能力，以预防和缓解极端外部事件导致的严重事故。首先，在厂址选择方面，要求充分考虑可能的外部事件，并针对具体情况留足裕量。特别是针对地震和洪水，需要进一步考虑它们对核电站可能造成的影响，针对地震和洪水的防御设计需要考虑更加极端的情况，包括各种极端自然灾害叠加起来的情况。要根据厂址附近的具体情况，进一步完善包括地震、狂风、洪水等极端外部事件的防灾预案和相关管理程序，提高外部事件发生时的预警和应对能力。

（二）制定严重事故预防和缓解的策略

在进一步采取预防措施以保障核电站安全的同时，各国也更加注重事故发生后缓解事故的措施，包括完善事故后的应对指南、提升损害管制能力等。在设计上完善了应急电源的安全供应，提升了失去外部电力时的内部供电的安全性和稳定性，针对极端外部事件引起的高压熔堆、蒸汽爆炸、熔融堆芯等严重事故提出了更加具体的措施。对乏燃料水池的监测手段、监测范围、监测仪表和系统可用性

---

① 参见《国际原子能机构对核能的未来进行预测》，载国家能源局官网，http://www.nea.gov.cn/2012－09/21/c_131865470.html。

也提出了要求。对严重事故下安全壳内氢气监测与控制措施配置、效率评估、严重事故情况下的功能实现和设备可用性也提出了要求。

（三）加强水电等技术手段在实体方面的改进

针对福岛核事故中应急水电失效的问题，各国对应急条件下的补水及相关设备设置提出了更高的要求。例如，采用二回路或一回路应急补水，设置移动泵和管线，并设置连接的补水管线，提升相关技术的可行性和可靠性，以在紧急情况下有效地对乏燃料水池提供应急补水，满足堆芯冷却和乏燃料水冷却的用水需求。在应急电力方面，提出增加移动式应急电源，并将这种移动式应急电源配置在安全的地方，以在核电站丧失全部站外电时配置移动式应急电源为实施应急措施提供临时动力，缓解事故后果，并为恢复站内外交流电源争取时间窗口。

（四）限制严重事故下放射性物质的释放量

如何防止平时放射性物质的泄漏，减少严重事故下放射性物质的释放量是核安全的一个重要方面。阻止放射性物质向环境扩散的主要屏障是安全壳。福岛核事故后，各国对反应堆安全壳进行了改进，主要思路是提升安全壳安全功能及包容能力，减少放射性物质向环境释放的可能和速率。包括提高安全壳的稳定性，降低其失效率；提高安全壳对内外部事件的承载极限，提升安全壳在极端事件下的防护水平，使安全壳在严重事故下仍然能发挥作用；综合考虑诸如爆炸等情况对安全壳的影响，评价安全壳超压起弹塑性变形导致的泄漏和安全壳旁通型的严重事故，保证安全壳的应力和变形符合弹塑性准则，压力边界不会产生破裂；对于超出安全壳极限承载能力的情况，应全面分析和考虑安全壳超压保护及过滤排放的措施；考虑安全壳泄漏放射性物质的收集能力等。

（五）加强应急准备和支援能力

在发生核事故之后，必须考虑核电站内进行应急处置的人员，应当适当提升控制中心或者场内其他紧急控制中心在核事故发生后的安全性，以保证工作人员的安全，使之可以安全地尝试初步控制核事故。应当加强通信设备的安全和可用性，确保站内重要地点之间以及站内站外的通信畅通，使指令能传达到处置事态的控制员手上，同时保障核电站重要安全参数的实时传输能力，为及时判断和处置事故提供关键的参数支持。应当强化核电站的检测能力和水平，确保在出现严重事故的时候有必要的检测手段。各国也更加全面地制定了外部救援预案，提升站外应急人员在极端环境下的快速反应和投送能力，在核事故发生后的第一时间能根据应急预案协调外部应急人员和物资快速支援核电站。

第三节　中国核安全法律制度的发展

一、中国与核安全保障国际法

（一）中国核能利用的发展

新中国对核能的认识首先也是从核武器上开始的。1945 年 8 月，美国在广岛和长崎分别投下原子弹，核武器的毁灭性效果使世人震撼，我国当时就注意到了原子弹这一战略武器。毛泽东在延安的一次干部会议上说："原子弹能不能解决战争？不能！原子弹不能使日本投降，只有原子弹而没有人民的斗争，原子弹只是空的。"1946 年 8 月 6 日，在会见美国记者时，毛泽东又作了经典论述："原子弹是美国反动派用来吓人的一只纸老虎，看样子可怕，实际上并不可怕。"

新中国成立后，我国更是面临实际的核武器威胁。面对国际形势变化的现实，中国在战略上蔑视核武器转为在战略和战术上都重视起来。1955 年 1 月 15 日，毛泽东在中共中央书记处扩大会议上作出了中国要发展核工业的战略决策。1956 年 4 月 25 日，毛泽东在中央政治局扩大会议上说："还要有原子弹。在今天的世界上，我们要不受人欺负，就不能没有这个东西。"①为此，中国动员了无数人力物力，特别是在苏联撤走了全部援华专家后，我国的核科学家和工程师在困难的条件下独立自主地发展核武器，终于在 1964 年和 1967 年分别试爆成功第一枚原子弹和氢弹，跨入了拥有核武器国家的行列。

在研究核武器的同时，中国也开始研究民用核技术。中国的第一个核电计划

---

① 《毛泽东：没有原子弹那个东西，人家就说你不算数》，载新华网，http://www.xinhuanet.com/mil/2016-05/16/c_128987657_3.htm。

是“581”工程，即1958年第一号工程，计划在苏联援助下建设一座采用苏联技术的核电站。由于中苏关系破裂，苏联终止援助，“581”工程被迫停止。之后10余年，由于材料、技术和工艺的问题，中国核电发展陷于停滞。1970年，为解决华东地区能源矿产稀少带来的电力供应不足问题，周恩来提出发展核电。[①] 1974年3月31日，周恩来主持召开中央专委会，正式批准了建设核电站的方案，即“七二八”工程。[②] 1982年，将核电站厂址定在浙江海盐县秦山，并于1987年开工建设，1991年并网发电，这是我国首个核电站。同时，我国也务实地作出了引进国外核电技术的决定。广东大亚湾核电站即是引进法国的核电技术，于1979年开始论证，1987年开工建设，1994年上半年投入商用。

1983年年初，回龙观会议召开，会上议定了《核能发展技术政策要点》，确定了核电的主要技术路径，形成了先引进技术后逐步国产化发展方针。根据会议精神，国务院于1983年9月成立了核电领导小组。

1988年，我国成立能源部，统一规划包括核电在内的电力发展。能源部确定了中国第一部核电发展规划，并启动了全国范围内的核电厂选址工作，中国的核电事业迎来了快速发展期。不过，由于技术储备的问题，这一时期我国的民用核电技术基本都是在引进的基础上改进。随着经验和技术的积累，我国开始着手自主研发核电技术。

以福岛核事故为契机，核电安全的标准有所提高，第三代核电技术在新建核电站中得到广泛应用。2013年4月开始，中国中核集团和广核集团在交流与融合的基础上，设计建造了具有自主知识产权的第三代核电技术方案“华龙一号”，并通过了国家总体技术方案审查会。迎来了更加安全的第三代核电技术，我国的核电事业在经历了福岛核事故之后短暂的低谷后又开始了新的繁荣期。截至2019年6月，我国运行核电机组共47台，机组数量居世界第三，在建机组数量世界第一，中国跻身世界核电大国的行列。[③] 预计到2030年，核电在我国发电量的占比

---

① 参见《周恩来与中国核电站建设》，载人民网中国共产党新闻网，http://zhouenlai.people.cn/n1/2017/0522/c409117-29292250.html。

② 参见《当代中国》丛书编辑部：《当代中国的核工业》，中国社会科学出版社1987年版，第87页。

③ 参见中华人民共和国国务院新闻办公室：《中国的核安全》，人民出版社2019年版。

将从现在的4.2%上升到2035年的10%左右，我国核电发电量将有望超过美国，成为核电总装机容量最大的国家。

（二）中国对于核安全保障国际法的参与

1. 中国与核保障国际法

从历史来看，中国发展核武器并不是为了威胁别人，而是为了维护主权，和平发展，必须打破大国的核威胁、核垄断，以达到防止核战争，最终促成无核武器世界的目标。中国在拥有核武器后，第一时间就声明在任何时候都不首先使用核武器，也不对无核武器国家和地区使用或威胁使用核武器。至今这个立场也未改变。中国历史上也从来没有威胁过使用核武器。这充分说明了中国对于核武器的立场是坚定的、一贯的。

改革开放之后，中国的重心转移到了经济建设上，也逐步参与进全球治理当中，对核保障国际条约的态度有所缓和。中国认为，只有当美苏两国的核裁军使其对世界的威胁降低，让世界满意的时候，中国才会加入《不扩散条约》。在苏联解体后仅几天的1991年12月28日，中国判定全球性核战争威胁基本消除，决定加入该公约，1992年3月9日递交加入书，该公约同时对中国生效。在禁止核试验方面，在1963年《禁止在大气层、外层空间和水下进行核武器试验条约》通过时，基于当时历史条件，中国对该条约进行了猛烈批判，认为该条约具有歧视性，通过反对该条约表达了对核威胁和核垄断的不满。中国自始至终认为只有更全面地禁止核武器才能让核保障国际制度不成为大国单方面的工具。冷战结束后，各国开始准备谈判以制定一个更加全面的禁止核试验条约。1994年1月，日内瓦裁军谈判会议正式开始谈判《全面禁止核试验条约》，1996年9月10日，第五十届联合国大会续会以压倒性多数票通过决议，认可了《全面禁止核试验条约》文本。9月24日，《全面禁止核试验条约》在纽约联合国总部开放供签署。中国一开始就参与了谈判进程并在联合国大会上投了赞成票，并于《全面禁止核试验条约》开放签署当日继东道主美国之后第二个签署了《全面禁止核试验条约》，同时发表声明重申了中国一贯主张全面禁止和彻底销毁核武器，并为早日实现这一目标继续努力奋斗的原则立场。中国签署了该条约，但未正式批准。

2. 中国与核安全国际法

我国参与核安全国际法进程中的第一步,是加入旨在加速和扩大原子能的安全与和平利用的国际原子能机构。我国政府于1984年接受了《国际原子能机构规约》,正式加入了该机构。1988年9月,中国与国际原子能机构正式签署了《中华人民共和国与国际原子能机构关于在中国实施保障监督的协定》,同意国际原子能机构对中国部分民用核设施进行安全检查。1989年6月,中国向国际原子能机构提交了第一批自愿接受保障协定的清单,包括中国原子能科学研究院的两座研究堆、秦山核电站和大亚湾核电站的两座95万千瓦动力堆等核设施。1998年12月,中国与国际原子能机构签署了《中华人民共和国和国际原子能机构关于在中国实施保障监督的协定的附加议定书》。2002年3月28日,附加议定书对中国生效。我国加入国际原子能机构之时正值我国核电站事业刚刚起步之际,随后与国际原子能机构开始了密切的关于安全和技术的交流。① 国际原子能机构的专家们给中国初代核电技术人员详细介绍了国际核电安全标准和相关配套法规,不仅推动了我国核电技术的发展,也为接下来开展核安全的国际交流积累了经验。

1986年苏联切尔诺贝利核电站事故使国际社会对核电站的安全空前关注。国际原子能机构迅速行动,采取了一系列措施,包括组织制定了《核事故公约》和《援助公约》。中国参与了这两个公约的制定,并在1986年9月26日,成为两公约的第一批签署国。两项公约在1年后被中国政府核准并于1987年10月11日对中国生效。

另一项核安全方面的重要公约是《核安全公约》。该公约成立于1994年6月17日生效。经历了10年的发展,中国核电事业已经有了初步成效,对核安全有了一定的认识,并且认识到了通过制定国际公约来建立和加强国际核安全的必要性。因此,中国对《核安全公约》十分重视,积极参与了从《核安全公约》起草开始至《核安全公约》通过、签署的全过程的所有活动,使《核安全公约》基本反映了中国的观点,中国的签署批准也十分迅速,在1994年9月20日签署了此公约,1996年10月24日就对中国生效了。迄今为止,中国为了已经根据《核安全公约》的要求,提交了7次《核安全公约》中华人民共和国国家报告,第八次报告(2016~

① 参见詹欣:《中国与全球核安全治理》,载《当代中国史研究》2019年第2期。

2018)也已完成编写工作,其中详细描述了我国在核电站安全领域的进展和制度安排,充分履行了缔约国任务。①

《联合公约》作为规制核安全管理的末端环节领域的公约,填补了该领域无有约束力国际文书的空白。《联合公约》1997 年 8 月通过并于 2001 年 6 月生效,同时规定了一个与《核安全公约》相同的同行审议机制,与适用于核燃料循环前端的《核安全公约》是"姊妹公约"的关系。这标志着国际核安全法律框架体系基本形成了对民用核燃料循环过程的全面覆盖。我国于 2006 年 9 月 12 日交存加入书,该公约于 2016 年 12 月 12 日对我国生效。由于《联合公约》通过较晚,其在同行审议机制的设计上更加具体使该制度指导性和可操作性更强。我国同样恪守义务,最近一次报告是向《联合公约》缔约方第六次审议会议提交的中华人民共和国履约第四次国家报告。②

3. 中国与核安保国际法

核材料的保护问题是核安保的重要议题。在民用核材料实物保护领域,《核材料实物保护公约》是唯一具有法律效力的国际公约。此公约于 1987 年 2 月 8 日生效,1989 年 2 月 9 日对我国生效。不过,我国在加入该公约时提出不接受该公约提供的两种争端解决程序的约束的保留。该公约规定各国负有在国内建立核材料实物保护的制度,包括建立相关的法律和监管框架、设立监管部门和应急预案以及宣传核材料安保文化等义务。作为回应,1994 年 9 月 1 日,中国公安部和国家原子能机构发布了《核材料国际运输实物保护规定》,其中规定经营核材料进出口贸易业务的企业经营核材料国际运输,必须经国家主管部门批准,违法处置核材料将负法律责任,并且对核材料在运输期间的保护措施进行了明确规定。③足以看出,中国政府对核材料和核设施实物保护工作非常重视,支持国际原子能机构在加强核材料和核设施实物保护方面发挥适当的作用。

---

① 《核安全公约》要求缔约方提交关于履行公约各项义务而采取的措施的报告,并参加由核电业同行组的审议会议,以激励各国提高核安全水平。具体条款参见《核安全公约》第 5 条、第 20 ~ 22 条以及第 24 条、第 28 条。

② 参见刘思彤:《国际核安全法律体系下〈中华人民共和国核安全法〉研究》,外交学院 2019 年硕士学位论文,第 33 页。

③ 《核材料国际运输实物保护规定》第 5 条、第 19 条至第 23 条。

1999 年,国际原子能机构开始了修订《核材料实物保护公约》的进程,截至 2001 年 5 月,成员国在确定核材料与核设施实物保护的基本目标和原则方面基本达成共识,但仍存在众多分歧。2001 年的“9·11”事件让全世界笼罩在恐怖主义的阴影之下,使越来越多的人对核材料和核设施的安全感到担忧,客观上推动了《核材料和核设施实物保护公约》的修订。2005 年,《核材料和核设施实物保护公约》修订案终于得到通过,把适用范围扩大到对核材料的使用、贮存以及运输的所有涉及可能对核材料失去掌控的阶段。2009 年 9 月 14 日,中国政府向国际原子能机构递交了《核材料和核设施实物保护公约》修订案批准书。

2005 年,《核恐怖主义公约》也得到通过,标志着国际反核恐怖主义活动制度初步形成。《核恐怖主义公约》的目的是促进世界各国和平利用核能并预防国际核恐怖主义行为的发生,加强对核材料和核设施的全方位管控。《核恐怖主义公约》要求各缔约国将非法持有放射性材料或致使放射性材料泄漏等行为认定为犯罪行为,并加强对此种犯罪行为的管辖与审判,最大限度预防核恐怖主义活动的发生。该公约自 2007 年 7 月 7 日起生效,我国于 2005 年 9 月 14 日签署该公约,2010 年 8 月 28 日批准。

除此之外,我国还了加入了《防止倾倒废物及其他物质污染海洋公约》。该公约规制的范围是广义环境法上的“废物”,虽然未具体规定核废料的处理,但是,针对核废物的处理各缔约国首先应当满足此公约中处理所有种类废物的规定,不向海洋中倾倒。我国不仅积极参加和信守有关核安全的国际条约和协定,并且与许多国家签订了核能和平安全利用的双边协定,这些双边协定,在处理我国与相关国家在核安全领域的相互关系时,也是应当遵守的法律规范。例如,《中华人民共和国国家核安全局和日本国通商产业省核安全合作协定》《中华人民共和国国家核安全局和大韩民国科学技术部核安全合作议定书》等。此外,中国还与美国、澳大利亚、法国、瑞士、哈萨克斯坦等国家签订了政府间和平利用核能的合作协定。

综上所述,我国参加了诸多核安全保障领域的重要公约和国际协定,这些国际条约和协定通过国际法的适用不仅成为中国核安全立法的重要渊源,而且其中先进的理念、原则和制度为国内立法提供参考,推动了中国核安全的立法进程,促进了我国核安全法律体系的建立和完善。

二、核安全国际法与中国核安全法律体制的发展

(一)中国的核安全法律体系

虽然我国从20世纪50年代中期开始核技术应用,但应用范围限于农业、医学、工业、环境保护以及资源勘探等领域中放射性同位素和射线装置的利用。因此,这一时期的规制重点在于对放射性同位素和射线装置产生的电离辐射安全进行管理。① 到了20世纪80年代,我国核电事业发展迅速,特别是加入国际原子能机构和成立核安全局后国际核能交流增多。为了符合国际原子能机构的安全要求,达到国际上核安全监管水平,1986年10月29日国务院发布了《民用核设施安全监督管理条例》,此为中国国内核安全法制建设的开端。之后,经过数十年的发展,我国核安全保障法律体系已经初步建成,包括法律、行政法规、部门规章、核立法性指导性文件(导则)、地方性法规等不同层次,上述我国参与的涉及核安全的国际条约也通过国内法的转化适用成为我国核安全法律体系的一部分,形成多层次、覆盖广的核安全法律体系。

1. 法律

目前我国涉及核安全的全国性法律是《放射性污染防治法》和《核安全法》。

2003年的《放射性污染防治法》是我国第一部涉及核安全领域的专门法律。《放射性污染防治法》分为8章,共63条,比较全面系统地规定了我国的核安全法律制度,《放射性污染防治法》坚持了"全过程管理原则""减量化原则"等基本原则,确立了许可证制度、环境影响评价及优先制度、放射性污染监测制度、"四同时"制度②、安全防护制度、标准控制及放射性废物处置制度、核事故应急制度以及核损害赔偿,构成了放射性活动规制的基本法律制度。《放射性污染防治法》对防

---

① 参见张钰羚:《核安全立法的历史沿革与现实思考》,载《华北电力大学学报(社会科学版)》2017年第6期。

② 根据《放射性污染防治法》第21条的规定,"四同时"制度指核设施相配套的,或者与铀(钍)矿和伴生放射性矿开发利用相配套的放射性污染防治设施,以及核技术利用中放射工作场所的放射防护设施,应当与主体工程同时设计、同时施工、同时验收并需验收合格、与主体工程同时使用。否则,主体工程不可投入使用。

治核辐射,保障核能与核技术的安全利用,保护人员生命健康,保护生态环境,从立法指导思想、基本原则、基本法律制度等方面都作了规定,并以法律规定建立了我国的核能安全监督管理体制,为我国整个核安全法律体系的建立奠定了基础。在《核安全法》颁布施行之前,《放射性污染防治法》一直是我国核安全领域唯一一个全国性法律,也是我国核安全的基本法。

当前我国核安全法律的另一个基石是 2018 年 1 月 1 日正式施行的《核安全法》。《核安全法》共 8 章,94 条,旨在建立一整套科学、权威、有效的核安全法律制度,形成核安全的法制保障。确立了严格的标准、严密的制度、严格的监管和严厉的处罚。《核安全法》充分体现了习近平总书记提出的总体国家安全观中的中国核安全观,是完善国家安全法律体系、全面推进依法治国的实际举措,对建立健全更加标准、更加严格科学的核安全管理体系,保障我国核事业持久安全和健康发展,进而确保国家核安全,具有重大的现实意义。《核安全法》是迄今为止我国在核安全领域最新的立法成果,将在未来发挥重要作用。

此外,在法律这一层面,我国《环境保护法》《矿产资源法》《固体废物污染环境防治法》等法律中都有涉及核能核技术安全使用的规定,其中对于放射性物质安全管理的规定和关于违反放射性物质监督管理所应承担的行政、刑事、民事法律责任的规定,也属于我国核安全法律体系的组成部分。

2. 国务院行政法规

国务院制定施行的行政法规成为我国核能安全营运法律制度的重要组成部分,这些行政法规包括核事故的预防、应急、处置,核材料的运输、管制,核设施的运行等各个方面,成为了我国核安全法律体系的重要组成部分。当前,国务院颁布的行政法规中涉及核安全的有以下几个:1986 年《中华人民共和国民用核设施安全监督管理条例》、1987 年《中华人民共和国核材料管制条例》、1993 年《核电厂核事故应急管理条例》、2006 年《中华人民共和国核出口管制条例》(修订)、2007 年《中华人民共和国核两用品及相关技术出口管制条例》(修订)、2014 年《放射性同位素与射线装置安全和防护条例》、2008 年《民用核安全设备监督管理条例》、2010 年《放射性物品运输安全管理条例》、2011 年《危险化学品安全管理条例》(修订)、2012 年《放射性废物安全管理条例》等。

3. 部门规章、地方性法规

除法律和行政法规外，国务院和国家核安全局、国防科工局等国务院核安全监管与核能行业主管部门（核工业主管部门）还针对具体的管理事项制定了相应的法规性文件和部门规章。例如，1986年《核电厂环境辐射防护规定》；1986年《城市放射性废物管理办法》、1990年《核材料管制条例实施细则》和《放射性环境管理办法》、1991年《核电厂设计安全规定》《核电厂厂址选择安全规定》《核电厂运行安全规定》《核电厂放射性废物管理安全规定》；1993年《民用核燃料循环设施安全规定》《民用核承压设备安全监督管理规定》；1995年《研究堆运行安全规定》；1997年《放射性废物安全监督管理规定》《核出口管制条例》、1998年《核两用品及相关技术出口管制条例》；2004年《核动力厂设计安全规定》；2006年《放射性同位素与射线装置安全许可管理办法》等。涉及核安全的导则有包括《核事故辐射应急时对公众防护的干预原则和水平》《核电厂安全运行管理》《核设施的安全监督》等70多个文件，此外还有180多个技术文件①。

此外，在地方层面，深圳、广东、浙江等建有核电厂的省市也制定了相关的地方性法规和规章。例如，深圳市1994年《大亚湾核电厂周围限制区安全保障与环境管理条例》、1997年《广东省民用核设施核事故预防和应急管理条例》和2002年《浙江省核电厂辐射环境保护条例》等。

总体而言，中国目前已经建立了以法律和行政法规为主要框架、辅以大量部门规章和技术导则以及地方法规等较全面的核安全法律规范体系，基本覆盖了中国核能利用活动全过程、各领域，对安全利用核能发挥了重要的制度保障作用。然而，我国现有核安全具体法律规则不够完善，核安全顶层法律缺位，核安全法律制度体系性不强，制度之间缺乏统筹协调，难以满足我国核能发展新形势下的制度需求。

（二）中国的核安全监管体制

根据《核安全法》规定，国务院核安全监督管理部门负责核安全的监督管理。

① 参见国家核安全局官网的部门规章列表，http://nnsa.mee.gov.cn/zcfg_8964/fg/fgbmgz/index.html。

国务院核工业主管部门、能源主管部门和其他有关部门在各自职责范围内负责有关的核安全管理工作。国家建立核安全工作协调机制,统筹协调有关部门推进相关工作。①

国务院核安全监督管理部门指的是国家核安全局。核安全局是生态环境部下的一个国家局,局长由环境部副部长兼任,具体负责环境部在核安全监督管理方面的工作,对全国民用核安全相关活动实施全面监督管理,其主要职责为:承担核安全、辐射安全、放射性废物管理工作,承担法律法规草案的起草工作,拟订有关政策;承担核事故、辐射环境事故应急工作;对核设施安全、放射源安全和电磁辐射、核技术利用、伴生放射性矿产资源开发利用中的污染防治实行监督管理;对核材料的管制和民用核安全设备的设计、制造、安装和无损检验活动实施监督管理;承担有关国际条约实施工作。核安全在全国设有华北、华东、华南、西南、西北和东北六个核与辐射安全监督站作为派出机构,负责各自区域内的核与辐射安全监督工作,以及全国核安全设备设计、制造、安装持证单位监管。

核工业主管部门指国防科技工业局。国防科技工业局是2008年设置的由工业和信息化部管理的国家局,前身是原国防科学技术工业委员会。国防科技工业局行使由原国防科工委行使的组织协调武器装备方面的科研和生产的重大事项、保障军事工业核心能力建设等职责。国防科技工业局成立后,工信部委托国防科技工业局承办国家原子能机构的事务,代表国家参加国际原子能机构和其他政府间的国际组织的有关活动,履行相关职责。中国国家原子能机构的主要职责是:负责核领域政府间及与国际组织的交流与合作,并牵头负责国家核事故的应急管理工作;负责研究、拟定中国和平利用核能事业的政策和法规;负责研究、制定中国和平利用核能事业的发展规划、计划和行业标准;负责中国和平利用核能(除核电外)相关项目的论证、审批、监督、协调项目的实施;负责核安保与核材料管制;负责核进出口审查和管理;负责核领域政府间及与国际组织的交流与合作,代表中国政府参与国际原子能机构事务;承担国家核事故应急管理办公室的日常工作,负责研究制定国家核事故应急预案并组织实施;负责核设施退役及放射性废物管理。

---

① 参见《核安全法》第6条。

能源主管部门指2008年国务院部委改革后成立的国家能源局，是国家发展和改革委员会管理的国家局，行使国家能源行业管理方面的职责。核电事业的管理职责原本由原国防科学技术工业委员会行使，国家能源局成立后转为国家能源局下的核电司行使，使之成为我国核电事业的主管部门。国家能源局承担的核电管理方面的职责有：负责核电管理，拟订核电发展规划、准入条件、技术标准并组织实施，提出核电布局和重大项目审核意见，组织协调和指导核电科研工作，组织核电厂的核事故应急管理工作。

除上述3个主管部门外，公安部门、卫生部门、环境保护部门、自然资源部门、海关、交通运输管理部门等在各自的职责范围内分别对与核设施、核材料和放射性废物有关活动的安全保卫、卫生应急、辐射环境、运输管理等事项实施监督管理。①

需要注意的是，上述核安全管理体制一般监管的是民用核材料和核设施的安全，而军事核工业以及核武器的安全监管根据《核安全法》第92条，由国务院、中央军事委员会另行规定。

综上，各部门在各自的职权范围内，对核能、核技术的安全开发和利用实施相应的监督和管理。在核安全方面，我国初步建立了统一监督管理，多头负责的监督管理体制，并建立核安全工作协调机制，统筹协调有关部门推进相关工作。

（三）《核安全法》与国际法

我国《核安全法》在2017年9月1日十二届人大常委会第二十九次会议通过并于2018年1月1日实施。《核安全法》是我国在核安全领域的最新立法成果，也是我国履行自己在国际核安全体系中在安全和平利用核能、核设施安全运行、核材料实物保护、乏燃料和放射性废物安全管制等核安全方面承担国际义务的重要

---

① 《核安全法》第19条规定：核设施营运单位应当对核设施周围环境中所含的放射性核素的种类、浓度以及核设施流出物中的放射性核素总量实施监测，并定期向国务院环境保护主管部门和所在地省、自治区、直辖市人民政府环境保护主管部门报告监测结果。第51条规定：公安机关对核材料、放射性废物道路运输的实物保护实施监督，依法处理可能危及核材料、放射性废物安全运输的事故。通过道路运输核材料、放射性废物的，应当报启运地县级以上人民政府公安机关按照规定权限批准；其中，运输乏燃料或者高水平放射性废物的，应当报国务院公安部门批准。第52条规定：核材料、放射性废物的承运人应当依法取得国家规定的运输资质。这个运输资质由交通运输部门许可。

体现。

1.《核安全法》中关于核安全的定义

我国《核安全法》关于核安全的定义是在第2条。第2条规定:“在中华人民共和国领域及管辖的其他海域内,对核设施、核材料及相关放射性废物采取充分的预防、保护、缓解和监管等安全措施,防止由于技术原因、人为原因或者自然灾害造成核事故,最大限度减轻核事故情况下的放射性后果的活动,适用本法。”由此可见,《核安全法》中的“核安全”不仅包括狭义“核安全”的对于民用核能的利用规制,也包括对核设施、核材料和放射性物质的保护,这种保护不仅包括由于其自身危险性所需进行的安全保障措施,也包括对核材料、核设施以及放射性废物免受外部蓄意破坏的安保措施。由此可见,《核安全法》中的核安全定义不仅包括狭义的核安全(Nuclear Safety),也包括核安保(Nuclear Security)。这一点可以从《核安全法》第11条、第12条和第13条中对核材料和核设施预防和应对盗窃及恐怖主义的规定中得到印证。可见,我国《核安全法》不仅规制狭义的核安全,也涉及核安保的内容,是一部综合的民用核能安全法。

2.《核安全法》中确立的重要制度

我国《核安全法》中明确了一系列重要制度,这些制度将在我国后续的核安全监督管理体系中为保障我国核安全发挥重要作用,也是我国履行加入的国际公约的义务所作的国内法努力。

借鉴《核安全公约》和《联合公约》中的国家报告制度,《核安全法》中设立了核设施营运单位核安全报告制度。《核安全法》第35条规定国家建立核设施营运单位核安全报告制度,国务院有关部门和核设施营运单位应当建立核安全经验反馈体系,[①]以保证核设施营运单位能够按照《核安全法》的规定建立科学的安全管理制度并监督其履行情况。

根据切尔诺贝利核事故和福岛核事故后得到的核事故应急管理经验以及《核事故公约》和《援助公约》的精神,《核安全法》第四章专门规定了核事故应急响应制度。该制度不仅包括核电站造成的核事故情况下的应急响应,也将放射性废物及其他核材料造成核事故后的应急响应纳入其中。《核安全法》规定国家核事故

① 参见《核安全法》第36条。

应急委员会负责统筹协调核事故应急国际通报和国际救援工作，体现了我国积极承担我国在《核事故公约》和《援助公约》中承诺的国际义务。《核安全法》还规定国家对核事故应当建立核事故应急准备金制度。中央、各省和各核设施运营单位都需要制定核事故应急预案并报上一级主管部门备案。应急预案应当根据情况变化而及时更新，同时必须定期按照预案进行安全演习工作。

《核材料实物保护公约》中要求缔约国明确许可证持有者的责任，在国内宣传培育安全保卫文化，并且对安全威胁实施分级评估，实现对核实物保护的纵深防御。《核安全法》中创建核设施安全许可制度，放射性废物管理许可制度和放射性废物处置设施关闭制度，这些都需要向国务院有司申请许可，体现了对《核材料实物保护公约》和《核安全公约》义务的履行。同时根据《联合公约》中有关国际运输等方面的规定，我国《核安全法》还对核材料运输方面作出了具体的规定，要求核材料、放射性废物的运输包装容器也需要得到国务院安全监管部门的许可。《核安全法》第 63 条到第 69 条明确制定了核能安全利用领域的信息公开制度，确保公众参与，同时要求核设施营运单位要积极开展核安全宣传活动等义务，也体现我国对上述义务的遵守。《核安全法》第 12 条规定了安全保卫制度。第 13 条规定国家应开展国际合作，第 38 条到第 53 条从各个方面明确规定我国对核材料和放射性废物的安全保卫制度，体现了我国积极承担在《核材料实物保护公约》和《联合公约》中的国际义务。

虽然我国未加入核损害赔偿的公约，但是《核安全法》仍然明确了核损害赔偿制度。对违反法律和核安全监管制度造成的核安全事件，不仅应当对当事人进行追责，核设施营运单位也应当按照国家核损害责任制度承担赔偿责任，但能够证明损害是因战争、武装冲突、暴乱等情形造成的除外。① 这里提出了建立国家核损害赔偿责任制度，也明确了核损害赔偿责任是无过错责任，符合相关国际核损害赔偿公约的趋势。同时，《核安全法》还提到核设施营运单位可以建立责任保险制度，以降低核设施营运单位的营运风险，并确保有能力履行应当承担的损害赔偿责任。

---

① 参见《核安全法》第 90 条。

三、国际法视野下对中国核安全法律发展的思考

(一)明确核安全的范围,重视核安保与核保障立法

《核安全法》虽然包括核安全与核安保,但是从条文来看,明显更加侧重于核安全,对于核安保的内容较少,更没有涉及核保障。

如前所述,核安全保障国际法中包括核安全(nuclear safety)、核安保(nuclear security)和核保障(safeguard)三个部分,3S有着各自独立的领域,又相互联系,核安全和核安保都是对民用核能安全的保障,核保障则是对核武器的控制。三者在主体、目的和具体制度上有着明显差异。国际原子能机构为指导各国核安全立法所出版的《核法律手册(立法实施)》对核安全立法的范围的建议是:"本法适用于在一国领土内或管辖或控制下和平利用核能和电离辐射的所有活动和做法。本法不适用于被国家核安全监管机构制定的规章排除在监管控制范围之外的涉及风险的活动或做法。"①可以看出,国际原子能机构的立法建议是核安全法中不包括核安保法。对于核安保法,《核法律手册(立法实施)》的建议是单独制定相关的法律。当然,我国《核安全法》作为一部综合性核法,将核安保法内容也收入其中不是不可以,但是其中规定却仅仅是概述性质的,未对配套的制度和措施进行深入规定,导致《核安全法》中对于狭义核安全和核安保的规定比例失调,可能导致实践中对核安保的相对轻视。当然,我国在核安保领域有《核材料管制条例》《放射性物品运输安全管理条例》等行政法规,但是核安保作为与核安全一个位阶的概念,应当如核安全一样出台一部全国性法律来规制,而不是在整体偏向于规制核安全的综合性核法中仅占一章,这是不符合核安全与核安保的地位的。应当理顺核安全与核安保的关系,出台一部专门规制核安保领域的法律,同时将现有的《核安全法》中调整的范围归于狭义的核安全领域,这更符合立法逻辑。

同时《核法律手册(立法实施)》也建议成员国单独制定核保障法,同时指出国内核保障法应当包含国家履行相关核保障国际法的国际义务的规制,从而在国内

---

① *Handbook on Nucear Law: Implementing Legislation*, IAEA, 2010. p. 13. See https://www-pub.iaea.org/MTCD/Publications/PDF/Pub1456_web.pdf.

法上保障国家与国际原子机构之间关于其对保障措施协定的有效实施。虽然我国现有的行政法规中存在关于核材料和核设备出口管制的规定,但是在国家法律层次上并没有相关规定。根据同一逻辑,我国也应当出台一部关于核保障的国家法律,规制核材料、核军民两用设备的进出口,防止核武器扩散,以履行我国对于《不扩散条约》的义务,同时使我国的核安全保障法律制度得到真正全面的覆盖。

(二)完善核损害赔偿制度

在《核安全法》颁布之前我国核损害赔偿法律制度主要由两个批复组成,即1986年3月29日《国务院关于处理第三方核责任问题给核工业部、国家核安全局、国务院核电领导小组的批复》和2007年6月30日《国务院关于核事故损害赔偿责任问题的批复》,这两个批复对核事故造成核损害的赔偿主体、责任种类、赔偿限额、财政补偿限额、追索权、免责事由、赔偿请求权的时效、法律适用、诉讼管辖等几个方面的问题都作出了规定,特别是2007年的批复增加了民用研究堆、民用工程实验反应堆单位作为赔偿主体,同时增加了处理跨境核损害问题的原则规定,并规定了当无法区分核运营单位之间的责任时各个运营单位之间承担连带赔偿责任,营运者为保障赔偿资金而进行财务保证安排和购买足额保险制度等。以前述两个批复为中心,我国初步建立了核损害赔偿的法律制度。但是,前述两个批复只是中央的指导意见,并不是具有强制效力的法律文件。

《核安全法》第90条明确规定国家建立核损害赔偿制度,这是第一次在法律中明确规定了核损害赔偿制度。但是,也仅有一条规定,只作了原则性的宣示,并没有具体的制度和配套措施,因此在实践中意义不大。国际原子能机构的《核法律手册(立法实施)》同样建议成员国单独制定核损害赔偿责任法,我国在未来的立法中可以出台专门的涉及核损害赔偿的单行法律,在法律层次构建核损害赔偿责任体系,对核损害责任的承担主体、责任划分与认定、赔偿额限额规定、国家财政补偿机制、诉讼机制、诉讼时效、法院管辖等方面作进一步的细化规定。具体的内容可以参考相关国际公约。例如,在赔偿范围的确定上,可以参考《1997年关于核损害民事责任的维也纳公约议定书》,对于核事故核污染造成环境损害的赔偿,既包括可得利益的损失,也应包括恢复环境费用的损失,还应当包括预防措施等合理措施费用的损失。在赔偿限额上,根据我国的经济发展而不断调整提高,在诉讼时效上，应当考虑到核损害的较长的潜伏期而延长，等等。

(三)适时加入有关国际公约

随着我国核电事业的不断发展和开放程度的不断提高，我国逐渐参与进核安全国际体系中，批准了核安全保障领域的主要公约，并且积极参与全球核安全治理，特别是2010年以来参加了历届的核安全峰会，提出了中国的核安全观，成为核安全保障领域的倡导者，在国际舞台上发挥着越来越重要的作用。

但是，仍有几个重要的国际条约我国没有签署或批准，影响了我国在国际核安全领域的合作与发展，也不利于保护我国的民用核设施的安全和利益。在国际核损害赔偿上，我国既不是巴黎公约体系成员国，也未加入维也纳公约体系。2018年生效的《核损害补充赔偿公约》既是两大公约体系的集大成者，同时是几乎向所有国家开放的独立公约，具有更大的开放性和包容性。加入《核损害补充赔偿公约》可以使我国在受到核损害时能更好地向他国请求赔偿，维护我国利益，还能促使我国完善核损害赔偿法律制度，依照国际标准提高营运人核损害最高赔偿限额与政府补充赔偿限额，并增强核电企业和国家政府应对核损害赔偿问题的能力，使之融入国际核损害赔偿法律框架中，进而促进我国核安全的发展。

我国也未加入《研究反应堆安全行为准则》。该准则旨在为研究反应堆建立一个国际法律框架，在规制研究反应堆安全的国际法领域可与规制核电站安全的《核安全公约》相媲美。该准则的目标与《核安全公约》相似，都是希望在国际合作下，在每一个国家严格实施具体的管控措施，在全球范围内实现和维持民用研究反应堆的高级安全标准和安全水平，通过适当的操作条件、事故预防机制和事故处置机制来保护工人、公众和环境免受辐射危害。作为积极研究核电技术的国家，我国有不少的民用研究反应堆。根据国家核安全局2018年年报，截至2018年12月底，全国共有19座在役民用研究堆(临界装置)，这些研究堆同样受我国国家核安全局监管。《核安全法》中将研究堆、实验堆、临界装置等列为“核设施”的一种并适用《核安全法》的规制。① 然而我国却并未加入或声明接受国际原子能机构的这份《研究堆安全行为规范》，因此我国的民用研究堆也不处在国际原子能机构

① 参见《核安全法》第2条。

的监管框架下。为了提高我国民用研究堆的安全水平,促进研究堆科研领域的交流,我国可以适时加入《研究堆安全行为规范》。

此外,我国虽然签署了《全面禁止核试验条约》,但至今为止尚未批准,该条约也未对我国生效。鉴于我国自20世纪90年代开始就已经暂停了核试验,并且在核试验中收集了足够数据以供后续的研究,我国可以适时批准该条约,表明我国对于核武器的一贯立场和最终消灭核武器的目标。

(四)设置统一独立的高级别核安全监管部门

《核安全法》将独立监管作为基本原则,[①]据此应当构建一个独立的监管体制。目前我国的核安全主管机构有国防科技工业局-国家原子能机构、国家核安全局、国家能源局,他们都有一定核安全发展管理职能和监管职能,就出现了"既当运动员,又当裁判员"的现象,独立性不够。同时,三者在技术准入、政策规划、核材料管理、事故应急处置和信息公开上的职能又有一定的重复交叉,造成"九龙治水"的情形,实际上可能会出现权力交叉带来的相互推诿、监管不力等局面。

既然《核安全法》提出要"独立监管",就有必要构建一个高级别的独立监管体系。目前的监管体系级别不高,也不独立。可以建立专门的核安全监管机构、强化核安全监管机构的独立性,整合核安全监管权,建立专门的核安全监管机关并提高和法定化其组织地位,是核能安全的重要保障。[②] 可以整合上述核安全监管部门的职能,由国家核安全局或其他国务院核安全监督管理部门行使规划核能项目、审批准入资格、监督核材料的流动和核设施的运营、协调核事故应急处理和善后措施,甚至还可以成立一个更高级别的由工信部、环境部和应急管理部等联合组成的委员会,独立监察核安全的运行和独立调查核事故。

(五)提高公众参与,提升核安全文化

《核安全法》第五章对信息公开和公众参与作出了专章规定。核能利用毕竟不能完全消除风险,而核事故一旦发生,其危害和影响是巨大的,因此民众对于核

---

① 参见《核安全法》第4条。

② 参见胡帮达:《核安全独立监管的路径选择》,载《科技与法律》2014年第2期。

活动带有陌生和恐惧感是正常的。公开和透明是消除公众对于核活动的陌生和恐惧感的最好方式,进而为促进核能事业的安全健康发展提供良好的社会环境基础。信息公开和公众参与不仅有利于核能事业的发展,也是宪法和法律赋予公众的权利。不过,《核安全法》对于信息公开和公众参与的规定却只强调公众发表意见的权利,未能建立一个完整、有效的输入 – 反馈系统。对于公众意见,核安全监管部门是否回应、如何回应并没有规定,使公众无法在法律框架内预见到对核安全决策的影响,自然会减少参与热情,甚至会采用更为激进甚至不合法的方式来表达意见,无异于加大公众对核活动的质疑,不利于社会稳定。因此,应当增加核安全监管部门吸收和采纳公众意见的规定,并在相应法规和规章中进一步明确信息公开的主体、信息的范围,细化信息公开和公众参与的方式和时间,为公众表达意见提供更为有效的平台,明确规定核安全监管部门和核能行业主管部门在制定规划、审批许可等关乎核安全的重大行政决策时吸纳公众参与,并对公众意见与建议进行考虑和回应。将公众的核安全管理参与权利落到实处,实现科学民主的核安全决策。

《核安全法》中同样提出要培育"核安全文化机制"。[①] 核安全是核工业的"生命线",核安全文化是核电企业的"灵魂"。1986 年切尔诺贝利事故后,核安全文化的概念由国际原子能机构在 1986 年《切尔诺贝利事故后果的总结报告》中首次提出,这是核电站安全管理思想的一次重大变革。[②] 此后 2011 年的日本福岛核事故更加凸显了核安全文化的重要性。核安全文化的培育不仅需要对核安全文化的大力宣传,更需要上述核安全法律制度和监管体制,才能让核安全文化深入核能从业者和民众心中,在这方面,我们仍任重道远。

---

① 参见《核安全法》第 9 条。

② 参见李文峰、任忠、朱玉隆:《后福岛时代我国核安全文化建设的思考》,载《科技视界》2014 年第 24 期。